BRADLEY

大兵将军

布莱德雷

◎杜朝晖 编译

中国铁道出版社有限公司
CHINA RAILWAY PUBLISHING HOUSE CO., LTD.

图书在版编目（CIP）数据

布莱德雷/杜朝晖编译．—北京：中国铁道出版社
有限公司，2019.10
（二战名人录）
ISBN 978-7-113-25953-2

Ⅰ．①布… Ⅱ．①杜… Ⅲ．①布雷德利（Bradley,
Omar Nelson 1893-1981）-生平事迹 Ⅳ.① K837.125.2

中国版本图书馆 CIP 数据核字（2019）第 122131 号

书　　名：**布莱德雷**

编　　译：杜朝晖

责任编辑：奚　源　　　　　　　　　电　　话：（010）83545974
封面设计：刘　莎
责任校对：王　杰
责任印制：赵星辰

出版发行：中国铁道出版社有限公司（100054，北京市西城区右安门西街 8 号）
印　　刷：三河市航远印刷有限公司
版　　次：2019 年 10 月第 1 版　2019 年 10 月第 1 次印刷
开　　本：787 mm × 1 092 mm　1/16　印张：22.5　字数：368 千
书　　号：ISBN 978-7-113-25953-2
定　　价：59.80 元

名将剪影

　　布莱德雷是美国著名的五星上将之一，一生戎马。第二次世界大战期间，他奉命赶赴北非和欧洲作战，先后担任过军长、集团军司令和集团军群司令，参与计划和指挥过一系列重大战役，对盟军赢得战争胜利起到了重要作用。与其他一大批享誉世界的美军将领相比，布莱德雷堪称独树一帜的人物。他性格内向，沉稳持重，谨慎有加，善于驾驭全局，精于组织策划。于是有人这样评论说：在第二次世界大战的欧洲战场上，艾森豪威尔是战争的组织指挥者，巴顿是战场上的英勇斗士，而布莱德雷则是美军的思想机器。

　　布莱德雷有大将之才，但出身极为贫寒，之所以能创造人生辉煌，得益于他个人的超凡魅力和杰出才能。在西西里岛战役中，布莱德雷在异常复杂、紧张而又艰苦的作战中保持头脑清醒，处乱不惊。在欧洲战场期间，盟军高级将领之间的矛盾错综复杂，互相争权夺利。布莱德雷表现出大智若愚的儒将风范，谨慎地、有理有节地与蒙哥马利进行斗争，维护了美军的利益。布莱德雷以沉稳的性格、宽容的态度赢得了马歇尔、艾森豪威尔的信赖。作为一名高级指挥官，布莱德雷爱兵如子，无论是在战场上指挥作战，还是和平时期抓军队建设，他都尽量照顾下属及士兵的利益，因此深受拥戴，被誉为"大兵将军"。

1893-1981

> 有"大兵将军"之誉的布莱德雷。

布莱德雷 档案

Omar N. Bradley →

1893

2月12日，奥马尔·纳尔逊·布莱德雷生于美国密苏里州伦道夫县克拉克村的农夫家里。

1899

入小学读书。

1905

举家迁入希比镇。

1908

父亲病逝。随母亲迁往莫伯利镇。进入莫伯利高中读书并结识玛丽·伊丽莎白。

1910

5月，高中毕业。
6月，开始打工生活，计划在1911年秋考密苏里大学。

1911

7月，作为候补生参加西点军校入学考试。
7月27日，收到西点军校录取通知。

1915

6月，从西点军校毕业。与玛丽订婚。
9月12日，布莱德雷被派往驻扎在洛基山脉西麓乔治·莱特堡的美国陆军第14步兵团第3营第11连服役，开始了自己的职业军人生涯。

1916

9月，随第14步兵团紧急调防亚利桑那州的尤马。
12月，与玛丽结婚。晋升为中尉。

1917

5月，随第14步兵团调防华盛顿州的温哥华兵营，任
该团军需连长。

1918

1月，随第14步兵团调往蒙大拿州守卫铜矿，并
任第6连连长。
8月，晋升为临时少校。
12月，移防伊利诺伊州的格兰特兵营。

1919

8 月，申请到南达科他州立学院任教并获准。

1920

9 月，调任西点军校数学系教官。

1924

升任西点军校数学系副教授。
秋，进入本宁堡步兵学校深造。

1925

5 月，布莱德雷以 73 名同学中第二名的优异成绩完成了进修的学业，从本宁堡步兵学校结业。
8 月，到夏威夷第 27 步兵团任第 1 营营长。

1928

9 月，进入利文沃思堡指挥与参谋学校深造。

1929

9月，调往本宁堡步兵学校战术系任教官。

1930

9月，任本宁堡步兵学校兵器系主任，深得助理校长马歇尔的赏识。

1933

秋，进入国防大学深造。

Omar N. Bradley

1934~ 1938

在西点军校战术系执教。

1936

7月，晋升为中校。

1938~ 1939

1939

7月1日，调任陆军参谋长马歇尔的助理秘书。

1941

2月23日，马歇尔任命布莱德雷为本宁堡步兵学校校长兼驻地指挥官，从中校晋升为临时准将。

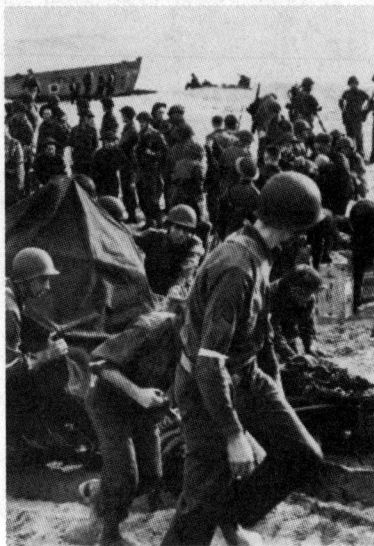

Omar N. Bradley →

1942

2 月，调任第 82 师师长，晋升为少将（临时）。驻路易斯安那州的克莱博恩兵营。
6 月，调任第 28 师师长，驻路易斯安那州的利文斯顿。

1943

2 月 16 日，受马歇尔指派，赶赴北非战场，协助正在非洲担任盟军总司令的艾森豪威尔。
4 月 16 日，任第 2 军军长。
4 月 20 日，突尼斯战役全面打响。布莱德雷第 2 军参加突尼斯战役，并作出重要贡献，布莱德雷开始扬名美国。
6 月 2 日，布莱德雷被授予临时三星中将军衔。
7 至 8 月，率第 2 军加入巴顿的第 7 集团军在西西里岛作战。
9 月，马歇尔派布莱德雷筹备第 1 集团军的班子并在英国任第 1 集团军司令、第 1 集团军群司令。参与制订"霸王"行动计划。

1944

6月6日，率第1集团军参加诺曼底登陆战役。

7月，制订"眼镜蛇计划"，发动圣洛战役。

8月1日，任第12集团军群司令，下辖第1集团军、第3集团军。

9月16日，从临时三星中将晋升为中将（永久性军衔）。

8至11月，提出"两路进攻"战略，与蒙哥马利等英国将领发生严重分歧。盟军高级将领之间的斗争日趋激烈。欧洲战局进入相持阶段。

12月，德军在阿登地区发动反扑，盟军受挫。布莱德雷提出围歼德军于莱茵河以西的战略。

1945

1 至 2 月，实施"快速"进攻计划。

3 月，实施"伐木者"计划，美军推进到莱茵河。

3 月 12 日，晋升为四星上将（临时军衔）。

3 月 21 日，提出"航行"计划并获批准。

3 月 23 日，第 12 集团军群下属第 3 集团军在巴顿指挥下首先渡过莱茵河。

3 月 25 日，在与英国首相丘吉尔，以及艾森豪威尔、蒙哥马利等人会晤后，布莱德雷和艾森豪威尔开始制订最后征服德国的作战计划。

3 月 28 日，"布莱德雷计划"开始实施，对德决战拉开序幕。

4 月 26 日，美、苏军在易北河会师。

5 月 7 日，德国军队投降，欧洲战争结束。

5 月 17 日，苏军的科涅夫将军代表斯大林向布莱德雷授予苏联一级"苏沃洛夫"勋章，以示苏联红军对他卓著功绩的敬重之情。

6 月 7 日，杜鲁门总统任命布莱德雷出任美国退伍军人管理局局长。

1947

4 月 17 日，美国国会将布莱德雷晋升为美国陆军正式的四星上将，并向他授予三枚功勋勋章，以表彰他在欧洲战场的巨大功绩。

Omar N. Bradley

1948

2月7日，接替艾森豪威尔任陆军参谋长。

1949

8月16日，杜鲁门总统任命布莱德雷担任美国参谋长联席会议主席。

1950

6月25日，朝鲜半岛突然爆发战争。
6月30日，布莱德雷主持参谋长联席会议，随后批准了向朝鲜半岛派出地面部队。美国正式介入朝鲜战争。
9月22日，晋升为陆军五星上将。

1951

8月16日，布莱德雷宣誓连任第二届参谋长联席会议主席。

1952

4月，同意解除麦克阿瑟的职务。

1953

8 月 13 日，布莱德雷退休。

1958

出任布洛瓦钟表公司董事长。

1965

12 月 1 日，妻子玛丽病逝。

1966

9 月 12 日，与女作家基蒂结婚。

1981

4 月 8 日，病逝于纽约，享年 88 岁。

布莱德雷参与指挥的战役战事图 →

德 国

于利希 •

荷 兰

马斯特里赫特 •

迪伦 •

• 亚琛

比 利 时

列日 •

奥伊彭 •

斯帕 •

马尔梅迪 •

• 蒙绍

于伊 •

韦尔博蒙 •

斯塔沃洛

洛斯海姆 •

圣维特 •

迪南 •

• 塞勒

乌法利兹 •

巴斯托涅 •

埃希特纳赫 •

卢 森 堡

卢森堡 •

法 国

1944 年 12 月 16 日—1945 年 1 月 16 日
德国与盟军在卢、比、德三国交界的阿登地区激烈交
战，史称阿登战役，又称突出部战役。为"二战"中
西线最大的一次阵地战。

目录
contents

布莱德雷在军事专业、社会交往方面都取得了发展，更加成熟起来。尤为重要的是，布莱德雷在日常工作和业余生活中，充分显示了他谨慎自律、勤学上进、办事公允的性格和作风，他稳健沉着，头脑清醒，这些品质使他结交了很多人，得到了许多人的尊重和信任，为他在以后平步青云打下了基础……

他决意离开马歇尔，去接受新的挑战。布莱德雷是步兵出身，统帅部队训练、作战一直是他感兴趣的事情，从事参谋业务工作并不能完全发挥他的才能和智慧。他决心下部队去当一名真正的指挥官。战争已经爆发，部队正需要他这样有着丰富阅历的职业军人……

布莱德雷不像巴顿那样锋芒毕露，他善于同上级和英国人和睦相处，同时也得到马歇尔在背后的有力支持；在作战方面，布莱德雷谨慎沉着，刚柔相济，善于捕捉战机，他对战场态势、兵力运用、战术安排和后勤补给均能关注适度，巧妙照应……

布莱德雷气愤极了，马上明白这项决定的含意：蒙哥马利要自任西西里岛战役的主角，而让美军随后掩护。美军整整一个集团军浴血奋战打开的一条通往岛内的公路，就这样不明不白地交给英军，他实在不能接受……

布莱德雷吃惊地发现，模型和地图都画上了"阶段线"，从攻击开始直到90天后，最后一条线画在塞纳河西岸，表明盟军在塞纳河与德军隔河相对。这下可把布莱德雷激怒了，第一次对蒙哥马利发了火，坚持要求至少取消美军地区的"阶段线"……

就在这时，局势发生了转机。担任舰炮火力支援的美国海军见陆上的官兵死伤累累，岸上火力控制组和海军联络组都没有消息，意识到海滩上形势已极为严峻。17艘驱逐舰充分发挥主动精神，不顾搁浅、触雷和遭炮击的危险，驶到距海滩仅730米处，进行近距离火力支援……

第六章

布莱德雷的"眼镜蛇"计划成功，终于打破了一个多月的僵局。柯林斯的部队打得很漂亮，在德军防线上打开一个很宽的突破口，并大力向南推进。第8军也获得突破，装甲部队推近了共约60公里，逼到半岛底部的目标阿弗朗什。城里的德军不是落荒而逃，就是举手投降……

最后，艾森豪威尔除未确定进攻日期外，接受了布莱德雷的计划。9月4日，他发布命令：阿登山以北的部队占领安特卫普后，即突破保护鲁尔区的那段齐格菲防线，夺取鲁尔区；阿登山以南的部队突破南段齐格菲防线，然后突入萨尔区，夺取法兰克福……

布莱德雷的看法与蒙哥马利的主张截然相反。他认为从各种情况来看，希特勒投入阿登战役的德军部队并不像蒙哥马利所想的那样，毫发无损，而是损失惨重，装甲部队的弹药与汽油都已消耗殆尽，攻势已成强弩之末。盟军的反击时机已经成熟……

第九章

当天深夜，巴顿确信自己的部队已渡过莱茵河，并牢牢地站住了脚时，又给布莱德雷打来电话："布莱德雷！"声音里充满胜利的喜悦，他随即放开嗓门高喊，"务必向全世界宣布，我们已经渡过了莱茵河！我要让全世界都知道，我的第3集团军已经在蒙哥马利之前渡过了莱茵河……"

布莱德雷住在福斯托诺夫饭店他的"鹰"司令部里，立即把这一振奋人心的消息通知了他的4位集团军司令巴顿、霍奇斯、辛普森和杰罗。战争终于结束了，所有的人都欢呼起来。布莱德雷克制住激动的情绪说："德国投降书从5月9日零点生效。你们要坚守岗位，提高警惕，不要冒险，以免造成不必要的伤亡……"

会议由副总统理查德·尼克松主持。国家安全委员会的每个成员都发表了讲话，高度评价和赞扬了布莱德雷为国家做出的杰出贡献，布莱德雷感动得热泪盈眶。当他离开会场时，国家安全委员会的全体成员都起立表示敬意……

∧ 1915 年布莱德雷与女友玛丽在一起。

第一章

稳健沉着的行军

1893-1981　布莱德雷

布莱德雷在军事专业、社会交往方面都取得了发展，更加成熟起来。尤为重要的是，布莱德雷在日常工作和业余生活中，充分显示了他谨慎自律、勤学上进、办事公允的性格和作风。他稳健沉着，头脑清醒，这些品质使他结交了很多人，得到了许多人的尊重和信任，为他在以后平步青云打下了基础……

< 7岁时的布莱德雷与父母合影。

>> 贫寒少年

希比是密苏里州中部伦道夫县的一个小镇，素有煤城之称。19世纪末，这一带遍布崎岖不平的低矮山坡，散乱地坐落着十几个乡村。无论是刮风下雨，还是严冬酷暑，总能看到一老一少两个人，经常往返在简陋的道路上。走在前面的显然是父亲，手里提着篮子，头也不回，只顾大步流星地向前走。一会儿，感觉孩子落下太远，他就会回过头来，停下脚步，微笑地等待着。后面一个不足10岁模样的孩子，几乎连跑带颠地赶上来。

那是当乡村教师的父亲带着小布莱德雷，步行到十几里之外的学校去，日复一日，从不间断。布莱德雷后来回忆说："父亲的步子大，走得快，17分钟就能走1.6公里。对一个孩子来说，特别是在寒冷的冬季，可就有点吃不消。但每天有这些时光单独同父亲在一起，在很大程度上倒也是一种精神鼓励。"

1899年，当布莱德雷6岁时，父亲就带他去学校上学。父亲的工作经常调动，因此布莱德雷也跟着奔波，他先后在彭伯顿小学、洛卡斯特格罗夫学校、巴德里奇学校读书。由于买不起马和轻便马车，布莱德雷的父亲就步行去学校。有时学校距离远，布莱德雷就与父亲提着午饭篮子去学校。

乡村的学校条件简陋，一般的学校只有一间教室。布莱德雷的父亲是唯一的教师。学生们不分年级，都在唯一的一间大教室里上课，大体按年龄和年级分组。教课时，教完一组后再转过头来教另一个年级组，分别讲课和布置作业。

父亲对布莱德雷另眼看待，要求很严，经常给他吃小灶。布莱德雷认的字比其他的孩子都多。一次，几个孩子问布莱德雷："你是怎样学会那么多字的？"

布莱德雷回答说："要是你父亲是教你的老师，你也会认识很多字的。"

每天晚上，在布莱德雷上床钻进暖被窝前，父亲总是要给他出几道数学题，让他思考。小布莱德雷经常带着各种数字进入梦乡。久而久之，他对数学运算渐渐入门，并产生了浓厚兴趣。这一点，对布莱德雷一生的发展有着重要的影响，后来他还在西点军校教过数学。更

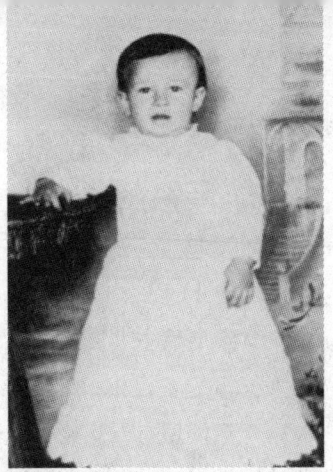

> 两岁时的布莱德雷。
> 这间小木屋是布莱德雷幼年成长的地方。

OMAR N. BRADLEY

重要的是，对数学的浓厚兴趣和专长，锻炼了布莱德雷的思维，在指挥大军与敌人作战时，布莱德雷总是计划得非常有条理，严谨有度。

在父亲的熏陶下，布莱德雷从小就养成了爱读书的习惯。当他刚刚能够流畅地阅读时，就经常贪婪地阅读所能得到的各种书籍。他喜欢冒险一类的故事书，但最使他着迷的是历史书籍，诸如法国和印度革命战争以及美国南北战争★有关的书籍。他崇拜那些正直、勇敢的英雄人物。

尽管家里很穷，布莱德雷没有享受过娇宠和溺爱，但他的童年依然充满着欢乐。

在父母的勤劳操持下，家境渐渐好转起来。1905 年，布莱德雷 12 岁时，全家由乡下迁入希比镇。父亲相中了一所价值 515 美元的小房子。因为积蓄不够，最后抵押家产得到 450 美元贷款，又付了 65 美元现金，才将房子买下。这样一来，家里欠了一笔不小的债务。迁居后，布莱德雷进入了镇公立学校——希比中学读书。希比中学的条件虽然也不是太好，但在布莱德雷的眼里，相比条件简陋的乡村学校而言，这里已经非常不错了，最起码不用几个年级都在一个教室里上课。

父亲依然在乡村学校教书，每天都要往返 30 多公里的路程。

进入希比学校的第二年，布莱德雷取得了更大的进步。在这年的年终考中，布莱德雷获得了平均 98.66 的好成绩，在全班名列前茅。学校对他的评语是"一个优秀的学生"。

1907 年末至 1908 年初的冬天分外寒冷，希比小镇整日不是刮风就是下雪。父亲每日都要在寒风凛冽中往返，去乡村的埃贝尼泽学校教书，不幸患了感冒。在那个年代，医疗条件有限。由于治疗不及时，父亲不久病情加重，转成肺炎，从此卧床不起。一天凌晨，经受病痛煎熬的父亲与世长辞，死时还不足41岁。

父亲突然去世是不满15岁的布莱德雷没有料到的。在布莱德雷的心目中，父亲是那样伟大。他吃苦耐劳，对生活永远充满渴望，不知疲劳，总是能够面对各种困难，应对生活的挑战。布莱德雷后来回忆说："父亲的死，对我母亲，对我，对诸多亲朋好友，乃至邻里，都是无法形容的沉重打击。"遭受不幸打击的布莱德雷病倒了，他一连几天高烧不退，迷迷糊糊。

父亲出殡这天，母亲害怕会加重布莱德雷的病情，未让他参加葬礼。与父亲感情深厚的布莱德雷，没有最后为父亲送别。

在这个不幸和悲伤的时刻，布莱德雷满含热泪，躺在床上。

父亲去世后不久，迫于生计，母亲带领全家迁往莫伯利。那是一个比希比镇稍大的镇子，镇上有沃巴什铁路工厂和布朗制鞋公司等很多厂家，可以找到一些零活。母亲在镇里租了房子，每天为别人裁剪衣服。为了增加收入，还接纳了两名交费的住宿生。

遭受生活变故的布莱德雷一下子长大了许多。他在学习之余，总是尽力地帮助妈妈做一些家务活。转眼之间，就到了1908年的秋天，布莱德雷如愿考入莫伯利高级中学。为了维持家用，布莱德雷找了一份零活，叫卖《莫伯利民主报》。每天放学后，他就走家串户，分发报纸，早早地走上了自立的道路。

∧ 1908年，布莱德雷（二排左）与高中棒球队成员在一起。

*美国南北战争

1861年4月至1865年4月，美国南方与北方之间进行的战争，又称美国内战。北方领导战争的是资产阶级，战斗力量是广大工人、农民和黑人。在南方，坚持战争的只是种植场奴隶主，他们进行战争的目的是要把奴隶制度扩大到全国。北方目的则在于打败南方，以恢复全国统一。经过近4年的征战，1865年初，奴隶纷纷逃亡，种植场经济濒于瓦解。4月9日，南北战争终止。美国恢复统一。

>> 西点候补生

1910年5月，布莱德雷以优异的成绩高中毕业了。他的平均成绩是91.4分，其中自然科学96分、数学94分、英语90分、历史85分。布莱德雷的英语稍差，但以数学见长，同学们都称他为"数学家"。

> 1911 年时的西点军校。

高中毕业后，布莱德雷不得不考虑自己的前途。他的理想是当一名律师。这样，他必须先去上大学深造。母亲含辛茹苦，整日劳作，也只能勉强养家糊口。买房所欠的债务还没还清，根本谈不上供他上大学。没有办法，布莱德雷不得不暂时放弃了上大学的念头，决心打工自己攒钱，挣足钱后再去上大学。

不久，布莱德雷在莫伯利附近的沃巴什铁路工厂找到一份零活。起初在铁路上的供给处分发报纸，后来在锅炉车间谋到了一份修理蒸汽机的差事，这比一般的打工挣钱多。他每周工作6天，每天工作9小时，计时工资为17美分。这样下来，一个月可挣到40美元。

布莱德雷努力工作，心里希望能够早日攒足钱，尽早去读大学。就在这时，一个偶然的事件，使他的人生命运发生了转折。一天下班后，布莱德雷像往常一样去教会办的星期日学校上课。课间，他把自己的苦恼说给学校的负责人约翰·克拉森听。

约翰·克拉森到外地念过书，见识很广，当即说："你为什么不报考西点军校呢？"

西点军校！布莱德雷一下子蒙了。他是一个乡村走出来的孩子，以前从没有听说过西点军校，根本就不知道它是怎样的一所学校。

布莱德雷慢悠悠地说："我交不起西点军校的学费。"

克拉森对布莱德雷的天真报以大笑。他告诉布莱德雷："西点军校是一所军事大学，学校不仅免交学费，而且每月还发少量零花钱呢。"

布莱德雷的眼睛马上一亮，他不相信天下还有这样的好事，马上又问道："我怎样才能进入西点军校呢？"

"你必须首先得到一名国会议员的提名选送，然后参加考试。"克拉森耐心地说。

此后几天，西点军校一直在布莱德雷头脑中闪现，无论是工作，还是休息。甚至一闭上眼睛，西点军校的事情总是出现在眼前。他思前想后，觉得西点军校是专为他这样的穷光蛋设立的。布莱德雷决定试一试运气，他鼓足勇气，工工整整地给密苏里州的议员威廉·M·拉克写了一封恳切的信，表明自己想报考西点军校，希望他能帮忙。

时间一晃就到了1911年的春天。6月27日，布莱德雷收到了拉克议员的一封信，说他可以于当年向西点军校选送学生。但是，议员告诉布莱德雷：他已经正式选送了一位名叫登普西·安德森的男生。如果布莱德雷确实想去西点军校，可以作为候补对象。也就是说，如果登普西·安德森的智力测验和体格检查不合格，而布莱德雷两项都合格的话，他就可以成为选送对象。

考试定于7月5日，在圣路易斯的杰斐逊兵营。

离考试仅有8天的时间了。

此前，布莱德雷曾查阅了有关西点军校的资料，了解到西点军校的考试科目包括地理、几何、代数，还有他最没把握的英语。自从离开希比中学后，布莱德雷一直把代数课本束之高阁。一年前从莫伯利中学毕业后，由于忙于生计，其他的功课也几乎荒废了。

布莱德雷举棋不定，一时没了主意。

他拿着信件，来到莫伯利中学，找到他父亲原来的朋友——学校的负责人J·C·利利，向他说明了情况，希望听听这位年长者的意见。

利利看出布莱德雷的心思。他客观地分析困难，权衡利弊，劝说布莱德雷：“不妨去试试看。”

布莱德雷立即安下心来，临阵磨枪。他翻出课本，废寝忘食、没日没夜地加紧复习。

几天的时间匆匆而过。考试前一天，7月4日一早，布莱德雷带着一只手提箱和一包考试用的书，登上了开往圣路易斯的火车。

到杰斐逊兵营参加报考西点军校的应试生共有12人，都是来自各选送区的正式考生和候补生。其中包括布莱德雷和他的直接竞争者登普西·安德森。登普西·安德森是一个颇有来头的人，他的父亲是基特斯维尔前任司法长官，与拉克议员交往甚密。正是拉克向西点军校选送了登普西·安德森。不仅如此，安德森还是有备而来，他为报考西点军校足足准备了一年时间。

7月5日，考试开始，共进行4天时间。每天考一项科目，每科 4 个小时。

大概是心理负担和思想压力过大的缘故，第一科考代数时，打开卷子，布莱德雷就晕了。头脑一片空白，焦头烂额。越着急越不行，时间一分一秒地过去了。按照规定，这门课要达到及格分数，起码要做完 67% 的试题。考试时间过去一半时，布莱德雷才完成不到 20% 的题目。照此下去，任凭他怎样努力，也无法做完或达到及格了。

布莱德雷完全失去了考下去的勇气。他心灰意冷地收起试卷，准备提前退出考场，尽快回到莫伯利去上班。当他走到监考官那里准备交卷时，监考官正在全神贯注地看书。布莱德雷不想打扰他，于是又回到自己的座位上，心想不妨再试试看。

放下紧张的情绪后，奇迹般的事情发生了。布莱德雷忽然来了灵感，思路变得清晰起来，他终于想起了有关的许多定理，便又做起来。到 4 小时考试结束时，他竟然奇迹般地做完了 67% 的题目！

尽管并不是很顺利，但不管怎么说，这给布莱德雷以极大的鼓舞，他坚持考完了其余科目。虽然感到考题很难，但基本上都顺利地完成了。

考完试后，布莱德雷立即赶回莫伯利，继续在沃巴什铁路工厂锅炉车间打工。他没有抱什么希望和幻想。自己考试准备不足不说，还没有什么社会关系。报考西点军校的考生，多多少少都有点社会关系。特别是布莱德雷的竞争对手安德森，他是高官的孩子，又是拉克议员正式推荐的。

令人意想不到的是，在参加完考试不到 20 天之后，也就是 7 月 27 日，布莱德雷收到一份电报。电文写道：

布莱德雷先生，我们荣幸地通知您，您已经被西点军校正式录取，您必须在 8 月 1 日中午以前到西点军校报到。

落款是西点军校★招生办公室。

布莱德雷简直不相信自己的眼睛。他把电报看了一遍又一遍，怀疑是不是发错了电报。

于是，他便给住在基特斯维尔的登普西·安德森打了一个电话，以证实事情是否准确。

情况一点也没错！安德森也刚刚收到电报。他在电话里有些沮丧地告诉布莱德雷：他没有被录取。

第二天，布莱德雷收到拉克议员的贺信。拉克代表官方通知布莱德

→

★西点军校

西点军校即美国陆军学院，因其校址在纽约附近的西点（West point）而得名。该校成立于1802年7月4日，是美国第一所军事学院。学员毕业后即获得理学学士学位和中尉军衔，学制4年，该校曾为美国培养了大批陆军中高级指挥官。该校校训为"国家、荣誉、责任"。西点军校因其在二战中对盟国胜利进程所作的贡献而使自己的名望达到顶峰。

雷说：登普西·安德森因有些科目不及格而落选了，布莱德雷的所有考试科目都合格，他已被西点军校录取。

一切都来得太突然了！布莱德雷没有时间去品尝胜利的喜悦，他必须立刻准备，才能按时到西点军校报到。

7月30日下午，布莱德雷带着仅装有一套换洗衣服的手提箱，兜里揣着10美元现钞，独自向莫伯利车站走去，踏上了去西点军校的路程。8月1日中午以前，布莱德雷准时赶到西点军校新生接待处。

值班的是一名中士，布莱德雷大声对他说："先生，考生布莱德雷前来报到。"

西点军校全称是美国陆军军官学校，坐落在美国纽约市北边约80公里的地方，东邻哈得逊河。西点军校被称为"美国将军的摇篮"。校园中，专门设有从学校走出去的伟大将领的纪念室，如格兰特纪念室、罗伯特·李纪念室、谢尔曼纪念室等。一踏入西点军校的大门，这些醒目的建筑就映入眼帘。布莱德雷没有想到，半个世纪后，他的雕像也高高地耸立在西点军校！

此时，西点军校的规模还不大，总共只有600名学员。布莱德雷这一届学员占了265人，正式报到的日期是6月14日。像布莱德雷这样8月1日报到的，都属于特殊情况招收的学员，共有14人。

当布莱德雷8月1日赶到西点军校时，正式报到的学员已到被称为"大平原"的西点军校的校阅场，开始进行为期7周的野营军事训练。他们这14名候补学员以前从未接触过军事，档案资料也不全。因此，西点军校对他们另行安排。

学校首先对他们进行了简单的军事生活等基本知识的教育，同时补齐他们的各种手续。在头几天里，布莱德雷不停地填写各种表格，领取服装、床铺和用具，把头发理短，进行体格检查。完善了必要手续后，布莱德雷等后来的学员被正式编入班级，前往"大平原"接受正规的军事训练。

> 1911 年入西点军校学习时的布莱德雷。

　　20世纪初，西点军校的生活和教学条件都很简陋。冬天，学员住在冰窖一般的房子里，夏天房间热得像火炉，饭食也粗糙无味。在课程上，西点军校侧重于土木工程和军事工程，内容极为狭窄，只开少量的文科和社会科学课程，教学内容则是多年或十几年一贯制，很少更改。

　　日常训练的主要内容就是学会如何铺床叠被、打扫卫生、整理内务和放置步枪。连何时刮脸、擦鞋等都有明确规定。为了便于管理，每600名学员被编成一个营，分成6个连，每连100人。从第1连到第6连，全是按学员个子高低统一编队。这样，当队伍行进时，学员的帽子、步枪和大衣才能排成直线，不至参差不齐。高个子学员都编在第1连和第6连，这两个连在行进时总是排在两侧，所以称他们为"翼侧部队"。那些矮个子学员被叫做"小牛"，编在第2、3、4、5连，行军时排在中间。布莱德雷身材高，在第一年当新生时就编在第1连。

　　西点军校实行的一套严格制度，使学员一整天都紧紧张张。早上6点吹号后，他们就匆忙起床，接着是连队室外点名。6点半吃早饭，然后打扫房间。8点至中午上课，接着开午饭。下午1点至4点上课，4点至6点体育活动或自由支配，然后开晚饭。晚饭后是学习或自由支配时间。晚上10点吹号熄灯。全体学员进行活动都是以连或者学习小组为单位，排队进食堂或教室，不允许单独行动。即使周末，也管得很严。除了少数有组织的体育活动，一般不允许学员外出。

　　安分守己、珍惜来之不易机会的布莱德雷，很快就适应了西点军校的生活。

∧ 布莱德雷（右四）与西点军校棒球队队友合影。

　　尽管学习和训练枯燥无味,西点军校的业余生活还是丰富多彩的。学校里有各种代表队,并经常参加院校间的体育比赛,项目包括摔跤、拳击、马术、击剑、游泳、足球、篮球和棒球。大家十分崇拜那些优秀的运动员,奉之为"明星"。那些体育尖子享有与普通学员不同的待遇。

　　从一年级起,布莱德雷就参加了西点军校棒球代表队,不久便被誉为"击球正确,掷球准确,擅长打曲线球,臂力好"的优秀选手。参加体育代表队给布莱德雷带来很多好处。比如,能够迅速和高年级的学员打成一片,不再受他们的欺负。这一点很重要,因为当时的西点军校,高年级学员欺压新生是家常便饭。在伙食上,学校还给所有的棒球代表安排了小灶,坐在专用的训练桌上用餐,是一种让其他学员羡慕的特殊待遇。

　　艾森豪威尔当时也是棒球队成员。他是德国人的后裔,和布莱德雷的家境大体相同。高中毕业后也因经济拮据而辍学,靠打工来挣些钱,然后再上大学。后来,在好友哈兹利特的鼓动下,报考了安纳波利斯海军学院,后因超龄而未如愿。由于西点军校对学员的年龄限制不那么严格,艾森豪威尔便在州议员的推荐下,报考了西点军校。

　　布莱德雷和艾森豪威尔经常在球队见面,偶尔也说上几句话。但他们谁也没有想到,第二次世界大战爆发后,他们会亲密合作,一同改写了世界的历史。

　　1914至1915年度,是布莱德雷在西点军校最后一个学年。毕业前夕,当初的14名候补学员之一,布莱德雷第一个被提升为中士学员,后来又晋升为少尉学员。

　　大浪淘沙,刚入学时有265名学员,现在仅有164名学员毕业。布莱德雷是幸运的,他

★北大西洋公约组织

简称北约,是第二次世界大战后西方资本主义国家所建立的最大的国际军事组织,同时也是国际两大军事集团之一。1948年3月22日至4月1日,美国、加拿大、英国代表在华盛顿举行会谈决定扩大布鲁塞尔条约组织,缔结北大西洋区域安全公约。1949年4月4日,美、加、英、法等12国外交部长在华盛顿举行了《北大西洋公约》签字仪式,北约正式宣告成立。其总部设在比利时首都布鲁塞尔。

顺利地度过4年的严格训练和艰苦学习生活,从一个乡村孩子成长为一名合格的军人。

如果说有遗憾的话,就是他参加大量的体育活动,影响了毕业成绩。在164名毕业学员中,布莱德雷名列第44名。对于体育活动所带来的影响,布莱德雷后来客观地分析说:"我对参加体育运动从来没有感到后悔。在有组织的体育运动中,可以学到集体配合得分的重要艺术。不仅如此,就我所知,没有一种课余活动能够比有组织的体育活动更有助于军人适应战场的需要。西点军校的体育运动还给了我一个极好的机会,使我熟悉了在第二次世界大战期间同我共事或在我部下任职的许多人的性格。"

事实也证明了布莱德雷的说法,西点军校1914年的全体棒球队员,凡是留在陆军的,后来都成了将军。

布莱德雷所在的班级,后来成为西点军校历史上最负盛名的"群星荟萃之班"。在164名毕业学员中,有59人后来获得准将或准将以上军衔,真可谓是"将星之班"。第二次世界大战的爆发为这些西点毕业生提供了广阔的舞台,让他们有机会施展自己的雄才大略和指挥才能。在这个将星闪耀的群体中,满脸带笑、一头金发的得克萨斯人德怀特·D·艾森豪威尔成了五星上将和美国总统;身材瘦高、满头白发的布莱德雷成为五星上将和陆军参谋长、参谋长联席会议主席和北大西洋公约组织★军事委员会主席。此外,成为四星上将的有约瑟夫·T·麦克纳尼和詹姆斯·A·范佛里特；成为三星将军的有约瑟夫·M·斯温、乔治·E·斯特拉特迈耶等7人。

布莱德雷所在的这一届学员改写了西点军校的历史！

在西点军校学习期间，布莱德雷不引人注目，但一眼看上去，他就是个充满理想和信念的青年人。当时负责撰写西点军校《榴弹炮》年鉴的艾森豪威尔写道："真理的价值像一条大河，水深流静，布莱德雷就是这样一个人。他最重要的特点就是'不达目的誓不罢休'。如果他能够始终坚持下去，那么我相信，终有一天，我们当中的一些人会向自己的子孙夸耀：'不要忘记，布莱德雷将军是我的同班同学。'"

> 布莱德雷1915年从西点军校毕业时的校方鉴定。

>> 无缘战火

1915年，布莱德雷从西点军校毕业时，美国的军队规模很小。就拿陆军来说，当时共有士兵10万人，军官5,000人。

对于每个西点军校的毕业生来说，选择兵种服役是摆在眼前的首要问题。为了更快地得到提拔晋升，大家争先服役的兵种是工程兵和野战炮兵。布莱德雷依次向工程兵、炮兵和步兵提出申请。但是由于他的毕业成绩和名次靠后，没有当成工程兵和炮兵，只好到步兵部队服役。名次比布莱德雷还要靠后的艾森豪威尔也进了步兵部队服役。

对没有能够到理想的兵种服役，布莱德雷有好长一段时间感到失望。他后悔自己没能再努力些，取得更好的成绩，在毕业时能选择理想的兵种去服役，从而尽快地得到晋升。

布莱德雷所去的第14步兵团由三个分散配置的营组成，各营都不满员。第1营在荒无人烟的阿拉斯加州执行派遣性勤务。第2营驻在华盛顿州西雅图附近的劳弗顿堡。第3营驻扎在洛基山脉西麓斯波坎市郊外的乔治·赖特堡。从乔治·赖特堡到斯波坎市里大约有5公里，一列有轨电车来回往返。乔治·赖特堡是斯波坎市刚刚扩展起来的郊区，才有几年历史。

布莱德雷被分配在第 3 营，营长是 A·J·哈里斯。到第 3 营后，根据工作需要，布莱德雷又被派到下属的第 11 连，该连连长是威尔伯·A·麦克丹尼尔。麦克丹尼尔原来是一所军校的教员，早在 17 年前美西战争中就开始服役了。由于在陆军中晋升缓慢，他还是上尉军衔。

第 11 连只有六七十人。多数士兵都是服役多年的老兵了。这些人参加陆军大多数是看中了待遇。当时，陆军的津贴很高，入伍当年每个月就能拿到 13 美元。如果愿意继续干下去，还有机会晋升下士。除此之外，当时陆军部队流行一种物质刺激方法。为了培养射手，各个陆军部队根据情况大都实行奖励制度，一般一个优秀射手每个月可以外加 3 美元。如果枪法更准，被评为神枪手，那么每个月就可以额外拿 5 美元。这些物质刺激措施在一定程度上吸引了部分人参加陆军。但布莱德雷不赞同这些临时性的举措，他认为如果陆军不进行改革，根本吸引不到真正有才能的人。

部队工作十分轻松愉快。连队每天早晨 7 点召集军官开会，布置当天的任务。早饭后，一般是进行 4 个小时的队列训练，或者进行步枪射击练习，偶尔也进行一些排进攻或班进攻的模拟训练。11 点左右，全连召集一次军官"碰头会"，一起讨论各种执勤问题，或交流一下各自的看法。午饭后，基本就没有什么集体活动了，由个人自己支配。

这些工作都是轻而易举的事情。不久以后，连长麦克丹尼尔就委任布莱德雷负责上午的训练。

冬天很快就来临了，刺骨的寒风整天刮个不停，打断了部队正常的训练和野外演习，士兵几乎不能走到户外。每到这个时候，部队都要组织室内体育比赛，以保持部队活力。按照通常的惯例，第 3 营所属的 4 个连都要组织室内体育比赛。这些比赛包括拳击、摔跤、跳高和棒球等项目。

布莱德雷在西点军校是体育活动的积极分子，连长麦克丹尼尔于是又指定他担任第 11 连的体育教练。这项任务对布莱德雷来说既是一次机遇，也是一种挑战。因为，当时的陆军部队都很重视体育比赛，在体育比赛中获胜的部队通常被看做是一支优秀的部队。《走向未来》是一本专门描写美国军人生活的书，它的其中一章就生动地记述了体育运动对美国军人的影响：在和平时期，体育比赛在陆军中是非常严肃认真的。一场比赛的胜利，可使部队的指挥官获得崇高的声誉。比赛结果通常会被记录在案，在军官晋升职务、部队评定成绩等关键时刻，成为一个重要参考因素。

连长能把如此重要的任务交给自己，表明了对布莱德雷的信任。他为能够担当业余体育教练这个角色而感到高兴。他后来回忆说："我很高兴接受这项任务，这标志着我由此踏上了陆军和平时期升官的阶梯。对这项工作，很多人都在争取，但没有成功。在后来的 20 多年中，我总是在部队的体育运动中充当教练或亲自参加比赛。积极参加体育运动，使我的身体保持着良好状态，适应了紧张的军营生活。参加运动，使我有机会了解下属的情况，同时也使别人有机会了解我。"

1916年，美国和墨西哥的矛盾逐步激化，两国面临着发生战争的危险。5月9日，美国陆军部开始进行战争动员，征召得克萨斯、新墨西哥和亚利桑那3个州的国民警卫队归入现役部队，与正规陆军的大部分战斗部队一起准备进攻墨西哥。同时，紧急抽调在国内其他地区驻防的正规军，开赴与墨西哥接壤的边境地区。

5月11日，布莱德雷所在的第14步兵团接到立即开赴前线的命令。12时45分，部队带着全部装备，包括马匹、骡子、辎重车辆和武器等物资，登上一列火车向南部边境地区进发。每隔24小时，就要把战马从火车上拉下来遛一遛。战马是部队的主要装备，任何人都不敢粗心大意。

5月16日，第14团抵达边境地区。部队马上在荒漠上支起帐篷，开始挖掘工事。不久，其他部队的一个炮兵营、一个骑兵中队和亚利桑那州的一个国民警卫团也抵达这里。整个边境顿时沸腾起来，人喊马嘶，热闹非凡。布莱德雷第一次见到如此多的军人集结在一起。

美国已经做好了全面开战的准备。

大批部队源源不断地派往边境地区。一个月后，驻扎在边境地区的兵力已经达到16万人。

墨西哥政府眼见大事不好，被迫改变了态度，答应与美国和谈。

边境的紧张形势逐步缓和下来，战争阴云逐渐消散。驻扎在边境地区的美国部队除了进行必要的战备活动外，先后开始安定下来，在宁静的环境中处理例行公务。9月20日，第14团奉命从道格拉斯西移，到亚利桑那州的尤马。此后，边境上进一步平静下来，发生战争的可能性几乎不存在了。部队陆续解除临战状态。

这年的10月，由于陆军人数急速扩大，军官人数不能满足需要。陆军部决定原有军官自然晋升一级，留出职位给新的军官。原先不满于当步兵的布莱德雷因祸得福，自然升为中尉，月薪从141.67美元一下子涨到206美元。

布莱德雷服役才17个月就从少尉升为中尉，而同在一个连队服役的哈丁已经干了7年少尉，现在才升为中尉。

对墨西哥的战事平息后，驻扎在边境的美军无所事事。尤马地区遍地风沙，草木不生，是一个令人感到难熬的地方。为了消遣寂寞，军官轮流请客，去喝茶或喝咖啡。这种生活平淡无奇，布莱德雷感到无聊寂寞，他决定换一个地方，调离这里。不久，他写出申请报告，要求去阿拉斯加的第1营。申请递交后，很快得到批准。但是驻阿拉斯加的部队一般在夏天时换防。布莱德雷安心地等待夏天的到来。

这时，已经到了1917年的春季，第一次世界大战★到了决战关头。4月6日，美国撕下"中立"招牌，宣布对德开战，正式介入了战争。从西点军校毕业以后，布莱德雷一直渴望参加战争，到战场上立功授勋。看到其他同学的部队相继开往欧洲，他改变了原来的想法，希望能去欧洲战场。这不是一件容易的事情。因为整个阿拉斯加州只有第14团第1营驻防。

∧ 1916年夏，布莱德雷在亚利桑那州的战地帐篷前留影。

除非万不得已，美国不会轻易地动用这支守卫北大门的部队。此外，向国外派部队必须是满编的。这就意味着缺少第1营的第14团根本没有出国参战的机会。

正在布莱德雷为参战挠头之际，5月20日，他所在部队突然接到新的命令：把防务交给第35步兵团，第14团撤回太平洋沿岸的华盛顿州温哥华兵营，接受新的任务。突然来到的命令，使布莱德雷原来准备在夏季到阿拉斯加执勤的事情化为泡影。部队到达温哥华后，仍旧执行驻防任务。官兵们整天无所事事，布莱德雷不甘心脱离火热的生活而在这里平庸地待下去。他积极活动，想法子，找关系，希望到一支能去欧洲战场的部队。尽管他一再努力，事情仍然没有多大进展。

就这样，转眼到了1918年的1月中旬，部队再一次调动，到了蒙大拿州，任务是警卫蒙大拿州各地的铜矿。铜是重要的战略物资，蒙大拿州是一个盛产铜的地方，但那里的社会秩序一直不安定，经常发生骚乱。工人们也隔三岔五地进行罢工，蒙大拿州正常的生活和生产秩序遭受极大破坏。在这种情况下，陆军部决定派正规部队去警卫该地区。第14团所属各部队分散到安纳康达、大瀑布城和其他秩序不好的地区。布莱德雷被任命为第6连连长，率全连驻比尤特。

比尤特是一个非常荒凉的边远城镇，带有典型的西部风格。那里枪支泛滥成灾，不管有事无事，几乎每个人都成天

第一次世界大战

人类历史上第一次世界范围的大规模战争。1914年7月28日爆发，1918年11月11日结束。包括英国、法国、俄国、德国、奥匈帝国、意大利、中国和美国在内的33个国家先后卷入，战火遍及欧洲，以及中东、北非、东非、东亚、南美等地。战争以协约国的胜利而告终。战后，协约国和参战各国在巴黎和会上及稍后与战败国签订了《凡尔赛和约》等一系列和约，形成了战后的凡尔赛－华盛顿体系。

背着枪走动。社会秩序混乱，经常发生械斗。连队刚刚驻扎下来不久，1918年3月17日这天，比尤特就发生了骚乱，主要大街上挤满了数以千计的罢工者，来势汹汹，许多人手里拿着铜钩和铜刀。

与战争擦肩而过，本来就很懊恼，布莱德雷决心给这些罢工的人一些颜色看。在他的指挥下，在城镇的主要街道上，士兵们荷枪实弹，一步一岗，步枪的刺刀发出耀眼的光芒。骚乱者从来没有见过这种阵势，他们害怕了。这天，除偶尔发生几起暴乱事件外，没有发生大规模骚乱。到傍晚，比尤特就恢复了平静。

这次较量后，布莱德雷的部队在比尤特牢牢地站稳了脚跟，树立了威信，再也没有人敢冒险制造骚乱。长期动荡不安的比尤特小镇恢复了宁静，铜矿生产照常进行。

1918年8月，布莱德雷顺利晋升为临时少校。一个月后，又传来一个激动人心的消息。第14步兵团包括驻阿拉斯加的第1营，奉命调往衣阿华州得梅园附近的道奇兵营。全团作为主力编入新组建的第19步兵师，预定开赴欧洲参战。

又是一次打仗的机会。

部队进行了大规模的整编，布莱德雷升任第2营营长。他立即带领部队，按照战争的要求进行紧张的军事训练。

但这时第一次世界大战已经接近尾声，协约国和同盟国都在谋求和谈。几天后，布莱德雷正在执勤，突然听见到处是口哨声，人们疯狂地涌到大街上。一打听，才知道第一次世界大战正式结束了，人们为此庆祝和狂欢。

参战的机会彻底失去了，一种难以名状的滋味立即涌上布莱德雷的心头。到部队4年时间里，布莱德雷换了不下4个地方，几乎每年都要换一个地方。他已经厌倦了这种近乎颠沛流离的生活，希望能稳定下来。布莱德雷打算到军事院校去当军事教员。那样，不仅生活安定，而且还有发展的余地。想好后，他立即写信给老熟人和同学，请求他们帮忙。一年以后，事情终于有了眉目。1919年8月25日，布莱德雷被任命去设在布鲁金斯的南达科他州立学院担任军事科学与战术学助理教授。

这样，布莱德雷总算摆脱了那种空虚、乏味的驻防生活，可以追求更高的目标了。他十分珍惜来之不易的机会，尽职尽责干好每一件事情。1920年8月，正当布莱德雷准备投入新学年的教学工作时，他接到了一封电报，命令他立即辞去布鲁金斯的职务，刻不容缓地去西点军校接受任务——在数学系当教官。

>> 院校生涯

第一次世界大战给西点军校带来很大影响，把西点军校的日常工作完全打乱了。战争时期由于部队急剧扩编，需要大量的军官，因此西点军校的整个学员队伍都被抽光了，学术和战术教员队伍也是一片混乱。

∧ 时任西点军校校长的麦克阿瑟。

为了挽救西点军校，战争结束后不久，陆军参谋长佩顿·马奇亲自选定麦克阿瑟为校长。麦克阿瑟也是西点军校的毕业生，当时才 39 岁，在第一次世界大战率领美国的彩虹师出战欧洲，是美国家喻户晓的战斗英雄。他年轻有为，敢想敢干。参谋长佩顿·马奇对麦克阿瑟寄以厚望，希望他能对西点军校进行整顿，消除混乱，使西点军校能尽快正常地运转起来。

到 1920 年 9 月，经过麦克阿瑟的整顿，学校已经恢复了正常秩序。高年级毕业生仍然是三年制和四年制混合编班。这一年招生人数很多，有 400 人左右，急需一年级教官。西点军校决定调一批人，布莱德雷就是其中之一。

布莱德雷所在的数学系当时有 37 名教官，大多是新调进来的。数学系主任查尔斯·P·埃科尔斯上校是布莱德雷就读西点军校时的数学教官，对布莱德雷印象很深。见到布莱德雷时，他说："我之所以选择你来担任教学，是因为你的数学好。"的确，在西点军校学习期间，布莱德雷的数学成绩一直很好，他分配布莱德雷教一年级数学，主要是几何和代数。

布莱德雷每周上 6 天上午的课，5 天下午的课。他很快就适应了工作，干得有滋有味。为了提高自己的水平，他经常参加由系主任查尔斯·P·埃科尔斯或其他有经验的教员开设的数学进修课，晚上抓紧时间备第二天要上的课，弄清楚学生必然会问的那些模糊不清的理论性的问题，每天的时

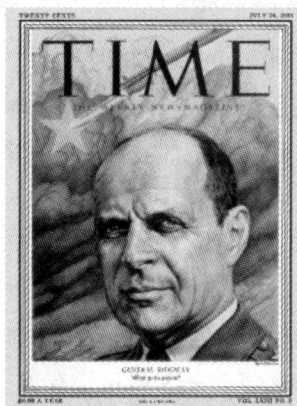

★李奇微（1895 — 1993）

美国上将，毕业于西点军校、指挥参谋学院和陆军军事学院。第二次世界大战初期在英国陆军部任职。1942年任空降兵第82师师长，曾参加西西里和诺曼底空降作战。1944年至1945年任空降兵第18军军长，率部在荷兰、比利时、法国和德国作战。1945年3月进行跨越莱茵河的作战，4月进行强渡易北河作战，并在波罗的海沿岸与东线苏军会师。1950年到1953年，在朝鲜战争中历任美国第8集团军司令、"联合国军"总司令。1952年任北约武装部队最高司令。1955年退役。

< 1951年7月16日，美国《时代》杂志封面人物——李奇微。

间安排得满满的。

工作之余，布莱德雷经常参加在职人员举行的非正式集会，与同事和朋友进行交流。布莱德雷生性严肃，克己谨慎，不抽烟，不喝酒。但是对抽烟喝酒的朋友们，他也不太在意。因此，他同大多数朋友相处融洽。

有时，他也邀请一些军官到家里打桥牌。在打牌中，布莱德雷以保守著称，不到十拿九稳，他决不贸然出牌，结果成了常胜将军，赢了不少钱。从打牌中，也可看出布莱德雷稳重的性格，这在第二次世界大战中表现十分突出，这也是他后来跃居要职的重要因素之一。

西点军校是一个人才汇聚的地方，在西点军校执教期间，布莱德雷结识了很多朋友。1917届毕业的马修·B·李奇微★就是其中的一位。他是一名上尉军官，但是颇有来头，同陆军部的许多官员有私交。在西点军校学习期间，马修·B·李奇微与布莱德雷曾经同在一个连队，两个人又一起参加了秘密联谊会，可以算是老熟人了。马修·B·李奇微也同布莱德雷一样，新近被调到西点军校担任教官，教授西班牙语。在西点军校任教期间，他们之间的友谊得到了进一步发展。

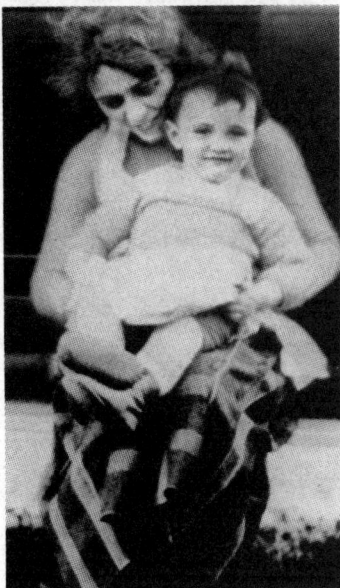

∧ 1923年布莱德雷在西点军校任教期间，他的女儿伊丽莎白出生了。

在紧张和愉快的生活中，布莱德雷在西点军校的两年时间转眼就过去了。到第三个年头，布莱德雷成为老教员了，他不必每天下午去参加系里组织的进修课，自己支配的时间更多了。但是不久，学校又增加了一门新课程——画法几何，规定教员都必须学习。第四年，布莱德雷被升任数学系的副教授，肩上的担子更重了，他除了给学生上课外，还指导新教员的进修课。

在这期间，布莱德雷开始浏览和研究军事史著作和军事人物传记。布莱德雷对南北战争时期的威廉·T·谢尔曼将军的才能和军事思想尤感兴趣。在20世纪20年代，美国陆军盛行第一次世界大战中的战壕争夺战术，许多人把在法国的作战战术视为永不可变的经典。布莱德雷先行一步，意识到有"运动战大师"之称的谢尔曼的战术思想符合未来的潮流，而法国作战中的战壕争夺战术将会被摒弃。布莱德雷认为，在未来的战争中，运用大部队迅速穿插进敌方腹部才是摧毁对方的最佳方式。运动战将作为主宰未来战争的战术，成为主流。

通过大量的阅读书籍，布莱德雷从前人的失误和成功中学到了许多东西。非常巧合的是，根据后来的资料得知，就在布莱德雷对未来战争表示关注之际，与他同时代的巴顿和艾森豪威尔也认识了机械化、装甲化部队的威力。从这一点看，布莱德雷这一代青年军官能在第二次世界大战中迅速崛起并主宰战场的指挥大权，有其深远的思想和历史根源。

1924年春天，布莱德雷在西点军校的任职期满。从毕业至今，布莱德雷在本土已服役9年。按照有关规定，他应当去海外执行任务。布莱德雷打心眼里不愿意去海外服役，他职务低，到那里根本不能担负实职，没有什么发展前途。布莱德雷打算，如果一定要去，那么就到波多黎各的步兵团。那里距离美国本土很近，有事可以随时回来。

就在布莱德雷硬着头皮准备去海外服役之际，他获知与他关系不错的李奇微到本宁堡步兵学校进修。按照常规，一个军官不到部队或海外服役一段时间，不允许直接从一个军校到另一个军校去任职或进修。李奇微开了先例，利用他在

陆军部的关系，没有到部队服役，直接从西点军校去本宁堡步兵学校学习。

布莱德雷立即来了灵感，他当即找到李奇微，把自己的想法说给他，并请求他帮忙。李奇微对布莱德雷很有好感，答应帮他试一试。在李奇微的帮助下，布莱德雷向陆军部提出去步校学习的申请。不久，陆军部批准了他的申请。布莱德雷获准去本宁堡步兵学校进修高级军官的高等课程，时间为一年。

在西点军校执教4年，布莱德雷收获很大。他在专业知识、社会交往方面都取得了发展。跻身著名学府的教师队伍，不仅使他增长了才智，而且大大开阔了眼界，布莱德雷更加成熟起来。尤为重要的是，布莱德雷在业余生活和日常工作中，显示了他谨慎自律、勤学上进、办事公允的性格特点和作风。他稳健沉着，头脑清醒，这些品质使他结交了很多人，得到许多人的尊重和信任，为他在以后平步青云、飞黄腾达打下了基础。

1924年秋，布莱德雷如期进入本宁堡步兵学校学习。本宁堡步兵学校建校时间短，但它的教学质量是首屈一指的，许多青年军官都希望有机会在那里深造。与布莱德雷同来本宁堡进修的共有73名军官，这些人最低军衔是上尉，最高军衔是中校。有23人是西点军校毕业生，其他48人来自其他军校，两个人来自海军陆战队。来自西点军校的学员中，有3个人是布莱德雷的同班同学。让布莱德雷意想不到的是，他在这里遇见了从西点军校毕业后到的第一支连队的老连长——在赖特堡的第14步兵团第3营第11连的连长威尔伯·A·麦克丹尼尔，他已经晋升为中校，也来本宁堡学习。能在本宁堡相见，他们都感到非常高兴。此外，还有他在西点军校任教时的老朋友马修·李奇微。这73个人中，后来出了很多将军，其中最有名的就是布莱德雷本人，以及马修·李奇微和马克·韦恩·克拉克。

布莱德雷去本宁堡步兵学校学习之际，学校正在大举扩建，住房相当紧张。只有资历最老的人才能住营房，其余的人都只好到附近的哥伦布去自找住房。尽管条件艰苦，但是本宁堡步兵学校还是让布莱德雷学到很多东西。本宁堡的教学质量很高，针对性也很强。因为从来没有参加过战争，加之离开部队已经有5年时间，刚到本宁堡步兵学校时，布莱德雷对新型号的机关枪、迫击炮、自动步枪或37毫米普通火炮都一无所知。入校不久，他就开始学习机关枪、迫击炮、自动步枪和37毫米普通火炮的知识。

学校也建立了专门的兵器科，并配备了得力教员，给布莱德雷等学员上课。经过一段时间，他们基本上完全掌握了陆军的各种标准武器，成为合格的军人。5年后，当布莱德雷有机会重返本宁堡步兵学校执教时，他在重大的军事演习中能表现出杰出的组织指挥才能，就是这个时候打下的基础。

本宁堡步兵学校的教学重点是野战或运动战。完成基础性学习后，布莱德雷和其他进修人员一起，开始学习学校开设的运动战或野战课程等更高一级的战术学和战略学课程。在西点军校执教时，布莱德雷对运动战就有浓厚兴趣，到本宁堡后如鱼得水。

为了配合野外教学，本宁堡步兵学校专门驻扎着陆军的第29步兵团和第24步兵团。布莱德雷在本宁堡步兵学校进修期间，大约有70%的时间都在野外作业。他们在步兵团和演练部队一道，进行从排到旅级规模的战术演练。

演练时，经常面对各种情况，布莱德雷经常被告知："布莱德雷少校，敌人已经占领了某某山头，你带领一个连，迅速地把它夺回来。"

由于经常进行现场演练，布莱德雷渐渐地把战术和地形、火力与机械巧妙地运用在一起，可以熟练地进行组织指挥了。

和平时期，军官晋升非常不容易，充满竞争。每位军官要想获得好的发展机会，必须在学校里成绩突出。布莱德雷格外珍惜在这里进修的机遇，他比平常更加勤奋、努力，希望在将来有更好、更多的晋升机会。1925年5月布莱德雷进修期满时，在进修高级课程的73名同学中，他取得了第二名的优秀成绩。

进修结业后，布莱德雷知道，再不去海外服役，于情于理都说不过去了。因此，他主动提出申请去海外服役。不久。陆军部正式下达命令，安排他去夏威夷，时间为3年。

夏威夷是美国重要的军事基地之一。位于夏威夷州瓦胡岛的珍珠港，是太平洋海空交通枢纽和重要港口，美国太平洋舰队司令部所在地，美国海空主要军事基地。作为"太平洋的十字路口"，1898年美国吞并夏威夷后，就一直在那里修建大型的海空军事基地。

布莱德雷在夏威夷服役期间，日本已经崛起为一个地区性军事强国，在太平洋地区步步紧逼。"一战"后，根据国际联盟同意，日本进占了加罗林群岛和马绍尔群岛，美国感到了日益临近的威胁。在这种情况下，美国已经将日本作为一个潜在的敌人加以防范，并暗中制定了以日军为作战对手的代号为"橙色计划"的作战方案。在这个方案中，设在夏威夷的珍珠港海军基地是"橙色计划"的关键一环，是反击日军的主要前进基地。美军在夏威夷保持着强大的军事力量，驻扎着大量的空军、海军以及各种步兵师和海岸炮兵部队。

布莱德雷先是被安排在第19步兵团。过了一段时间，被正式安排在第27步兵团任第1营营长。第27步兵团是美军驻夏威夷的主要步兵部队之一，共有57名军官和大约1,000名士兵。日常工作就是按照级别进行战术训练。通过在本宁堡步兵学校的正规学习，布莱德雷已经掌握了各级战术训练知识，因而他在这里组织起训练来得心应手，经常获得上级的赞赏。

★巴顿（1885—1945）

美国陆军上将。1909年毕业于美国西点军校。第一次世界大战时期在美国坦克兵团服役。第二次世界大战期间在欧洲和地中海地区作战。1942年任盟军战役集群司令，参加北非战役，率部在卡萨布兰卡地域登陆。1943年任美国第7集团军司令，参加了西西里岛之战。1944年任美国第3集团军司令，横扫德军占领下的法国。1945年1月进抵德国国边境。法西斯投降后，先后任巴伐利亚总督和美国第15集团军司令。1945年12月因车祸身亡。

在任第27步兵团第1营营长期间，布莱德雷遇见了后来曾长期共事的巴顿★。巴顿当时与布莱德雷同在一个师服役，也是少校军衔，担任师里的情报处长。巴顿的家就在布莱德雷住处的对面大街上，他社交广泛，对马情有独钟，经常骑马，打马球，一副上流社会的公子派头。

布莱德雷不太喜欢过分广泛的交际生活，也很少骑马。因为两个人性格不同，开始没有多少接触。后来有一天，巴顿决定组织一个飞靶射击队，他们才开始密切接触。巴顿听说布莱德雷的射击水平不错，于是邀请他到射击队去试一试。

布莱德雷对射击一直很有兴趣。比赛那天，布莱德雷一共打了25枪，除头两枪脱了靶，其余的23枪均打中了。

巴顿看他射击水平很高，心里很高兴，以赞赏的口吻说："你行！"

当时谁也没有想到，这段经历竟然开启了他们长期交往的历史。在以后的征战生涯中，他们在同一个战壕里无数次相见，并肩战斗，最终赢得战争的胜利，为美国赢得了荣誉。

布莱德雷在第27步兵团的第1营营长的职务上，一干就是一年多时间。1926年5月下旬，由于团长调到师部，他被指派临时代理团长职务。

这是一个具有实权的职务。正当他准备在团长的位置上大干一番之际，两个月后，布莱德雷被调离第27团，去主管国民警卫队夏威夷卫戍区的事务，主要是负责为后备役和预备役军官训练队制定训练标准，以及涉及国民警卫队的一些行政事务。这项任务并不繁重，要求也不是很高。

布莱德雷从正规军校毕业，他喜欢在正规部队担任指挥员的工作，后勤方面的事情提不起他的兴趣，干长了就没有出息。他本来打算任职期满后，延长期限继续在夏威夷服役，由于感到在国民警卫队没有出路，因此1928年在夏威夷服役期满后，布莱德雷立即申请回国任职。

1928年4月8日，布莱德雷接到陆军部的命令，获准回国到堪萨斯州利文沃思堡指挥与参谋学校进修。

利文沃思堡指挥与参谋学校是一所供美国高级军官学习研究生课程的军事院校，一直是美国陆军军官的主要训练中心之一。利文沃思堡指挥与参谋学校在美国享有极高的声望，被誉为未来将军的摇篮。该校开设的课程分为两个级别：第一个级别是培训师级和军级课程；第二个级别是学习军、集团军或集团军群的后勤支援课程。

布莱德雷到利文沃思堡指挥与参谋学校后，立即开始第一阶段的学习。由于大家都不甘心落后，学员们之间的竞争十分激烈，有些考分不高的学员出现了精神分裂症甚至自杀。

在入学第一天的集会上，校长就直截了当对他们说："鉴于学员之间竞争的激烈，以后学员的得分情况或全班的名次都不在年终公布。但是作为重要的考核成绩，学员的得分将在学员们毕业时被装进档案，作为晋升的重要依据。"

布莱德雷感到压力很大，他专门找到在本宁堡进修时结识的老朋友奇尔顿，问一问有关情况和应对办法。

奇尔顿刚从利文沃思堡指挥与参谋学校结束进修课程，他以过来者的体会劝告布莱德雷说："别把事情看得太严重。晚上学到10点就睡觉，在课堂上头脑清醒，比通宵苦学而第二天昏昏欲睡好得多。"

听了奇尔顿的劝告，布莱德雷开始琢磨学习窍门。经反复考虑，他意识到良好的思维方法最为重要。当复杂的军事问题用通常的方法解决无望时，不妨去寻找不寻常的办法，反向思维方法往往易出妙招。就这样，布莱德雷在短时间内掌握了谋划战争、驾驭战争的基本能力，指挥才能大为提高。

第二章

进入出击阵地

1893-1981 布莱德雷

他决意离开马歇尔，去接受新的挑战。布莱德雷是步兵出身，统帅部队训练、作战一直是他感兴趣的事情，从事参谋业务工作并不能完全发挥他的才能和智慧。他决心下部队去当一名真正的指挥官。战争已经爆发，部队正需要他这样有着丰富阅历的职业军人……

→

*弗吉尼亚军事学院

创立于1839年11月11日，是美国第一所州办军事学院。第一任院长史密斯是西点军校的毕业生。弗吉尼亚军事学院办学宗旨是造就文武合一、品质优良的青年。该校最重要的特色在于它并不是以培养军官为第一任务。在两次世界大战中该校学生和校友都作出了贡献。第一次世界大战中，该校共有1,830人在欧洲作战，其中有5位将军。第二次世界大战时，该校有4,100人服役军中，其中有61位将军，包括马歇尔和巴顿将军。

>> 认识马歇尔

从利文沃思堡指挥与参谋学校结业后，布莱德雷面临着两种选择。一是他在夏威夷服役时的史密斯师长已调任西点军校校长，邀请布莱德雷到西点军校去任司库；二是本宁堡步兵学校向布莱德雷发出邀请，要他去那里担任教官。经过认真思考，布莱德雷最终决定去本宁堡步兵学校任职。

布莱德雷没有想到，正是这个决定，改变了他的一生。他后来回顾，承认这一决定是他一生中作出的最无意识但最重要的决定，因为他幸运地走进了马歇尔的"大树"下。他说："我同马歇尔的接触开始在本宁堡步兵学校，在其后的20多年间，我同他断断续续地保持着联系。在私人关系或职业上，谁也没有像他那样对我产生过如此大的影响。"

布莱德雷去本宁堡步兵学校任教时，乔治·卡特利特·马歇尔中校是主管校务部工作的助理校长。马歇尔1880年生于宾夕法尼亚州尤尼恩敦。1899年毕业于弗吉尼亚军事学院★。第一次世界大战时赴法参战，就职于总司令部，在潘兴手下任职，并得到潘兴将军的赏识。一战结束后，马歇尔继续在潘兴身边担任助手，得到潘兴将军的提携，仕途顺利，一段时间成为美国陆军历史上提拔最快的人。从外表上看，马歇尔态度严肃，冷淡孤僻，沉默寡言，审慎拘谨。他没有至交好友，对喝酒、愚蠢的行为、下流的故事和夫妻间不忠诚的丑闻，总是眉头紧皱。然而他的内心却充满了激情，热爱生活，在工作之余，马歇尔喜欢骑马、打猎，精心筹划露天演出和举行演奏会，召集下级军官和他们的妻子举行聚会，同相识的孩子们一起娱乐。曾任美国国务卿的艾奇逊这样描述马歇尔："他进入房间一刹那，屋里的每个人都会感到他的到来，这是一种惊人的感染力。他的形象富有极大的魅力，他说话声音低沉，抑扬顿挫，尖锐深刻，重点突出，令人由衷地敬佩。他镇定自若，有着一种自然的权威感。"马歇尔担任本宁堡的助理校长职务不久，就买了一个小黑皮本，他把这个小本称为"我的小黑本"，专门记载他认为比较杰出军官的名字。这一习惯，他一直保持着，每到一处，他都要在本子上记一笔。

< 对布莱德雷一生有重要影响的马歇尔。

这件小事，后来竟变成了影响历史的大事件，小黑皮本上记载的军官，一个个成为主宰盟军指挥大权的将领。在本宁堡步兵学校时，马歇尔根本没有想到自己将来会成为美国陆军的头号人物，他记那个小本子仅是为"供将来参考"。可是，当马歇尔在第二次世界大战时期挑选集团军指挥官时，他经常查阅那个小黑皮本。有人曾问马歇尔说："您是否在小黑皮本上记那些被您认为是庸碌之辈的名字？"

马歇尔含笑而语："本子上没地方可记这些人的名字。"

布莱德雷当时一点儿不知道小黑皮本的事，也不知自己是何时跻身于这个小黑皮本的。第二次世界大战期间，当马歇尔挑选布莱德雷担任要职时，布莱德雷说："他（指马歇尔）竟记得我是本宁堡来的，真令人吃惊！"

1929年9月，布莱德雷又回到了他熟悉的本宁堡步兵学校。他在那里学习高级课程的那年，学校正在大兴土木，开始扩建，现在已经竣工。本宁堡的物质条件大为改善，紧凑而大方，舒展而惬意，成了一座永久性的军营。

布莱德雷到达本宁堡时，马歇尔已逐步对校务部的工作进行了改革，使训练和技术工作颇有起色。马歇尔根据他参加第一次世界大战的经历，力主摒弃复杂的关于装备、行政管理的条例以及繁琐无用的训练原则，代之以易于掌握的实用技术和简单易行的方法，以使具有普通常识的军官都能轻而易举地抓住要领，进行有效的训练和作战。

经过改革，本宁堡的实战演习也近于完美。学校此时已拥有自己的坦克部队，还有施放烟幕的飞机。装备齐全、场面宏大的训练场几乎和实战一样。

布莱德雷刚到本宁堡时，分配在史迪威★任主任的战术系，专职任务是教高年级军官的"营进攻"课程。布莱德雷为人和善，做事认真，很快就与系主任史迪威建立了良好的个人关系。史迪威在第二次世界大战中曾经指挥部队在东南亚地区以及中国战场抗击日军，战后被授予四星上将。史迪威愤世嫉俗，对自己要求严格，他每天早晨都坚持跑步锻炼身体。他赞同和支持马歇尔实行的一系列改革措施。在布莱德雷的眼中，史迪威是"最富煽动性、最

★史迪威（1883—1946）

美国陆军上将。毕业于西点军校。1931年至1939年任美国驻华使馆武官。太平洋战争爆发后，于1942年1月被任命为盟军中－印－缅战区美军司令兼中国战区总司令蒋介石的参谋长。并于同年3月到重庆任职。4月至5月在缅甸曼德勒以东地区指挥参加盟军作战的中国军队阻击日军。1943年8月被任命为盟军东南亚司令部副总司令。10月起指挥美军和中国远征军进行缅北战役。1944年10月被美国政府召回。回国后任美国陆军地面部队司令等职。

难相处和最有趣的人物之一"，并是本宁堡实施革命性变革的"主要倡导者之一"。

通常情况教学主要是在课堂里进行，就是用黑板、讲稿和地形图等抽象手段，把战术知识传授给学员。但是马歇尔担任助理校长后，对教学方式进行了改革，要求教员必须脱离讲稿给学员授课，讲课必须即席演说，简洁明了。

新的讲课方式，对布莱德雷来说不是一件容易的事。他不善于夸夸其谈，当众说话心情紧张。上第一堂课时，布莱德雷提前进行了精心准备，还是觉得不行，就把讲授的内容用大号字母写了几张卡片，放在脚下的地板上，偶尔瞅上两眼。

好在战术课的重点是野外演习。布莱德雷对野外演习并不陌生，他在本宁堡进修期间，演习都是按照本本上条例规定的标准方法进行的。马歇尔就任助理校长后，对野外训练和演习同样进行了改革，他要求各种演习要彻底废弃那些拖沓、复杂的程序，代之以简洁、明了和实用的方法。马歇尔亲身经历了第一次世界大战，他清楚地知道战场形势的千变万化，野战或运动战作用不容低估。因此在演习中，马歇尔鼓励学员能大胆地进行独立思考问题，具有创造性，能用不同于以往的方法解决问题。马歇尔经常亲自到演习现场，故意在各种各样的问题上制造混乱，加进许多意想不到的情

> 曾在本宁堡步兵学校任教的史迪威。

况。这样一来，就增加了教员的难度。为了搞好演习，每次进行演习前，布莱德雷都要花几个周末的时间一步一步地勘查地形，并把各种情况记住，做好充分的事先准备。由于布莱德雷的精心准备，几次演习中马歇尔都没有挑出什么问题，感到非常满意。

第一学年快结束时，马歇尔启用布莱德雷担任兵器系主任，这是马歇尔第一次提拔布莱德雷。这样一来，他就成为马歇尔在本宁堡步兵学校的主要助手之一。

接到任命后，布莱德雷向相处不错的系主任史迪威告别。史迪威对他说："大胆地去担任新的职务吧，你是我见到的最优秀的人才之一。"

本宁堡步兵学校有一个传统，在每个学期开始时，战术、后勤、军史和出版3个系都要用一天时间，简单介绍各系教员和教学情况及每个系的教学打算。兵器系通常没有这一项安排，因为一般都认为兵器对所有军官来说都是第二位的，不要求作详细说明，而且全是老式武器。在许多人看来，射击也不是复杂难懂的技术。

布莱德雷不同意对兵器系的看法，经过调查，他认为兵器系照样有许多可以显示的新东西，值得向全校人员做一次表演。为此，他直接找到马歇尔，把自己的想法告诉了他。马歇尔同意分配给兵器系一个上午，进行野外综合表演。

为了完成好这次表演，布莱德雷亲自动手，对每一个环节都不放过。他制定了详细的计划，用大轿车将全校参观人员从一个靶场运到另一个靶场进行参观。在指定的4个小时内，向参观人员表演了14个不同的项目。时间安排得非常紧凑，每个项目只有10分钟左右，还包括转移场地的时间。这样一来，不允许操作每一件武器的教员都作介绍。

布莱德雷决定把教员带上，作为咨询，而在现场由他本人亲自介绍。

进行表演这天，布莱德雷和系里13名教员以及几十名士兵准备就绪。参观的教官们和马歇尔等登上了大轿车，开往表演场。车子一到场地，表演立即开始。项目有机枪的直接瞄准射击、37毫米野战炮的活动靶射击、迫击炮射击，以及步枪射击等。靶场顿时枪声四起，热火朝天。

当参观人员乘车去下一个表演场地时，布莱德雷利用这个间隙对武器作简要介绍。到达表演场地后，他给大家引见刚刚介绍过的武器的专业人员。

最后，布莱德雷仅用两个半小时就完成了全部项目的表演，简直天衣无缝，引起全体参观者的一片喝彩声。

马歇尔兴奋地跳下轿车，满面笑容地说："布莱德雷，这是我所见过的最好的一次表演。我要求你为本宁堡步兵学校的每一届学员都表演一次。"从马歇尔的眼光中可以看出，他十分欣赏布莱德雷的组织才能和有条不紊的工作作风。

这次表演之后，布莱德雷又办了一件令马歇尔非常满意的事情。一次飞靶射击活动，布莱德雷认识了一位名叫沃尔特·比德尔·史密斯的高年级学员。史密斯才华出众，技艺超群，非常引人注目。在飞靶射击中，布莱德雷仔细观察了史密斯的一举一动。他发现史密斯很像史迪威，才思敏捷，善于分析问题，头脑非常冷静，但他有些妄自尊大，有时又坦率得惊人。

∧ 布莱德雷（后排左二）与本宁堡步兵学校教官们合影。前排左三为马歇尔，左二为史迪威。

经过一段时间的了解，布莱德雷觉得史密斯为人真诚、心地善良，而且富有幽默感。

布莱德雷断言，史密斯将成为一名优秀的教官。他满怀信心地向行政处提出报告，请求将史密斯留下来在兵器系任教。

在本宁堡步兵学校，马歇尔总是悄悄地到各教室去查课，事先并不做通知。有一天，史密斯正聚精会神地在班里做专题发言，碰巧马歇尔来查课。史密斯精彩的演说、清晰的思路深深地吸引了马歇尔。

一回到办公室，马歇尔就对布莱德雷说："有一名学员将成为出色的教官，我敢断定还没有人要求留他。"

"您指的是史密斯？"布莱德雷脱口而出。

马歇尔再也没说什么，等布莱德雷一走，马歇尔便开始翻阅文件。他突然发现布莱德雷写来的要求留史密斯在兵器系任教的报告。

< 马歇尔在本宁堡步兵学校主持工作期间，其属下及学员有200余人在"二战"中成为了将军。

他终于明白了，布莱德雷在自己之前便发现了史密斯的才能，两人的想法不谋而合。这件事更使马歇尔加深了对布莱德雷的印象。他想布莱德雷是一位可用之材，将来可担当更重要的职务。

在本宁堡的4年当中，布莱德雷参加了马歇尔的改革活动，成了马歇尔的有力支持者和最赏识的人物之一。布莱德雷和马歇尔建立了牢固的友谊，他们之间思想相近，作风相承，共同对本宁堡的改革作出了不可磨灭的贡献。

更为重要的是，在这4年当中，布莱德雷恢复并巩固了同许多步兵军官的友谊，结识了史迪威、史密斯、柯林斯、哈丁等人。这些人在第二次世界大战以及后来美国所经历的战争中，都成为杰出的军事指挥官。正因为有了马歇尔的赏识和提携，以及柯林斯、李奇微等战友的辅佐，布莱德雷才能在日后平步青云、所向无敌。

有人戏称马歇尔在本宁堡的岁月是"为第二次世界大战的将军们办的幼儿园"。根据后来的统计，马歇尔在本宁堡步兵学校主持工作期间，包括布莱德雷等他的属下以及学员有200多人在第二次世界大战当中成了将军。

其中，布莱德雷是这些将军中的佼佼者。

1932年，马歇尔离开本宁堡调往他处后，布莱德雷也觉得在本宁堡继续待下去没有多大意义。在任职期满后，他主动提出调往其他部门。布莱德雷不打算到基层部队去，他仍然希望去院校。陆军几个比较重要的学校，西点军校、本宁堡和利文沃斯堡等，他都已经去过，唯一没有去的是陆军国防大学。国防大学是陆军的最高学府，从某种意义上说，是专门为陆军参谋部培养人才的。但也有一个弊端，就是从那里毕业的学员分配最好的，无非是在统帅机关或野战部队担任高级参谋军官，而不能担任实际的指挥官。

正是由于这个原因，很多人都不愿意去国防大学。当布莱德雷把自己的想法告诉史迪威后，他带着一种鄙视的口吻说："布莱德雷，你为什么要进学校而不去部队？"

史迪威言下之意是劝布莱德雷摆脱参谋工作，到部队担任主官，将来有指挥部队作战的机会。布莱德雷听了史迪威的话后，也觉得有道理。马歇尔在法国时屈尊当参谋，不能在前线直接指挥部队作战，部分原因就是因为他在利文沃思堡受的参谋教育时间过长，结果被认为只擅长参谋业务。

但布莱德雷一时又找不到更合适的地方，他左右为难，拿不定主意。最终，他决定找福雷斯特·哈丁谈谈。哈丁与布莱德雷的私人关系很好，他不同意史迪威的看法，认为上国防大学深造，选择统帅机关并非坏事，他本人也在申请去国防大学深造。

哈丁的一番话给布莱德雷很大鼓舞。经过反复思量，布莱德雷认定，选择国防大学将是一个良好的开端和光荣的经历，一旦战争爆发，自己再申请到部队任职也不迟。入学申请递交后很快就批准了，布莱德雷获得了到国防大学深造一年的机会。

1933年秋天，布莱德雷离开本宁堡去位于华盛顿的陆军国防大学。国防大学坐落在华盛顿波托马克河畔树木葱绿的汉弗莱斯堡，它不同于其他军事院校，不从事专门的教学，类似高级的研究生院或智囊机构。布莱德雷所在的班级共有84名学员，都来自全军各个部队和院校。开学后，全班84人大约每6个人分成一组。学校的教学方法很特别，只给不同的小组提出不同的研究内容，具体课题名称让小组自己确定。每个小组根据校方提出的研究内容，先是准备和收集相关的资料。等掌握了足够的材料后，就向全班正式论述小组的研究课题，然后请全班评议。研究课题一经同意，小组成员就开始准备论文，多方搜寻资料，拜访政府及工业、学术界的文职专家，去听各种题目的演讲。国防大学的各种测试不计入成绩，学员学习期间也不列名次。学员和教官之间没有多少差别，大家总是在一起平等地发表意见，探讨有关问题。

由于国防大学已不再向陆军参谋部提供真正的作战计划了，也不允许学员真正接触参谋部拟订的实际作战计划，学员们只好在广泛而又虚构的背景和理论上来想定作战计划，对时局发表看法。但从另外方面看，

∧ 就任西点军校战术系高级教官的布莱德雷正在考核学员。

BRADLEY

国防大学提倡的研究型的探讨大大开阔了学员的眼界。

布莱德雷及其他学员在国防大学就世界形势和军队作战，进行了广泛而深入的探讨，使他们进一步提高了从战略高度看待问题的能力，为在即将到来的世界大战中指挥大军作战进行了思想上的准备。

国防大学并不强调体育活动，只允许学员在中午参加运动。布莱德雷参加了垒球队，经常在午间打球。闲暇时，还悠然自得地参观了国会大厦、华盛顿纪念碑、阿灵顿国家公墓等名胜古迹。1934年2月6日，布莱德雷和其他在国防大学进修学习的学员被邀请参加一次在白宫举行的高级军官招待会。招待会规模盛大，许多社会名流都参加了，当人们簇拥着罗斯福总统和夫人来到会场时，全场欢声雷动，达到高潮。布莱德雷第一次近距离见到罗斯福总统。作为一名军官，布莱德雷从不过问政治，但是他时刻关心着国家的前途命运。布莱德雷赞成罗斯福总统的大部分新政策，认为国家采取适当照顾工人、农民等处于社会底层的群体的措施是得力的。

1934年春天，布莱德雷在国防大学的进修行将结束，他再一次考虑去向问题。当时有几种选择，可以到部队任职，可以到军校任教员。布莱德雷在西点军校的老同事巴克纳上校此时任西点军校学员团团长，他邀请布莱德雷去西点军校战术系任高级教官。

西点军校的战术系对外是保密的，有"军校部队"的称号，教授的课程同野战部队训练内容完全一致。到那里任职可以得到近似在野战部队的锻炼。布莱德雷最终决定去西点军校战术系任教。

从1920年至1924年布莱德雷在西点军校数学系担任教官，迄今他离开西点军校差不多10年了。在这10年中，西点军校已发生了深刻的变化。新盖了一些宏伟的教学楼和学员楼，学员食堂也得到了改善。体育设施比较完备，新建了一个滑冰场。为了方便教员的生活，又建了一所专门供军人子女就读的附属学校。还有一些新建筑正在兴建。西点军校正在蓬勃发展之中。

西点军校见证了布莱德雷的军人生涯，他曾在这里度过珍贵的学生时代，迈开从军的脚步。连同后来在西点军校数学系任教，布莱德雷已经是第三次踏进西点军校的大门，他对这里的一切都感到熟悉和亲切，好像又回到了家里。

此时，西点军校的校长是威廉·D·康纳少将。学校的气氛相对开放，不再像以前那样保守了。当然，相对于整个社会而言，西点军校保守的烙印仍不能完全消失，教学内容仍以工程技术为主。但是课程的设置要比布莱德雷当学员时广泛得多，同现实世界的联系也更加密切了。

西点军校战术系的任务是培养"军人的素质、士兵的勇气"，以"严明的纪律、高雅的举止"养成军人的气质，把学员训练成体格健壮、思维敏捷的战场指挥官。每一位学员，都要掌握各种战术原则和理论，调动士兵的总体实力，掌握作战的主动权。

战术系要传授的主要内容包括有武器常识、小分队机动演习等基础课程，这些课一般在课堂、训练场和演习场进行。布莱德雷负责介绍机枪、迫击炮、火炮等武器知识，他以丰富的经验、娴熟的技艺帮助学员彻底掌握这些武器的用法。与此同时，布莱德雷在教学中注意制作大沙盘以帮助学员熟悉地形，将地形与战术运用有机地结合在一起。

布莱德雷到西点军校一年以后的1936年7月，在当了12年少校后晋升为中校，仍然负责战术系的训练工作。

接手战术系的训练工作后，布莱德雷大胆地对训练工作进行了改革。他采用本宁堡步兵学校的教学经验，废除了照搬书本的做法，取消了对学员进行严密监督的做法，给予学员更多的行动自由和发挥余地，培养学员自己解决实际问题的能力。

有一次，当一年级新生整好行装，准备结束野营训练的时候，系里

∧ 1937 年，罗斯福连任美国总统。

的一位军官给布莱德雷送来一份精心炮制的行动计划,详细说明每个连的战术军官应如何监督学员拆除营地设施和帐篷等物件。

布莱德雷当即把计划撕碎,并对这名军官说:"不,营地里一个军官也不要。把这事交给学员去做。你们在事后检查一下就可以了,看他们做得对不对。让他们学会自己管理自己。"

事实果然像布莱德雷预料的那样,全体学员出色地完成了任务,比军官在身边管理做得还好。

>> 马歇尔的助理秘书

1938年春天,麦克阿瑟的陆军参谋长任期已满,被压制多时的马歇尔的命运由此出现转机,他被调到参谋部担任作战计划部部长。

此时,布莱德雷在西点军校任职已经期满。在马歇尔的帮助下,他被调到参谋部人事部工作,如愿以偿终于走进了陆军参谋部的大门。

1938年6月,布莱德雷来总参谋部报到时,世界局势进一步恶化,美国开始加紧战争准备。1937年罗斯福竞任总统成功,他批准美国陆军逐渐扩编的计划。当年,美军陆军总人数增加到17.8万人,第二年增至18.5万人。随着陆军规模的一再扩编,暴露出很多长期以来被忽视的问题。人事部的工作任务也随之逐渐繁重起来。人事部部长加塞将军正在修订计划,准备将陆军总人数再扩充5万,布莱德雷被调去充当加塞的主要助手之一。在这期间,布莱德雷按照参谋部的要求,草拟了一份有关部队实力和预算费用的新的国会立法建议,还涉及上百项其他有关事宜。在高级机关工作,布莱德雷从中学到了许多整理、处理文件的方法和技巧。

1939年4月,在克雷格参谋长任职到期前夕,罗斯福总统经过多方面考虑,任命马歇尔出任陆军参谋长。此前,布莱德雷同其他人一样,对马歇尔能否担任参谋长抱有怀疑态度,原因是马歇尔一直反对罗斯福片面发展飞机生产的做法,同时外界也盛传马歇尔的身体欠佳。然而罗斯福总统最后还是选中了马歇尔,这让布莱德雷感到万分高兴。

1939年7月1日,马歇尔执掌了陆军参谋部的大权。出任陆军参谋长一周后,马歇尔在办公楼的楼道里遇见加塞,对他说:

"请原谅,在你那里有一个我想要的人。"

"我想你指的是布莱德雷!"加塞看着马歇尔说。

"正是!"马歇尔一点也不含糊。

布莱德雷怀着紧张而又兴奋的心情,搬到了马歇尔参谋长办公室的外间。马歇尔喜

★潘兴（1860—1948）

美国五星上将，毕业于西点军校。第一次世界大战前，曾参加过美国与西班牙的战争，在古巴作战，后在菲律宾服役，发动过对墨西哥的武装入侵。第一次世界大战中任美国驻欧洲远征军司令。1924年退役。第二次世界大战期间，在南美和欧洲一些国家执行美国政府委托的使命，是美国战略决策的重要参谋人物。

欢有独创性的人，从来不向部属交代调动的原因。对布莱德雷而言，这次调动是极富挑战性的，只要干好了工作，得到马歇尔的赏识，他在将来日益扩充的陆军中肯定会前途无量。

接手陆军参谋长的工作后，马歇尔虽感到步履艰难，但竭尽全力地推动着参谋部的快速运转。首先，马歇尔精简了部一级编制，代之以严谨、有效的参谋班子，这个班子也称作"秘书处"；其次，提拔加塞为副参谋长，处理75%的例行公务。马歇尔本人则集中精力处理动员兵力和有关重新装备部队等迫在眉睫的问题。

秘书处主要负责人是奥兰多·沃德上校。沃德是西点军校1914届毕业生，早年即与布莱德雷相识，他曾随潘兴★将军赴法参战，是一位坦克专家。沃德手下有一位叫斯坦利·R·米克尔森的高炮专家，曾在指挥与参谋学校、国防大学深造，也是一位统计能手。沃德的另一位助手就是布莱德雷。

在三个人当中，沃德的正式职务是参谋部秘书，布莱德雷和米克尔森是助理秘书。在工作上，他们的分工并不明确，可以相互替换。主要的工作是接收流水般的文件、研究报告，经处理后再决定呈马歇尔还是加塞批阅。有许多文件，经处理提炼后打印在一张纸上送给马歇尔，对每天的决策和行动作口头汇报，以便参谋长了解全局。

布莱德雷与马歇尔早在本宁堡时就非常熟悉，但布莱德雷总感到马歇尔有些令人敬畏。马歇尔言语不多，喜欢挑剔，常为手下人的失误而生气并独自走开。这时，布莱德雷等人谁也不敢说话。

布莱德雷到秘书处一周后，马歇尔召三位助手到办公室：

"我对你们都很失望！"

三人大吃一惊，他们谁也没有出大的差错，马歇尔何出此言呢？沃德酝酿了半天，结结巴巴地说：

"为什么，先生？"

"你们对我一周来做的任何事情毫无异议！"

布莱德雷明白了马歇尔的意思，站出来为大家辩护："这一周我们确实没有什么不同看法，要是有，我们肯定会提出来。"

　　马歇尔喜欢自己的助手能放手地工作，提出独到的见解，哪怕是反对意见。数天后，参谋部送来一份研究报告，报告中存在明显的问题。布莱德雷经谨慎研究后向马歇尔作了汇报。

　　"好，这才是我想要的东西！要是你们对我将要采取的行动不提赞成或反对意见，我就难以验证我做的是否正确。假若我听到了全部意见或争论，仍感到我的决定是可取的，我会不顾一切地去实施。"

　　马歇尔说完，对布莱德雷报以满意的微笑，一种少见的赞赏他人的微笑。

　　秘书处的三个人常常被文山压得喘不过气来，他们根本没有时间去讨论给马歇尔送的材料，常常独自处理。有一天，米克尔森给马歇尔汇报情况，内容是布莱德雷不太了解的。马歇尔听完汇报，突然转身问布莱德雷：

　　"布莱德雷，你有什么想法？"

　　"我不喜欢这样的事情，先生！"

　　屋里鸦雀无声，大家都不知道马歇尔会有什么反应。三人屏住呼吸，听候发落。

　　"我也不喜欢！"

　　马歇尔肯定了布莱德雷的判断。

　　在秘书处，三位秘书要经常起草文电由马歇尔签发。沃德和米克尔森的文字水平并不比布莱德雷强，但布莱德雷也不是合格的捉刀人，马歇尔并不完全满意。通常，马歇尔要对电文进行重新改动后再发出。布莱德雷长于数学，但英语水平较差。在西点军校时，他的英语成绩就拖了后腿。在布莱德雷一生中，舞文弄墨的时候极少，晚年写作回忆录，也是请人代笔。布莱德雷对自己的写作能力羞愧无比，他决定向马歇尔推荐本宁堡那位朝气蓬勃、文思敏捷的史密斯。当年就是布莱德雷发现这个人才并写报告将他留在兵器系的。

　　有了这一想法，布莱德雷小心谨慎地向马歇尔说明调用史密斯的理由。不料，当年在课堂中也颇为赏识史密斯的马歇尔全然记不得史密斯的名字了，他反问道：

　　"史密斯！我怎么不认识他？"

　　布莱德雷只好帮助马歇尔恢复记忆，叙述史密斯的特长及当年在本宁堡的旧事。最后，史密斯来到了参谋部，负责联络白宫和财政部等事务。

布莱德雷越来越得到马歇尔的信任。有许多事情，马歇尔让布莱德雷承担责任，独立做出决定。有一天下班前，马歇尔交给布莱德雷一份一位少校的履历表。这位少校曾得到马歇尔的赏识，马歇尔这次想提携他，"要是不违反陆军的规定，我想让这个人上国防大学。但要研究一下他的履历，这件事由你来作决定。"

晚上，布莱德雷仔细研究了少校的履历，确认他根本不适合去国防大学。但是，面对马歇尔"内定"并签过字的人，自己不好反驳。布莱德雷为此小事而苦恼不堪，夜里还做了噩梦。他要么违背良心让那位少校去国防大学深造，要么冒着得罪马歇尔的危险加以阻止。

第二天一早，布莱德雷就来到马歇尔的办公室："先生，我已研究过此人的履历，我建议不要派他去国防大学进修。"

马歇尔听完，不禁愠怒，脸色沉了下来。他用灰蓝色的眼睛盯住布莱德雷说："谁让你到这里来提建议的？"

布莱德雷脑子嗡地一下，满脸通红。

没等他反应过来，马歇尔又开口了：

"我对你说过，由你来决定！"

布莱德雷如释重负，迟疑片刻，大声说：

"是！先生，他不去！"

1939年8月23日，布莱德雷在马歇尔的秘书处任职不到两个月。希特勒与斯大林签订了《苏德互不侵犯条约》。9月1日，希特勒派兵入侵波兰，苏联军队又从东边开进波兰。英法被迫对德宣战。

美国陆军有许多人相信法国能顶住德国的进攻，马奇诺防线坚不可摧。英国匆忙中派一支远征军参战，第二次世界大战在欧洲爆发了！

纳粹德国的铁蹄很快踏遍了波兰。9月8日，罗斯福闪烁其词地宣布美国进入"有限的"紧急状态。美国对外仍宣称严守中立。陆军不会参战，因而正规陆军只发展到22.7万人，国民警卫队增加到23.5万人。

∧ 1939年8月，斯大林与前来签订《苏德互不侵犯条约》的德国外长里宾特洛甫握手。

> 法国构筑的马奇诺防线的一段。

★马奇诺防线

法国于第二次世界大战前构筑的一整套永备筑城攻势配系，位于法国与德国、卢森堡和比利时毗连的边境线一带。防线于1929年开始兴建，1936年竣工，以后又不断加以改进。防线以当时的法国陆军部长马奇诺的名字命名，其总长度为400公里，纵深6~8公里，配置5,600个永备发射工事。在第二世界大战中，德国军队于1940年在该防线尚未完成的北翼突破法军正面，进抵防线后方。战后，马奇诺防线的大多工事被改作军事仓库。

1939 年秋天，陆军部开始确定 1940 年的预算计划。这个计划对陆军来说是一个绝好的扩展机会。但是，孤立主义的势力似乎十分强大，国会讨论中困难重重。罗斯福对陆军的兴趣仍然不大，他只是支持海军和陆军航空队的发展。

在陆军部，助理部长约翰逊与部长伍德林的矛盾激化到了白热化的程度。约翰逊忙于攻击部长，美化自己。马歇尔小心谨慎地推行着陆军的预算计划。布莱德雷等人则忙于处理文件，整理和分析材料，给马歇尔提供可行的报告。

1939 年冬，总统和国会批准了预算，而这远远不能满足马歇尔真正需要的数字：8.53 亿美元。

1940 年 4 月 9 日，希特勒的战火烧到了丹麦、挪威。1 个月后，荷兰、卢森堡被扫平。纳粹的拳头绕过马奇诺防线★，挥向法国。荷兰 5 天内陷落，比利时只坚持了 19 天。到 5 月 29 日，严重受挫的英国远征军只好进行敦刻尔克大撤退。意大利军队于 6 月 10 日进入法国，巴黎落入纳粹之手。22 日，法国与德国签订停战协定。

∧ 为应对随时可能爆发的战争，美国陆军加紧了战备工作。

< 1941年，正在进行防化训练的美军新兵。

仅仅两个半月工夫，欧洲（西欧）全部为希特勒所控制，英国岌岌可危。

纳粹德国采用的战术取得了令人瞠目结舌的成功。布莱德雷研究过运动战，但对德国空军与地面坦克、摩托化部队配合所产生的巨大威力深感震惊。他认为，美国如果参战，将会不堪一击。

1940年5月，美国人也开始行动了。陆军组建了三团制的师，举行了第一次军级规模的步兵演习。5月19日至23日，布莱德雷奉马歇尔之命，陪两位参议员去路易斯安那州参观演习。可是，他看到的是将军们近乎无能的组织指挥能力。这次演习，航空队战斗机应地面指挥官34次要求进行"近距离空中支援"，但仅执行了2次。布莱德雷意识到：步兵师需要更多的坦克、反坦克武器、装甲车、威力和机动性能更大的火炮等装备。

1940年夏末，德国用飞机和潜艇频频攻击英国，企图迫使英国投降。美国公众此时的情绪来了一个180度大转变，他们热情地支持发展陆军，马歇尔渴望的时刻到来了。

每天，拨款单像雪片一样送到陆军部，更多的飞机、坦克、车辆、枪炮和弹药倾泄到陆军中来。马歇尔委托手下人去征召国民警卫队，建立选征兵役制。他本人则着手解决武器装备不足和训练十分薄弱的问题。

布莱德雷虽然敬重马歇尔，但是总不能一辈子在他面前干一些"鸡毛蒜皮"的事。他决意离开马歇尔，去接受新的挑战。布莱德雷是步兵出身，统帅部队训练、作战一直是他感兴趣的事情，从事参谋业务工作并不能发挥他的才能和智慧。他决定下去指挥部队，部队正需要他这样有着丰富阅历的职业军人。

正当布莱德雷想方设法寻找机会时，马歇尔新任命的西点军校校长罗伯特·L·艾克尔伯格准将突然登门造访。这位校长就任前，于1934—1935年曾任西点军校副校长和校务委员会秘书长，并于沃德之前在参谋部任秘书。艾克尔伯格是知识分子型的步兵专家，与布莱德雷秉性相投。

他在马歇尔的外间办公室等候召见，突然问布莱德雷：

"你想到战术系当主任吗？"

布莱德雷在脑子里迅速地考虑这一突如其来的建议。早在几年前，布莱德雷在西点军校战术系担任教官时，就有机会问鼎这一职务，但是未能遂愿。开始，布莱德雷认为战术系是一个中校干的事，又是去接同班同学赖德的班，虽说是平调，但弄不好会被人认为是降职。

转念一想，布莱德雷又觉得这个职位至少可以脱离现在的参谋工作，有机会对那些即将任初级军官的人施加影响，或许他们将来会成为将军，意义也颇为深远。布莱德雷答应了校长的邀请，并将此事禀报给马歇尔，然后就开始准备赴任。

数日之后，马歇尔改变了布莱德雷的命运。

"布莱德雷，你真的想去西点军校吗？"马歇尔说话直截了当。

"是的，先生。这样我可能离部队更近一点。"布莱德雷鼓足勇气，说出了要带一支部队的心愿。

马歇尔听后漫不经心，两眼瞥向窗外。

"去接替霍奇斯怎么样？"

霍奇斯是本宁堡步兵学校的准将校长。

布莱德雷的心都快跳出来了，这意味着自己将升任本宁堡步校的准将校长，从中校一下子跃升准将。

"先生，这是一个新情况，我当然愿意。"

"把布赖登找来，我们敲定此事！"

威廉·布赖登少将是陆军部负责行政事务的副参谋长，布莱德雷赶紧把威廉·布赖登找来，兴高采烈地陪同他走进马歇尔的办公室。

马歇尔对布赖登指示："让现任步兵司令乔治·A·林奇任期满后即休假，晋升考特尼·霍奇斯为少将步兵司令，布莱德雷任步校校长。"

但是，两位参谋长没有提到布莱德雷的军衔问题，或许他们要在布莱德雷不在场时再讨论。

2月23日，马歇尔签发的命令下达了，布莱德雷任本宁堡步兵学校校长兼驻地指挥官。布莱德雷当即带领妻子玛丽出发，两天后即抵达本宁堡。当天，他收到了一份电报：陆军部通知他，参议院已批准他升任临时准将。

真是喜上加喜，布莱德雷仅当了5年中校，现在一跃成为准将，他成为同届同学中第一位升为将军的人，比艾森豪威尔还要早！

1941年3月布莱德雷接任本宁堡步兵学校校长时，美国陆军已有了50万人，包括正规陆军、国民警卫队及招募来的新兵，因而训练各级军官成了当务之急。陆军部的一些人认为，到6月30日陆军人数将扩充到140万，现有的军校加之大小规模的军事演习，可以培养出足够使用的10万名各级军官。而马歇尔参谋长则认为基层军官远远不够，他力主陆军利用现有学校建立速成训练班，以培养大量基层军官。

布莱德雷坚决支持马歇尔。到任后的几周，布莱德雷便制订了一个综合计划，要将本宁堡预备军官学校扩大24倍。开始，他带着计划去找步兵司令霍奇斯和参谋部人事部，结果毫无收效，人们嘲笑预备学校的毕业生是"90天神童"。

最后，布莱德雷绕过所有的人，将计划直接送给马歇尔。自然，马歇尔赞同这种做法，兴奋异常，很快为计划开了绿灯。

这是布莱德雷到本宁堡步兵学校办的第一件大事。后来，本宁堡步兵学校培养预备军官的方法得到了美国军界的认同，成了美国预备军官学校的样板。它培养的军官源源不断地输送到欧洲和太平洋战场。布莱德雷对美国兵力动员立下了一大功。

按照美国法律，进行战争动员后，在一个地区的最高军事长官为地区的驻地指挥官，统管该地区一切军事工作。布莱德雷既是本宁堡步兵学校的校长，同时兼任本宁堡地区的驻地指挥官，负责统管整个地区组编和训练新的坦克和空降战斗部队。第二次大战爆发前，由于经费不足，美国陆军的坦克部队发展缓慢。纳粹德国对荷兰、比利时和法国实施大规模坦克作战并迅速取得战果之后，建立坦克部队的问题引起美国的重视。在这种情况下，马歇尔于1940年7月组建了两个师的装甲部队。其中一个师就在本宁堡地区。

布莱德雷抵达本宁堡时，在装甲师负主要责任的巴顿已将本宁堡的装甲部队搞得热火朝天，形成一定规模。1941年春天，陆军部决定举行大规模实战军事演习。因为当时在北非，英国坦克部队遭到隆美尔铁骑的重创，演习对巴顿来说正是大显坦克神威的机会。田纳西州

★闪电战

最早由德国将领施利芬于第一次世界大战期间提出的一个战略概念。主张以大量机械化部队，在坦克、重炮和空军的配合下，以闪电般的速度摧毁敌方的防御系统，以确保德国在一系列闪电战战役乃至整个战争中迅速取胜。这种战略思想逐渐成为德国最高决策层的主导战略思想，并在20世纪30年代后期占据了支配地位。第二次世界大战初期，德国利用闪电战的方式先后进攻了波兰、西欧及法国、苏联，并取得了成功或暂时的成功。

的演习中，巴顿的装甲2师以眼花缭乱的速度和出其不意的行动，用9小时完成了计划两天的行动。8月至11月，路易斯安那、得克萨斯州的40万人参加的军事演习又开始了。巴顿在演习中的表演与上次又完全不同，他勇猛向前，不费吹灰之力便俘虏了"蓝军"司令德拉姆中将。虽然巴顿受到评判将领的批评，说他擅离指挥位置，"蛮横地欺凌敌人"。但他成了真正显赫的明星。

布莱德雷参与了演习，观察了巴顿的举动，他发现，英勇善战的巴顿对细枝末节的琐事不太关心。他忽视后勤保障问题，喜欢即兴定出作战计划。布莱德雷与巴顿在这一时期保持了密切的联系，也真正了解了巴顿。在布莱德雷看来，巴顿贵族出身，是他认识的"最有抱负、事业心最强的人"。他有一种高深莫测、不可言状的勇敢精神，对士兵铁石心肠，追求最大限度地提高军事效率和承担任务。巴顿天生好追求荣誉，喜欢引人注目，但他说话粗鲁，声音滑稽可笑、尖刻刺耳。布莱德雷认为，巴顿的缺点也正是他的优点，对他来说，恰当发挥其英雄本色最为重要。

同巴顿初次合作，布莱德雷感觉也不错，他学到了许多关于机械化部队作战的知识。潜移默化之中，布莱德雷又掌握了一个新的知识，赶上了又一个步伐。

第一次世界大战后的美国，虽然出现了像米切尔那样的空战理论家，但并没有引起美国的重视。美国的空军发展一直比欧洲国家迟滞。而事实说明，第二次世界大战爆发后，纳粹德国之所以在很短的时间内横扫欧洲大陆，其中最主要的原因是他们充分运用和发挥了飞机和坦克等新式武器的作用，因而能够有效地夺取战略目标。对于德国人的闪电战★，布莱德雷称之为"垂直包围"，即用空投伞兵和滑翔机空降部队实施突然袭击。布莱德雷善于捕捉最新的军事战术发展动态，他在任马歇尔的助理秘书时，就对空降试验给予过支持。有一天，他的西点战术系同事威廉·M·米利少校来找他，神情沮丧。米利正在搞空降试验，但得不到军需部的帮助，装备及补给品十分匮乏。

布莱德雷知道马歇尔对试验颇有兴趣，就对米利说："嗯，米利，让我看看我们能帮你什么忙吧。"

> 美军士兵正在进行跨越障碍训练。

布莱德雷以他特殊的角色领米利去见管事的人，米利最后满载而归。

1941年下半年，纳粹德国在希腊和克里特岛发动大规模的空降作战。这一刺激使美国陆军产生了在本宁堡建立"临时伞兵大队"的决定。米利的部队得以扩编，成了美国陆军的第一所"伞兵学校"。被称为"陆军空降部队之父"的威廉·C·李中校从总参谋部前来负责指挥这个大队。

布莱德雷既是伞兵部队的支持者，又是参与者。他与米利、李及其他官兵紧密联系，渡过了一个又一个难关。

1941年秋天，李率领的人马已有4个营的兵力，伞兵学校日益完善。数百名志愿者的涌入，造成了住房、飞机、跳伞场地、弹药、通信器材甚至降落伞的紧张。布莱德雷和本宁堡步兵学校的全体人员给伞兵部队以大力支持。布莱德雷经常到伞兵部队了解实际情况，提出解决办法。在他的大力支持下，本宁堡地区的伞兵部队发展很快。

布莱德雷时刻关注欧洲战场的形势，他对纳粹德国在克里特岛空降1.3万多人的行动怵目惊心，这个人数相当于一个师的兵力。布莱德雷敏锐地看到，大规模空降作战已经成为战争的一部分。因而，布莱德雷极力支持李、米利等人组建空降团、空降师。

本宁堡步兵学校是马歇尔心目中的圣地，身为参谋长，他常到本宁堡来骑马、狩猎和"休闲"。实际上，他也在观察布莱德雷的所作所为。每一次，马歇尔都向布莱德雷投以赞许的目光。

有一天，马歇尔开门见山地对他说："布莱德雷，当你离开这里去指挥一个师时，你能选好你的接班人吗？"

布莱德雷被震惊了，这意味着他又能率领部队，将来有机会参战了！他心里怦怦直跳，这还意味着，他才干了6个月准将又要晋升为少将了。师级属于高级军官，眼下只有1909—1912届的学员可以充任。

布莱德雷善于控制自己，他在马歇尔面前极力抑制着心中的喜悦："还没有选好，先生。"

事实上，布莱德雷此前曾向陆军部推荐过利文·C·艾伦中校为自己的助手，但遭陆军部拒绝。在马歇尔这里，布莱德雷可以直接说一句话："利文·艾伦是个人才。"

马歇尔听后微微点头，什么也没说。

>> 出任指挥官

1941年12月7日早晨7时55分，美军夏威夷珍珠港海军基地，突然烈火冲天，爆炸声此起彼伏。日军向美国发动了蓄谋已久的偷袭行动。在历时仅约100分钟的奇袭过程中，日军共投炸弹100多吨，发射鱼雷约50枚，以损失29架飞机的轻微代价，击沉击伤美舰船40

> 1941年12月8日，美国总统罗斯福签署对日宣战文件。

多艘，炸毁或击落美机 200 架，毙伤美官兵 4,500 多人，美国太平洋舰队遭受毁灭性打击。

日军成功偷袭珍珠港后 2 小时，日本政府正式向美国宣战。

战火一下子烧到了美国的大门口。

珍珠港遭到袭击那天是星期日，布莱德雷在家里休息。下午，他与妻子正在修剪门前花园的草坪。一名军官跑过来告诉他：珍珠港遭受了重大袭击，情况不明！

布莱德雷的心马上一沉，他随即意识到事态的严重，立即穿上制服，直奔驻地司令部。许多军官和参谋人员已经聚集在那里，正在低声而焦急地争论着。

到达司令部后，布莱德雷做的第一件事情就是立即下令实施"应急计划"，正规部队和国民警卫队迅速行动。直到第二天凌晨 4 点，保卫各个要害设施的部队才各就各位。布莱德雷的紧张心情也稍微缓解下来，等待着政府的下一步指令。

12 月 8 日，罗斯福总统签署文件，正式向日本宣战。

自此，美国卷入了空前规模的第二次世界大战。

几天后，陆军部人事部波普上校打来电话，他是布莱德雷在西点军校任数学教官时的老同事。

"布莱德雷先生，陆军部决定组建 3 个师，你任第 82 师师长。"

布莱德雷很想知道其他 2 个师的情况，没等他开口，波普继续说：

"第 77 师师长由西点军校罗伯特·艾克尔伯格担任，第 85 师师长是 1912 届毕业生韦德·H·海斯利普。你马上准备，12 月底前到位。"

这就意味着布莱德雷的肩上又多了一颗星。在这一届同学中，他成了第二个获得两颗将星的人。在三位师长中，他资历最浅。

战争的呼唤，使布莱德雷重任在肩！

布莱德雷以生性稳重、意志坚定并注重小节而闻名美国军界。他贫寒出身，与基层士兵能同甘苦、共患难，因而深受士兵的爱戴与尊敬，被称为"大兵的将军"。这一称号是美国新闻记者欧内斯特·派尔最先提出来的。他在采访中发现布莱德雷有一种特殊的气质，能够与部属打成一片，共同完成任务。这一称号贯穿布莱德雷的一生，他手下的人深深感受到他的宽厚温情。

第82师是后来被称为"全美第一师"的第82空降师的前身。这个师始建于1917年8月25日，曾参加过第一次世界大战所有重大战役，包括洛林战役、圣米耶尔战役和默兹-阿尔贡战役，建立了卓著的功勋。一战后这个师被遣散，布莱德雷受命重建这支具有光荣历史的部队。

为了使这项工作尽快开展起来，陆军参谋部给予布莱德雷大力支持。波普从陆军参谋部人事部到第82师来担任参谋长，在作战计划部工作的马修·李奇微任助理师长。班子搭建起来后，已经到了1942年2月底。3月初，布莱德雷带领全部班子来到路易斯安那州亚历山大市郊外的克莱博兵营逐步集结，这是陆军部指定的美国陆军新驻地。

重建的第82师是美国正式参加第二次世界大战后进行动员的一次新的尝试。在此之前，应征人员都是直接被送到正规部队或国民警卫部队进行训练，然后编入部队。而重新组建的第82师3万人中，只有700名军官和1.2万名士兵作为基础，人数不到50%，其余的人员都是从应征者接待站直接送来。可以说，整个第82师几乎是在一夜之间膨胀起来，自然面临许多问题。

布莱德雷知道，应征入伍的人刚刚离开家乡、亲人，来到孤寂生疏的兵营，难免会产生思乡之情。如果采取生硬的管理方法，下达冷冰冰的命令，势必会使他们备感孤寂、意志消沉，因而贻误训练和战备工作。所以他决定在力所能及的范围内，想尽一切办法，让新兵感到部队的温暖。

布莱德雷治军的第一招便是给新兵一个"家"的感觉。既对新兵严格管理，又用理智、人道、体谅的方法真诚地关心他们的生活与福利。第82师的新兵大多来自佐治亚、阿拉巴马、密西西比和田纳西。布莱德雷让人先期到新兵站去迎接他们，欢迎他们，并根据他们入伍前的职业分类造册登记，分配到各小单位。铜管乐队吹吹打打，像欢迎英雄凯旋一样，让新兵产生一种新奇、兴奋的感觉。然后把他们编入预先编好的分队，领进预先准备好的帐篷，为他们铺好被装，准备好床上用品，食堂也做了热乎乎的饭菜等待新兵就餐。此外，布莱德雷还要求建立简易洗衣房，让远途而来的新兵清洗弄脏的衣物。这些周到细致的措施确实稳定了新兵的情绪，抹去了他们的思乡情绪，使他们很快就融入了军营生活。布莱德雷采取的措施得到了陆军参谋长麦克奈尔的高度赞扬，参谋部为此发出命令，向所有新组建的部队推广布莱德雷的方法。

在安宁舒适环境下长大的这批青年缺乏锻炼，有的新兵背上背包跑两公里便会趴下，大多数人身体虚胖，只有极少数人能应付起码的训练。针对这种情况，布莱德雷把西点军校的体育气氛带到了师里，他制订严格的体育锻炼计划，规定士兵每天必须进行各种体育运动。此外还组织士兵翻高墙、越堑壕、跨高栏、过水道、荡秋千。

为了给士兵做出榜样，布莱德雷规定全师官兵，包括他本人都必须参加各项体育锻炼。布莱德雷身先士卒，坚持与士兵同甘苦。就在他过完49岁生日后不久的一天，他在参加体育运动荡秋千时滑了下来，恰巧摔进污水沟里，弄的狼狈不堪，不少官兵都在背后拿这件事情取乐。助理师长李奇微后来记述了这件小事："看到一位少将陷入这样的尴尬境地，对各级官兵来说的确是一大趣事，这件事成了训练阶段值得回忆的精彩场面。"

布莱德雷感到，官兵在大笑之后由衷地敬佩和拥戴他。他的"大兵将军"形象开始显露！

布莱德雷对第82师严格要求，使这个师各项工作大有进展。在布莱德雷的心目中，他准备无论什么时候，只要一声令下，全师就能奔赴战场。负责指挥全美地面部队训练任务的麦克奈尔将军，经常到第82师检查训练工作。结果，布莱德雷的训练超过了麦克奈尔制订的17周训练计划的目标。将军向马歇尔写了报告，对布莱德雷大加赞赏。

但是，这个师的工作才进行4个月，也是布莱德雷的工作正在顺利开展之际，他收到麦克奈尔给他写的一封信，说马歇尔决定派他去国民警卫队第28师担任师长，那里"急需援助"。

布莱德雷深感扫兴，哭笑不得，他的参战梦又破灭了。不过麦克奈尔劝慰他："你的能力要在适当的时候才能得到大家的承认。"

布莱德雷把第82师交给了李奇微。不久，全师改为美国陆军的第一个空降师，前往布雷格堡进行特种训练。伞兵先驱巴德·米利任李奇微的助理师长。后来，第82空降师又抽调部分军官去组建美国陆军的第二个

> 布莱德雷（左）与李奇微（右）身先士卒，参加体能训练。

★第 101 空降师

第二次世界大战期间，美国军队著名的主力部队之一。该师于 1942 年 8 月 15 日由第 101 步兵师改编而成。1943 年 9 月，该师开赴英国。1944 年 6 月 6 日，该师参加诺曼底登陆。同年 9 月参加阿纳姆空降战役。尤以全师 17,000 人参加阿登战役中著名的巴斯托尼保卫战而闻名。在第二次世界大战期间，该师参战 214 天，伤亡 9,328 人。战后，该师是担任美国全球机动作战任务的一等战备值班部队，曾参加过越南战争和海湾战争。

∨ 诺曼底战役前，艾森豪威尔与美 101 空降师官兵交谈。

空降师——第101师。此后，第82师及第101空降师★在战场上屡立奇功，美名远扬。它们在战争中常作为尖刀插向对方，显示出王牌师的威力。

1942年6月，布莱德雷抵达路易斯安那的利文斯顿，接手第28师的工作。该师与布莱德雷重建的第82师同属第4军所辖，但各方面情况与第82师相差甚远。第28国民警卫师是在1941年征召起来的，仅仅经过几个月的基础训练，发放装备和组织编队以后，就开到了利文斯顿兵营。其后的工作几乎没有人重视和负责，一片混乱。

∧ 正在进行野战演习的美军部队。

为了弄清第28国民警卫师存在的问题，布莱德雷一到部队，就带领参谋人员视察和走访部队。经过调查，布莱德雷发现全师管理松懈，各种规章制度混乱，大批人员以各种借口离开部队。有1,600名军士已去预备军官学校进修，毕业后到别的师去了。还有几百名士兵去航空学校学习。仍然在部队的士兵也没有心思干工作，正通过各种渠道联系调出。布莱德雷在一次视察中惊奇地发现，一个105毫米炮兵连仅有一名军官，手下只有一名下士充当助手。

面对这种近乎荒唐的情况，一向极少发怒的布莱德雷也急了，他立即大声问道："其余的人都到哪里去了？"

那个军官无奈地说："有些人进了预备军官学校，这个下士还是刚刚调来的呢！"

回到司令部后，布莱德雷立即采取措施，安定人心，制止人员外流。同时请求军长格里斯沃尔德从下一届预备军官学校中派一些新军官来。

此外，这个师还存在一个严重问题：老乡观念。譬如，来自波克敦的一名基层军官，手下有位自己家乡银行家的儿子，这名基层军官在入伍前恰巧就在这家银行上班。如今他不敢对这位银行家的儿子以正常的纪律予以约束，因为他担心如果得罪了银行家的儿子，他今后可能失去饭碗。而且，这种家乡观念难免产生专谋私利的小集团，排斥初来乍到的人员，使部队难以形成一个坚强的统一的战斗集体。这种在正规部队根本不可能的事情，在国民警卫师普遍存在，严重地干扰了部队的正常工作。

布莱德雷决定采取有力措施剔除这种弊端。他把全体军官和士官都召集在一起。会上，布莱德雷以冷冰冰的口气当众宣布："在24小时内，凡是有两名以上来自同一家乡人员的连队，都必须自行解散，无论是军官和士官，都将被调到新步兵连或野战炮兵连队，而且不许两名士官同去一个连队。"

整个会场鸦雀无声。宣读完命令，布莱德雷阔步走下前台，头也不回。面对这种坚决果断的态度，没有人敢违抗。一位基层军官对布莱德雷大刀阔斧的改革行动深表支持："将军，这是这个师所采取的最好的措施。"

由于措施得力，第28国民警卫师进展迅速，面貌大变。仅两个月后，布莱德雷请军长来检阅了部队。随后，布莱德雷又组织了一次师野战演习，获得圆满成功。经过整顿，第28国民警卫师从一群乌合之众成为一支训练有素的战斗部队。

新闻记者在这时纷纷注目布莱德雷。一位记者写道："他不是一位能成为传奇式英雄的显眼人物，也没有足以引起人们好奇心的神秘感。他有时很粗鲁，但人们对他的咒骂少得不值一提。在显示个人尊严轻视某种东西的仪式上，布莱德雷显得坚毅刚强。他治军严谨，把荣誉归于普通一兵。但是不要把迷人的魅力与领导艺术混淆起来。布莱德雷是一位卓越的领导人，他不仅受人尊重，而且赢得人们对他的忠诚。这些都令士兵和军官对他的指挥唯命是从，这就是他的性格的关键所在。"

布莱德雷在短短时间内又带出了一个师，第28师在开拔前还要进行最后一次演习：模拟两栖进攻。布莱德雷将全师人马带到佛罗里达州卡拉佩尔的戈登·约翰逊兵营。这是美军新建立的基地，已有3个师在此受训。1943年1月，布莱德雷随第28国民警卫师，乘坐火车和征用的私人汽车，秘密前往戈登·约翰逊兵营，按期进行两栖作战训练。戈登·约翰逊兵营是沿着一段荒凉的海滩在棕榈树丛中辟地建成的，条件非常艰苦。在荒凉的海滩上，3个团驻防在不同地方，相隔数公里。每次乘登陆艇训练，都要冻得全身麻木。全师日复一日地演练对"敌人盘踞的岸边小岛"进攻。布莱德雷对战术及后勤保障问题尤其注意，他发现后勤保障是成败的关键问题之一。

按照预先的规定，这是第28师战前训练的最后阶段。

1943年2月12日，布莱德雷迎来了自己的50岁生日。令他没有想到的是，这天中午，他收到马歇尔发来的电报。马歇尔在电报中说：

感谢你在第28师所立下的卓著功绩，前几天你已晋升为军长。值你庆祝寿辰之际，告诉你这一好消息是再适合不过了。顺致庆贺和最良好的祝愿。

时隔4天后，2月16日，布莱德雷接到了一份秘密电报。他打开一看，得知自己被任命为第10军军长，该军驻扎在得克萨斯州。

布莱德雷放下电报，正在考虑怎样交接工作，突然桌子上的电话响起来。布莱德雷拿起电话，一个急切的声音传来，这是美军地面部队总司令麦克奈尔的人事助理参谋长亚历山大·R·博林打来的。他在电话里说："布莱德雷，今天总司令要我通过电话给你传达一个命令。你将去海外长期服役，不是整个师，就你自己。"

布莱德雷感到很惊讶，他立即说："我刚接到调往得克萨斯州的命令，到……"

"那是昨天的事。"博林打断了布莱德雷的话。

布莱德雷立刻镇静下来，随即问道："我着什么装，走哪条路？"布莱德雷的意思是探听去非洲还是去太平洋。当时布莱德雷用的是没有加密的电话，在不加密的电话里谈论部队调动是违反规定的，也不允许谈论调动事宜。博林神秘而又机警地说：

"记得你的同班学友吗？你同他一起工作。"

艾森豪威尔！非洲。

布莱德雷明白了。

"你能多久启程？"博林接着问布莱德雷，"走之前，你必须先到华盛顿听取指令。"

"明天动身。"布莱德雷回答说。

在随后的电话交谈中，布莱德雷得知，自己不用选择参谋人员，甚至连司机也不用，只带两名随从副官。从这些情况判断，布莱德雷隐约感到，自己不是被派往非洲战场指挥具体的部队，而是到艾森豪威尔的司令部担任某种不具体的职务。

接到命令的第二天，1943年2月18日，布莱德雷与副官就赶到五角大楼。此时，美军

< 在非洲指挥作战的盟军司令艾森豪威尔。

在非洲战场上正被隆美尔打得晕头转向，惶惶不安。救急的电报像雪片一样飞到陆军参谋部，整个参谋部充满了令人压抑的气氛。

　　布莱德雷直接来到作战部，接受了简单的训示，看了艾森豪威尔从前线发来的急件，一种充满危机和忧郁的氛围迅速笼罩了他。美军参谋部原来主张实行"直接"战略，但是由于美国和英国两国最高统帅部最后拍板确定采取"间接战略"，美军才在北非登陆作战。谁也没有料到，刚刚参加战争，美军就陷在战场上被动挨打。美国朝野震动，纷纷对参谋部的工作提出指责。处在前线的艾森豪威尔尤其如此，他遇到了前所未有的困难。他一方面要承担德军反击造成的损失，一方面感到无法畅通指挥部队。艾森豪威尔焦头烂额，力不从心，急切盼望着新的得力的助手来帮助他、支持他。

　　布莱德雷在非洲战局纷繁复杂和十分微妙时被召到五角大楼，只知道他赴非洲是充当一个不明确的角色，而这却是马歇尔支援艾森豪威尔的一种办法。艾森豪威尔遭到了隆美尔的反击，手下没有精兵强将，他只好向马歇尔发出急电，要马歇尔给他立即派人。艾森豪威尔

→

★五角大楼

五角大楼是美国陆、海、空三军的总部,也是国防部的所在地。正如其名字所提示的那样,它是一座拥有五条等边的巨型建筑。五角大楼刚建成时,它占有比世界上任何办公楼都要大的楼面面积,占地超过14万平方米,包括一个占地2万平方米的中央庭院。每天在这里工作的工作人员约有2.3万名。大楼于1941年开工,16个月后竣工。建造大楼的目的是想把美国分散的国防部办公室集中在一起。

列出一份13人的名单报马歇尔。

2月15日,马歇尔回电:"我建议选派奥马尔·N·布莱德雷将军前往……如果这样符合你的愿望,可以立即将他派去。"

第二天,艾森豪威尔复电:"请用可以搭乘的第一班运输机把布莱德雷将军送来。"

这就是布莱德雷失去军长职务,改赴非洲充当艾森豪威尔助手的背景和决策过程。

离开五角大楼★前,布莱德雷拜访了老上级马歇尔。前线出现不利情况,肩负重担的马歇尔显得更加消瘦,但仍然信心十足,一双蓝色眼睛炯炯有神,给人的感觉是世间的任何事情都无法在他的面前逃过。布莱德雷到来后,马歇尔简单地介绍了美军在非洲战场的失利,他对前线美军部队的情况深为关切。

最后,马歇尔交待了布莱德雷赶赴非洲的使命:帮助艾森豪威尔处理战场的一些事务,提出建议,减轻艾森豪威尔的负担。

末了,马歇尔交给布莱德雷两封与"赫斯基"有关的绝密信件("赫斯基"是进攻西西里岛战役的代号)。马歇尔特别嘱咐说:"看看信件,把内容都记在心里。如果飞机迫降,把信件毁掉,向艾森豪威尔口头报告。"

布莱德雷拆开后得知,这些信件中,有一封信详细说明了"赫斯基"行动,这是最高的机密。一路上,布莱德雷都感到口袋里沉甸甸的。从信件中,他知道突尼斯战役结束后,西西里战役即将进行。他把最高机密铭记在心里,出发了。

第三章

北非战场初试刀

布莱德雷不像巴顿那样锋芒毕露，他善于同上级和英国人和睦相处，同时也得到马歇尔在背后的有力支持；在作战方面，布莱德雷谨慎沉着，刚柔相济，善于捕捉战机，他对战场态势、兵力运用、战术安排和后勤补给均能关注适度，巧妙照应……

> 1943 年，初抵北非的布莱德雷正在检阅当地部队。

>> 问题成堆的第 2 军

　　1943 年 2 月 24 日，布莱德雷乘军事空运司令部定期的飞机飞往非洲，沿途飞行共 90 小时，途经迈阿密、英属圭亚那的乔治敦、巴西的纳塔尔，然后越过大西洋到达喀尔，最后经马拉喀什、卡萨布兰卡，抵达盟军司令部所在地阿尔及尔。艾森豪威尔的副官欧内斯特·李开着一辆卡迪拉克牌防弹车到机场接布莱德雷，然后直驶圣乔治饭店。艾森豪威尔的总司令部就设在圣乔治饭店。这家布局散乱的饭店坐落在一座小山上，可俯瞰市区和挤满船只的港口。圣乔治饭店像一座小五角大楼，设有由穿着不同制服的英、美、法军官组成的一个庞大的参谋部。布莱德雷一到这里，立即感到这里的气氛不同，显得忧郁沉闷，令人窒息。

　　稍微休息后，下午布莱德雷到总司令部办公室，与艾森豪威尔会面。艾森豪威尔穿着定做的刚钉上四颗将星的"艾森豪威尔夹克"，像久别的兄弟一样热情地欢迎布莱德雷。寒暄之后，艾森豪威尔向布莱德雷简要地介绍了最近的战况。布莱德雷获知，就在自己赶往非洲战场的途中，隆美尔已经撤退，前线战事暂归平息。艾森豪威尔与布莱德雷很谈得来，从下午一直谈到晚上。经过初次接触，当了总司令的艾森豪威尔给布莱德雷留下深刻的印象。

　　布莱德雷后来回忆说："艾森豪威尔是一个具有某种魅力的人，有着一副善于思索的第一流头脑。艾森豪威尔是一个敢于负责任的人，他在介绍最近盟军作战失利的情况时，没有责备任何人。而是一再强调说，他对失败的每一个方面承担全部责任。"

　　艾森豪威尔对战争态势了如指掌。对于前一段的失利，他非常准确地指出了情报方面的责任。隆美尔发起进攻前，盟军已从情报中获知了有关消息，但是情报分析的进攻方向后来被证明是错误的。从艾森豪威尔的谈话中，布莱德雷得知要谨慎地利用那些"超级"情报破译组织提供的情报。

晚上，布莱德雷在艾森豪威尔的别墅进晚餐，他发现总司令和蔼可亲的微笑后面隐藏着神经脆弱、易怒、暴躁的另一面。

在布莱德雷准备去前线前，副官给他找来了合适的战场服装和一支"斯普林菲尔德"7.62毫米步枪。布莱德雷在艾森豪威尔的司令部里浏览了两天的作战报告，了解整个战局的进展和状况。布莱德雷获知，艾森豪威尔不允许美国人批评法国人或英国人，一旦犯忌即可能被降职或调回国，目的是寻求一种协调一致的"联合作战"关系。艾森豪威尔多少有点亲英倾向，他与英籍女司机兼护士凯·萨默斯比关系密切。

布莱德雷对领受的任务并不高兴，他主要是充当一种难以说清的角色，在突尼斯前线作为艾森豪威尔直接了解并掌握部队情况的耳目，同时对前线的美军军官提一些"建设性的调动"建议。布莱德雷深知，他这个角色要穿梭于各指挥官之间，是一个惹人猜忌和厌烦的"间谍"角色。为了避免与人结怨，或招致嘲笑，布莱德雷告诫自己要小心谨慎，多听反映，睁大眼睛观察，而不能胡说八道，多嘴多舌。一到非洲，他就以善于观察、稳健沉着、深藏不露的姿态处理一切。

1943年2月27日，布莱德雷随艾森豪威尔、比德尔·史密斯乘B-17飞机前往亚历山大设在君士坦丁的英军司令部和参谋部。亚历山大★给布莱德雷留下的印象是耐心、机智、正直和头脑清醒，是一位出色的职业军人，对地中海和北非战区的战略态势了如指掌。亚历山大以圆滑的外交手腕和高超的判断力处理着突尼斯的局面。他正在做选配部下、整顿部队和制订新的作战计划等工作。其中心目标是消灭轴心国在北非的军队和准备西西里岛的作战行动。他主张撤掉安德森和弗雷登德尔的职务，以奥利弗·利斯接替前者，巴顿接替后者。可是，蒙哥马利拒绝将利斯调出，此事中途搁浅。对于解除马歇尔选定的第2军军长弗雷登德尔的职务，艾森

∧ 艾森豪威尔与英国首相丘吉尔、亚历山大将军（左二）等人在埃及。

> 1944年，亚历山大（中）在意大利。

★亚历山大 （1891 — 1969）

英国陆军元帅。毕业于参谋学院和帝国国防大学。参加过第一次世界大战，当时任爱尔兰警卫队军官，在法国作战。战后晋升为准将。第二次世界大战初期，任英国驻法远征军第 1 师师长和步兵军军长。曾指挥敦刻尔克撤退。1941 年至 1942 年指挥在缅甸的英军。1942 年 8 月领导英国中东指挥部，任司令。指挥部队与隆美尔作战并取得胜利。1943 年 12 月任地中海战区盟军最高司令。战后历任加拿大总督和英国国防部长。

豪威尔也举棋不定，最后则暂置一旁。

布莱德雷在君士坦丁见到了安德森，他发现安德森直言坦率、忠于职守、毫无私心，但待人冷漠、沉默寡言，因此很难得到别人的信任和了解。布莱德雷认定他作为一名集团军司令官是不称职的。在君士坦丁，亚历山大花了很大力气去整顿安德森的部队，按国籍和师的编制恢复建制和制订行动计划。这样，安德森仍在北方防区指挥英军第 1 集团军。在中段防线，装备美制武器的法军由阿尔方斯·P·来安指挥，编成第 19 军。这个军归安德森统辖，作为第 1 集团军的有机部分。南段防线主要由美军第 2 军负责，直属亚历山大指挥，单独作战，全军由第 1 装甲师和 3 个步兵师组成。

为了具体掌握第 2 军的情况，布莱德雷前往第 2 军的司令部。第 2 军军长弗雷登德尔同以往一样，偏执自傲。他知道艾森豪威尔派布莱德雷的来意，因此很不欢迎。安排布莱德雷及其副官，还有艾森豪威尔的参谋长史密斯住在一家年久失修、破旧不堪、没有窗户的"饭

店"里，条件非常艰苦。布莱德雷感到很不是滋味，但他什么也没说。弗雷登德尔给布莱德雷的第一印象是性情古怪。在谈话中，弗雷登德尔上来就喋喋不休地发牢骚，对英国人的意见很大。特别是反对安德森的指挥，他把美军在2月份遭受的失败完全归罪于安德森的指挥。

布莱德雷和史密斯感到，弗雷登德尔作为一个军长是不称职的，他们决定回到阿尔及尔总部即向艾森豪威尔建议，解除他的军长职务，尽管他是马歇尔选来在奥兰登陆的指挥官。

对第2军的情况进行基本的了解后，布莱德雷心急如焚。其后几天，阴雨连绵，寒气逼人，布莱德雷深入各个部队，进行实地考察，了解第2军各个师的具体情况，结果令他大吃一惊并愤慨至极。第1装甲师师长奥兰多·沃德是布莱德雷的西点校友，并在马歇尔的秘书处当过他的上司。沃德坦率地告诉布莱德雷：第1装甲师到非洲后，分散在美、英、法军中作战，形不成总体实力，隆美尔反扑期间，军长越过权限，亲自指挥第1装甲师的部分部队。打了败仗，弗雷登德尔却要求艾森豪威尔解除沃德的职务，幸而未得逞。艾森豪威尔冷静地从巴顿那里要来欧内斯特·哈蒙，在前线担任了一个不明确的高级职务。隆美尔溃退前，弗雷登德尔把整个前线部队交给哈蒙指挥，哈蒙似乎成了代理军长。沃德无事可干，只好在一旁观战。

有趣的是，哈蒙回到阿尔及尔时，也建议剥夺弗雷登德尔的权力。

查尔斯·赖德是布莱德雷的同班同学，他指挥着第2军的第34步兵师，这个师是从国民警卫队中组建的满员师。可是在此前的战斗中，弗雷登德尔将其部署在低洼地而不是在高地上作战，结果损失惨重。因为作战失利，赖德受到安德森和弗雷登德尔的指责。同样，赖德也不客气地指责弗雷登德尔。

号称"大红一师"的第1步兵师师长是布莱德雷的老朋友特里·梅萨·艾伦，助理师长则是罗斯福总统的侄子小西奥多·罗斯福。第1师是小股参加了战斗，伤亡不太惨重。第1师的两位头头也对弗雷登德尔一肚子意见，但布莱德雷看出该师有无视纪律、傲气十足的毛病，认为只有用铁的纪律来约束该师，施以严格训练，才能使之更具战斗力。

曼迪·S·埃迪的第3师编成新编步兵第9师，埃迪刚接管部队，与布莱德雷也不相识。这个师从未参加过战斗，急需训练，这是布莱德雷了解情况后得出的结论。不过，他对埃迪印象颇佳，认为他是杰出的职业军人。

布莱德雷对第2军的情况有了具体的掌握，他确信弗雷登德尔不称职，第2军缺乏统一的强有力的指挥和严格的训练。全军纪律松弛、混乱不堪。亚历山大、安德森、史密斯、特拉斯科特、哈蒙等人与布莱德雷意见也相同，力主解除弗雷登德尔的职务。3月5日上午，艾森豪威尔抵第2军视察，布莱德雷未接到弗雷登德尔的通知，结果冒着寒风驱车1小时跑到埃迪的指挥所去了，后来又花了2小时，全身都冻僵了，才在军部见到艾森豪威尔。实际上，弗雷登德尔是故意让布莱德雷去受罪，他全然不知自己的处境很危险。

艾森豪威尔的原则是不轻易撤掉一个指挥官的职务，他认为这将导致一个人的职业灾难。可目前撤掉弗雷登德尔的呼声甚高，压力很大。当布莱德雷与艾森豪威尔见面时，他把布莱德雷拉到一边问道："你认为这里的指挥怎么样？"

布莱德雷知道他指的是撤掉弗雷登德尔职务的事，便坚定地说："糟透了！"

"谢谢，布莱德雷！"

艾森豪威尔语气轻松多了。

"你坚定了我的想法"。

艾森豪威尔已经选定了乔治·巴顿去接替弗雷登德尔。

3月4日，艾森豪威尔给远在摩洛哥的巴顿发了急电，命他迅速赶到阿尔及尔报到。3月5日，即艾森豪威尔与布莱德雷仍在第2军时，巴顿匆忙带参谋长休·加菲将军及情报处长奥斯卡·科克上校飞赴阿尔及尔。本来，第7集团军和蒙哥马利的第8集团军是准备在4个月后作为进攻西西里岛的尖刀部队的，巴顿也忙于整顿部队和制订自己的作战计划。艾森豪威尔不得已才将他调来，这样便打乱了原有的计划。

∧ 抵达北非指挥第2军
作战的巴顿将军。

巴顿于3月5日抵达了阿尔及尔，艾森豪威尔立即向他交代了任务：迅速使新建的第2军恢复应有的军事素质和战斗力。在作战上归属亚历山大的第18集团军群指挥。同时，艾森豪威尔还告诫巴顿不要莽撞行事，注意与英国人搞好关系，最好是免开尊口。布莱德雷对巴顿直言不讳、狂傲鲁莽的个性也有所担心，他相信巴顿的能力，但认为他不够圆滑、缺乏清醒头脑和外交手腕。

下午4时30分，巴顿到伊斯坦布尔拜见了第18集团军群司令亚历山大，两人彻夜长谈。亚历山大直言不讳地谈到了第2军的"身心软弱、缺乏训练"，并交待了两周后第2军支援蒙哥马利穿越贝加贝斯平原牵制轴心国部队的任务。

第二天，巴顿赶到了第2军司令部，这时梅德宁战役正在紧张激烈地进行着。巴顿将艾森豪威尔在白屋机场亲笔写给弗雷登德尔的一封信交给他，接管了第2军。

历来雷厉风行的巴顿用狂暴急躁的"不民主和非美国的方法"整顿第2军的军容风纪和作息制度，使第2军上上下下都闻风丧胆，不得不振作精神。他甚至要求护士也要戴着钢盔，连上厕所的士兵也要军容严整。违犯纪律者，军官罚款50美元，士兵25美元。巴顿尽管也遇到一些阻力，但他牢牢地当稳了"第2军的老板"。

许多传记作家对巴顿与布莱德雷在第2军相处的关系着墨很多。对于艾森豪威尔的"耳目"，巴顿和弗雷登德尔一样不能容忍。不过，巴顿不是单纯地排斥布莱德雷，他很钦佩他的将才、谨慎和正派。但是，他不能容忍布莱德雷在第2军的暧昧地位，认为这有悖于军事指挥原则。

"我不能让任何他妈的间谍在我的司令部周围转来转去。"巴顿给艾森豪威尔打电话表明了态度，要么让布莱德雷当副军长，要么结束这种状态。

艾森豪威尔最后任命布莱德雷为第2军副军长。他打算待巴顿整顿好第2军后，如果布莱德雷有足够的能力指挥第2军，还要任命他为军长。巴顿临时从摩洛哥调来，放下了组建第7集团军的工作和制订进攻西西里计划，仅是权宜之计。

就在布莱德雷被正式任命为第2军副军长不久，3月7日，远在国内的马歇尔打电话给艾森豪威尔，建议不让布莱德雷担任第2军的副军长，而是去摩洛哥临时代理巴顿原来的工作。艾森豪威尔则对马歇尔的建议表示异议，认为巴顿只需暂时留在突尼斯前线三个星期左右，然后在4月

1日把第2军交给布莱德雷。而他仍回去继续拟定他在西西里作战的计划。艾森豪威尔欣赏布莱德雷的职业能力，但力主让他先熟悉一下突尼斯的环境、地形和人事，更重要的是熟悉英国人。

关于布莱德雷的任命，艾森豪威尔最后让他自己定夺。3月10日，布莱德雷从前线飞回总部，他当面告诉艾森豪威尔，自己愿意留在第2军。巴顿在摩洛哥已经组建了一班人马，他不好插足。而且对于布莱德雷来讲，他宁愿指挥部队打仗，而不愿去制订作战计划。

艾森豪威尔尊重布莱德雷的选择，最后他电告马歇尔："经过与布莱德雷进行充分讨论之后，我们一致认为，以原计划不变为宜，授权布莱德雷指挥第2军，我将尽早安排和落实此事。"

11日，布莱德雷从阿尔及尔回到第2军，将讨论过程及决定告知巴顿。其间，布莱德雷还坦率地谈了自己的想法。巴顿欣然接受了这一切。

∨ 向前线进发的美军坦克。

★隆美尔（1891—1944）
德国陆军元帅。参加过第一次世界大战。战后在德国国防军中服役，历任连长、步兵学校教官、营长等。1939年任希特勒卫队长。1940年任坦克第7师师长，参加侵法战争。1941—1943年任驻北非德国远征军司令与英军作战。后调任驻北非B集团军司令，先后在北非、意大利、西北欧、苏德战场作战。1943年底至1944年任驻法国B集团军司令。因1944年7月20日希特勒被刺事件受到株连，后被迫自杀。

他在日记中这样写道："我把它当作最好的决定接受了。"巴顿深知自己在突尼斯的任职不会太长，他也愿意回摩洛哥去担任更重要的职务，而不是让布莱德雷去代替他。

经过一段时间的整顿，第2军终于变成了纪律严明、英勇善战的部队。

>> 首次获得战绩

为了最后把德国的"非洲军团"赶出非洲，盟军进行了大量的准备工作，抓紧时机储备了大量的弹药和汽油，而"非洲军团"则孤立无援，已经到了弹尽粮绝的地步，犹如沙漠中的困兽。摆在盟军面前的作战问题是如何在最短的时间内，以最小的代价全部歼灭孤立在突尼斯的"非洲军团"，不使一兵一卒漏网逃掉。

隆美尔★已经看出这种绝望的处境。他写道："一个巨大的阴影笼罩在我们全体官兵的心头，集团军群要继续留在非洲那就等于自杀。"3月9日，隆美尔闷闷不乐地回国治疗，永远离开了突尼斯。冯·阿尼姆执掌了轴心国部队的指挥权。

针对"非洲军团"的布防情况，要歼灭它，有两种战略选择：一是在北面在冯·阿尼姆率领的意大利部队与南面马雷斯防线的德军之间打入一个楔子，大胆地进行穿插，分割包围两支轴心国部队，最后予以歼灭；二是稳扎稳打，步步为营，逐步向"非洲军团"施加压力，将其挤到突尼斯北部的海滩上，使其失去回旋余地，最后被歼灭或投降。根据当时盟军在突尼斯前线的布防情况，如果选择第一种方案，担任穿插任务的应该是美军第2军。

亚历山大选择了保守的后一个方案，他还不相信第2军的战斗力，不相信第2军具有取胜的能力或气魄。亚历山大认为，穿插部队肯定会遇到非洲军团装甲部队的顽强抵抗，担心第2军无力粉碎这种抵抗。

在第二种稳扎稳打的方案中，蒙哥马利率领的第8集团军将担任主攻任务，突破马雷斯防线，沿海岸平地驱逐"非洲军团"；安德森的第1集团军共17万人固守北部和中部的突尼斯前线阵地；美军第2军9万人将在南部沿山地向东佯攻，吸引轴心国部队，威胁其右翼，减轻蒙哥马利主攻的压力。

巴顿和布莱德雷对第2军只担当附属任务十分失望。同时，按计划巴顿要在4月1日返回摩洛哥，由布莱德雷接任第2军军长。从3月6日巴顿接手第2军至3月17日发起进攻，他只有10天整顿和训练曾被称为"乌合之众"的部队。布莱德雷意识到，担任伴攻任务也许十分适合第2军这样的部队，尽管他们都希望第2军能担任主要任务，打败轴心国部队，在英国人面前出口气。有人描述巴顿对第2军的任务十分不满，牢骚满腹，言辞激烈。实际上，他在日记中达观地记道："亚历山大是对的，虽然有些偏私，不过我处在他的地位也会如此。"

根据作战计划，美军第2军在蒙哥马利发动攻势前3天，即1943年3月17日，发动佯攻。具体的目标为：特里·艾伦的"大红一师"夺取加夫萨，若顺手的话则再夺取埃尔盖塔，之后为蒙哥马利建立一个燃料库；奥兰多·沃德的第1装甲师由卡塞林山口向东推进，直扑埃尔盖塔东北部方向的斯塔欣－德塞内德，如果进攻顺利的话，然后向马克纳西周围的高地推进；曼迪·埃迪的任务是率新编第9师援助艾伦和沃德，而查尔斯·赖德的第34师在北面的后方作预备队，伺机攻击溃败下去的敌军。

进攻开始后，艾森豪威尔和亚历山大都到费里亚纳第2军的前沿指挥所，坐镇督战。巴顿和布莱德雷随部队上了前线。巴顿随"大红一师"挺进加夫萨，布莱德雷随沃德出击。从1911年布莱德雷考入西点军校参加部队，第一次真正尝到了打仗的滋味，一开始就遇险几乎丧生。敌军在该地区布满了地雷，进攻开始后的几小时，布莱德雷的吉普车轮胎碰上了一颗意大利式地雷，但那地雷竟没有爆炸。布莱德雷被吓得"失魂落魄"，但又庆幸自己留下一条命。

所幸的是，第2军在佯攻中十分顺利，艾伦的"大红一师"顺利地占领了加夫萨；沃德的步兵占领了斯塔欣-德塞内德，意大利军队没有抵抗便后撤。但是，沃德的装甲部队因大雨而陷入泥潭，坦克和卡车寸步难行。巴顿怒气冲冲，大骂沃德。

3月20日，总攻开始，蒙哥马利以雷霆万钧之势发动了正面进攻，德军拼死抵抗。经过一天的奋战之后，蒙哥马利给亚历山大发出电报：显然敌军企图固守，英军准备以混战歼灭之。他同时要求改变美军第2军的作战方式，让第2军派出一个装甲师强行突破，在"非洲军团"中打下一个楔子。亚历山大担心这样太冒险，一开始拒绝了蒙哥马利的要求。

但到了3月22日，蒙哥马利的主攻部队遇到顽强抵抗，在蒙哥马利的再次催促下，亚历山大才命第2军制订计划派一支小型快速装甲部队向马哈雷恩攻击，骚扰敌军的后方。巴顿接受任务后兴奋异常，但沃德的装甲部队仍陷在泥潭里动弹不得，巴顿又一次在电话中臭骂沃德，结果也是无济于事。

艾伦的"大红一师"佯攻埃尔盖塔很顺手，事先他们得到破译的情报，提前作好迎击轴心国的两个师于23日下午的反扑的准备，击毁敌坦克32辆，报了卡塞林山口的一箭之仇。

与此同时，布莱德雷奔赴阿尔及尔与艾森豪威尔商讨第2军在总攻比塞大和突尼斯的角色问题。

艾森豪威尔对第2军的安排尚未了解，他对第2军的兴趣也不大。布莱德雷强压自己的失望情绪，极力主张让第2军参加最后决战。他向艾森豪威尔陈述：放弃第2军的3个师，在战术上等于摒弃了富有经验的部队；把第9师配属安德森，会重蹈在突尼斯混乱的覆辙；排斥了第2军，将不利于用实战来考验部队，并打击了士气，更重要的是美国人民不能分享最后胜利的喜悦。

艾森豪威尔被布莱德雷说动了，问他有何高见。布莱德雷提出早已想好的方案：第2军的4个师转移到安德森集团军以北，在比塞大独立作战。这样，美军便可在最后决战中作为一支独立的部队去完成任务。

3月23日，艾森豪威尔致函亚历山大。他引用布莱德雷的话，毫不含糊地指出："如果战事发展到美军的防区，当战役出现危机时，却有意把美军排斥在战役之外，我认为这是不能接受的。"布莱德雷为第2军争取到了参加决战赢得胜利荣誉的机会。

< 在前线指挥作战的巴顿。

　　3月26日,蒙哥马利成功地突破马雷斯防线★,轴心国部队北撤到加贝湾上方的盐沼防线。第2军的"大红一师"虽力挫敌第10装甲师,但未能再进一步,而是掘壕固守;沃德的第1装甲师仍滞留在马克纳西附近的泥潭,巴顿怒火中烧而无能为力;赖德的第34师佯攻丰杜克后遭顽强抵抗,无法再推进而退却。

　　此战,美军第2军仍未能取得辉煌的战绩。

　　英国人因此而更为藐视美国人,亚历山大及其部下对第2军甚为不尊重,甚至于百般挑剔,在战地记者面前随意批评第2军。艾森豪威尔严格约束美军,不允许有任何批评英国人的行为。布莱德雷和巴顿的偏激情绪有增无减,不过布莱德雷能较好地控制自己,不在公开场合说过头的话。

　　蒙哥马利的谨慎小心终于给第2军提供了一次机会。突破马雷斯防线后,他没有乘胜追歼"非洲军团",而是专门经营盐沼防线,坐失良机。按照蒙哥马利的计划,他要在盐沼防线进行大兵团决战,向轴心国部队发动一场声势浩大的正面进攻。为此,他向亚历山大请求,让第2军支援他,哪怕是向前推进几公里。

第2军于是计划从埃尔盖塔沿加贝湾向前推进袭扰敌人，以装甲部队为先导。这项任务不是作为楔子插入轴心国部队的中间，也不许进行大规模的坦克战。但是，正为亚历山大严格限制而恼怒的巴顿欣喜若狂，认为这是显示他的闯劲和战斗激情的天赐良机。他暗暗下决心，一定要趁机杀向大海，抢在蒙哥马利之先。

巴顿调来艾伦和埃迪两个师的步兵开路，然后调沃德的装甲部队作为主攻。他警告沃德，若再失利，就撤掉他的职。然而本森的部队在敌人的顽强抵抗中陷入了困境，毫无进展。亚历山大责备沃德，并向艾森豪威尔建议撤掉沃德的职。艾森豪威尔同意了，但要求亚历山大向巴顿提出，由巴顿亲自办理此事。巴顿接到亚历山大的信，又是恼怒万分。他虽拿定主意要撤掉沃德的职，但对英国人有偏见，以为他们又在责备美国人。

战场上最铁石心肠的巴顿，最后把解除沃德职务的事推给了布莱德雷。

沃德是布莱德雷的亲密朋友和老上司，他深知沃德的失利缘于气候和暂时的困境，解职有欠公允。但面对亚历山大和巴顿对沃德的不信任，也出于维护第2军的最高利益，布莱德雷执行了任务，他认为这是"战争期间分配给自己的最难的任务之一"。沃德平静地接受了这一切。回国后，马歇尔又给这位老部下1个装甲师，他得以东山再起。

巴顿对本森也大为不满，甚至驱车直上前线责令本森继续前进，不惜代价取得战果。沃德离开后，巴顿把欧内斯特·哈蒙从摩洛哥调来，代替了沃德。

4月17日，本森的先头部队终于和蒙哥马利的先头部队会师。不过，他们并未完成封锁盐沼防线和袭扰敌军的任务。

在突尼斯最后决战的初期阶段，第2军仍然没有多大作为。蒙哥马利步步紧逼，将轴心国部队压到昂菲达维尔，并准备坚守。最后，布莱德雷勉强获得亚历山大的同意，让第2军参加进攻比塞大的战役。他们的位置处在安德森战线之后，准备沿地中海沿岸开辟自己的补给线。

此时，巴顿必须回摩洛哥去准备进攻西西里的计划了，他在突尼斯多待了两周，但战局依然未见分晓。4月15日午夜，布莱德雷正式接手第2军。第二天，艾森豪威尔也给布莱德雷送来任命他担任第2军军长的官方信件。

鉴于第2军的情况，艾森豪威尔对布莱德雷的期望很大，他在信中说：

你接手第2军后，必须采取严格的军纪，这一点要毫不含糊。现在战局已经进入关键时刻，要求我们的部队必须完成指挥官交给的任务，必要时我们要求军官挺身而出，身先士卒，以确保作战任务的完成。

巴顿在离开前，在日记中评论艾森豪威尔是"好一头蠢驴"。他对艾森豪威尔的软弱耿耿于怀，但对布莱德雷大加赞美。布莱德雷奉劝巴顿少说为佳，停止批评艾森豪威尔及英国

∧ 时任美军第2军军长的布莱德雷在与其他将领交谈。

人。巴顿表示回到摩洛哥后听从劝告，免开尊口，并希望与布莱德雷再度共事。

　　巴顿在第2军的短暂日子里，大刀阔斧地整顿部队，取得了神奇的功效，这也为布莱德雷奠定了基础。至此，第2军还没取得惊人的胜利，巴顿未能分享打胜仗的喜悦。布莱德雷不喜欢巴顿的虚张声势，但很庆幸自己熟悉了这支已恢复战斗力的部队。

　　布莱德雷也对艾森豪威尔牺牲第2军的利益，"偏袒"英国人的做法不满，但他不像巴顿那样锋芒毕露，而是沉着冷静地维护第2军的声誉。更重要的是，布莱德雷常将自己的想法深藏起来，从不在公开场合批评艾森豪威尔。

布莱德雷担任美军第2军军长之际，盟军对突尼斯轴心国部队的围歼准备已接近完成，决战即将到来。可以说，盟军已稳操胜券。制空权掌握在特德手中，坎宁安严密封锁了海上交通线，隆美尔的继任阿尼姆仅剩下100辆坦克，汽油、弹药、医药和食品异常匮乏，没有补给。而盟军部署了共20个师30万人的部队，拥有1,400辆坦克和1,000多门火炮。

就在布莱德雷担任美军第2军军长的同一天，亚历山大下达了代号为"铁匠"的总攻令。这个进攻计划基本上是要求部队沿整个弧形战线进行大规模强攻。安德森的第1集团军担任主攻；蒙哥马利的第8集团军对昂菲达维尔施加压力，相机推进；法国第19军在蒙哥马利左侧和安德森的右侧伺机参加攻击而扩大战果；美军第2军则部署在第1集团军北面，任务是保护安德森的左翼，吸引敌人，并逐步向乔吉高地推进，最后协助安德森夺取比塞大。

接受任务后，布莱德雷把第2军的司令部安扎在贝迪市郊外的帆布帐篷里。他从第28师调比尔·基恩来当自己的参谋长，并保留巴顿留下的班底。布莱德雷取消了巴顿确立的过激的规定。比如，后方医院的护士不必再戴钢盔了。同时，布莱德雷一反巴顿的粗暴作风，耐心地说服下级执行命令，放手让手下的军官独立解决问题。

这是布莱德雷从马歇尔那里学来的领导作风，也符合他历来的领导风格。

4月19日至20日夜，蒙哥马利首先发动佯攻，以诱骗冯·阿尼姆。两天后，担任主攻的安德森手下的第5军和第9军发起进攻。布莱德雷的第2军部署在安德森第1集团军和地中海海岸之间，埃迪的第9师居北，赖德的第34师位于中间，艾伦的"大红一师"居南，布莱德雷跟随哈蒙的第1装甲师指挥作战。战前，艾森豪威尔曾建议布莱德雷，战斗发起后，他应该集中坦克部队于南部泰恩河谷攻击敌人。但布莱德雷仔细研究了地形后认为，这种做法并不妥当。泰恩河谷一带地势复杂，德军居高临下，又处于守势，可随时用反坦克炮还击，这样做必然会重蹈卡塞林山口的覆辙。布莱德雷决心避开敌军火力，集中兵力先抢占一些制高点，然后把坦克和火炮调上来，支援步兵展开进攻。

4月23日，布莱德雷指挥第2军发起进攻。在强大炮火的掩护下，美军发起冲击，战斗异常激烈。美军小心而稳步地向前推进，敌军依托崎岖不平的山地构筑工事抵抗,慢慢地向后退却,收缩战线。到了第三天,敌军停止后退,在一座山包上抢修了工事。显然,美军要继续前进,必须夺取这个高地。

根据地图标高,布莱德雷给这个高地取名为"609高地",它其实就是一座光秃秃崎岖不平的小山包。这座山在整个第2军战线上是最高点,扼制着冲在最前面的艾伦的道路。

布莱德雷把拿下"609高地"的任务交给赖德的第34师。该师在前几次战斗中打得不好。布莱德雷要通了赖德的电话,对他说:"给我拿下那个山头,这是你能挽救你自己的唯一机会了。"

赖德沉寂了一会,十分无奈地说:"我将坚决执行你的命令,但这不是轻而易举的事。"

赖德精心组织计划。在强大炮火的掩护下,第34师一连向"609高地"发起三次进攻,但均退了回来。

就在布莱德雷的第2军进攻毫无进展时,安德森发来两份怒气冲冲的电报:第一封要求布莱德雷绕过609高地到敌人后方去支援他;第二封则要布莱德雷调一个步兵旅给他使用。布莱德雷正被眼前的战事搞得焦头烂额,安德森的要求无异于雪上加霜,他未予理会。

攻占609高地仍是个大难题,为了加强火力,布莱德雷建议把坦克当作移动大炮使用。4月30日上午,美军重新向609高地发起攻击,在正面炮火的掩护下,由17辆坦克组成的移动的火炮发出令人生畏的怒吼,边打边走,终于成功地迂回到高地的翼侧,然后从背后猛烈地炮击敌人。遭受腹背夹击的敌人终于顶不住了,下午赖德指挥的步兵旅占领了山头。当天夜里和第二天一整日,德军进行多次反扑,但均被打退。5月1日夜幕降临时,敌人终于放弃反攻,撤退了。第2军牢牢地控制了制高点。

609高地的胜利使布莱德雷非常高兴,这一仗扫清了美军东进路上的障碍,布莱德雷得以把坦克部队调上来,迅速向前推进。这一仗,第34师也经受了考验,打出了勇气。

英军的正面主攻受挫后,亚历山大被迫修改作战计划。他命令蒙哥马利★坚守阵地,从第8集团军抽调第4印度步兵师、第7装甲师和第201警卫旅给安德森手下的第9军,在第8集团军和第5军以及空军的配合下,集中兵力,于5月6日发起强攻。

★蒙哥马利 (1887 — 1976)

英国军事家,元帅。参加过第一次世界大战。1939—1940年任英国第3步兵师师长,参加了在法国和比利时的战斗。1940—1942年任第5军和第12军军长,在英国本土训练部队。1942年8月,被任命为驻埃及英国第8集团军司令。10月,以优势兵力大败德意军队。1944年1月任盟军集团军司令。6月,指挥诺曼底登陆。1945年5月,接受西北欧德军的投降。之后,被任命为驻德国占领军司令。

为了与主攻部队协调一致，布莱德雷制订了新的计划。美军当面的开阔地虽然设防坚固，但地形却给坦克实施快速突击提供了机会。布莱德雷计划集中哈蒙指挥的坦克部队，勇猛穿插敌人后方，彻底瓦解当面的敌人。为此又重新调整了步兵部署，以便坦克一旦突击成功，步兵能迅速投入战斗，并扩大战果。

5月6日，在强大的炮火和飞机近距离火力支援下，英美军全线发起进攻。轴心国部队晕头转向乱作一团，向后逃窜。在第2军的前进道路上，哈蒙一路顺风，虽然损失了37辆坦克，但部队日渐接近比塞大；埃迪的第9师也慢慢跟进；赖德和艾伦的两个师来回穿插，夺取了乔吉。在一切顺利的情况下，艾伦率"大红一师"独自攻击，违背命令擅自行动，结果遭到重大损失退了回来。布莱德雷确信该师狂傲放任，目无纪律，下决心想撤去该师指挥官的职务。

5月7日，埃迪的第9师与英军主攻部队同时进攻比塞大。5月9日，盟军攻占突尼斯城和比塞大港。13日，冯·阿尼姆认输，约10万德军、15万意军向盟军投降。仅第2军俘虏的敌人就达4万人左右，其中包括一些将领。看到长长的俘虏队伍，布莱德雷感到无限欢欣。在击溃"非洲军团"的战役中，第2军作出了重要贡献。

5月9日，布莱德雷给艾森豪威尔发去只有4个字的电报："任务完成！"

在短短的时间内，布莱德雷与巴顿不仅使第2军真正焕发战斗力，而且打了一次漂亮仗。艾森豪威尔自然十分满意。从1943年2月布莱德雷飞抵北非，到5月7日率第2军参加突尼斯战役取得辉煌战绩，一路顺风。布莱德雷不像巴顿那样锋芒毕露，他善于与自己的上级和英国人和睦相处，同时也得到马歇尔在背后的有力支持；在作战方面，布莱德雷谨慎沉着、刚柔相济，善于捕捉战机。他对战场态势、兵力运用、战术安排和后勤补给均能巧妙调度。当然，布莱德雷接手的第2军，是以巴顿的辛勤劳动为基础的。没有巴顿的大刀阔斧，也没有布莱德雷的战功显赫；而没有布莱德雷的指挥有方，也不会取得为美国人争了一口气的胜利。

将"非洲军团"撵下地中海后，布莱德雷的名字开始见诸报端，很多报纸登载了他的生平事迹，他成为一颗正在闪亮的将星。

∧ 美军炮兵向德军阵地轰击。

∨ 关押在突尼斯境内战俘营中的轴心国部队官兵。

第四章

纵马西西里岛

1893-1981　**布莱德雷**

布莱德雷气愤极了，马上明白这项决定的含意：蒙哥马利要自任西西里岛战役的
主角，而让美军随后掩护。美军整整一个集团军浴血奋战打开的一条通往岛内的
公路，就这样不明不白地交给英军，他实在不能接受……

→

★卡萨布兰卡会议

1942年底，盟军在法属北非登陆，控制了这一地区。为进一步协调盟军今后的进攻方针，英美首脑丘吉尔和罗斯福及两国军事参谋人员于1943年1月14日至23日在法属北非的卡萨布兰卡举行会议。经过反复协商讨论，于1月23日通过了题为"1943年作战方针"的最后报告。其主要内容包括全力击败德国潜艇战，在战胜德国后，立即对日本发动全面进攻等。

∧ 1943年1月14日至23日，罗斯福与丘吉尔在卡萨布兰卡会议期间同美英高级将领合影。

>> 登陆杰拉海滩

1943年1月卡萨布兰卡会议★上，英美首脑便决定在突尼斯战役结束后立即实施西西里岛登陆战，扫除地中海交通线的主要障碍。这个作战计划后来被命名为"赫斯基"计划。

1943年夏，盟军在北非沿海港口集结了大量部队，亚历山大的第15集团军群负责执行"赫斯基"计划，下辖蒙哥马利的第8集团军和巴顿的第7集团军，共13个师又3个独立旅，总兵力达47.8万人。此外空军有4,000架飞机，海军有战斗舰艇和辅助船只约3,200艘。登陆战役定于7月10日开始。按照作战计划，巴顿的第7集团军准备以欧内斯特·道利少将的第6军参加西西里岛战役。道利是1910届毕业的西点军校学生，是野战炮兵专家，曾参加过第一次世界大战。布莱德雷在西点任数学教官时，道利是战术系主任。第二次世界大战爆发后，道利在美国指挥、训练第40师，后升任第6军军长，1943年4月率第6军赴非洲作战。

布莱德雷得知第6军担当进攻西西里岛的美军主力，而把第2军晾在一边，心急如焚。这意味着第2军没有显山露水的机会，只好待在摩洛哥驻防。他不能容忍这种安排，于是分别给艾森豪威尔和巴顿写信，说明第2军打过仗，作战经验丰富，可担当大任，而第6军刚抵非洲，最好不让它去冒这个险。

艾森豪威尔和巴顿都认为这种分析很有道理。在布莱德雷及其第2军可随时投入作战的情况下，使用没有作战经验的军长和部队去参加这样一次重大战役，委实情理不通。最终，

> 布莱德雷与手下将领一起研究作战计划。
> 1943年，巴顿与艾森豪威尔在一起。

艾森豪威尔与巴顿采纳了布莱德雷的建议。5月15日，艾森豪威尔电告马歇尔，告诉他准备把第2军调给巴顿，而把第6军调给摩洛哥的克拉克第5集团军。艾森豪威尔以欣赏、喜悦的言词说："布莱德雷干得如此出色，有必胜的把握。我决不能拿一个毫无实践经验的军长和参谋部去碰运气。"

马歇尔对布莱德雷也颇为赏识，同意了艾森豪威尔的决定。事实也证明布莱德雷的考虑是正确的，在后来的意大利战役中，一直被艾森豪威尔看好的道利率领第6军参加战斗，打得非常糟糕，最终道利被革职降为上校，送回美国。

5月13日，布莱德雷从突尼斯前往阿尔及尔，他和艾森豪威尔等人详细审阅了"赫斯基"作战计划，并讨论了在突尼斯战役中美军的得失。之后，飞往奥兰以东的海滨城市穆斯塔加奈姆，巴顿从司令部率仪仗队到机场欢迎布莱德雷一行。午宴中，巴顿豪放地为布莱德雷庆祝胜利，称他是"比塞大的征服者"。突尼斯战役的胜利，使盟军上下像庆祝节日一般欢乐。5月20日，艾森豪威尔又邀巴顿和布莱德雷飞往突尼斯参加"胜利游行"，军界高级将领如亚历山大、安德森、特德、坎宁安、朱安及法国权贵们坐在主检阅台上。艾森豪威尔忙得不亦乐乎，冷落了巴顿和布莱德雷，美军主要将领只能坐在侧检阅台上。好在蒙哥马利回国休假了，否则巴顿更会气得七窍生烟。

那段日子，艾森豪威尔始终被巴顿认为是亲英分子。巴顿对布莱德雷说："真他妈的浪费时间。"然后回穆斯塔加奈姆继续搞他的作战计划，希望在西西里战役中赢回点荣誉。

布莱德雷想把第2军的指挥部也设在穆斯塔加奈姆，靠近巴顿的司令部以便联络。可巴顿却要布莱德雷的司令部设在号称"苍蝇之城"的雷利赞。这个村镇充满恶臭、苍蝇，天气炎热，周围是一片沙漠。布莱德雷6月2日起升为三星中将，与巴顿的军衔相同。布莱德雷明白巴顿把他安排在此是出于虚荣心，巴顿不允许有同级军衔的将军与他待在一起。但战役即将打响，布莱德雷顾不上计较一些无关紧要的东西，他与巴顿密切合作，对作战进行充分准备。

巴顿和以往一样，对制定作战计划没有耐心，他的头脑里整天装满了进攻，而不顾后勤方面的问题。他常常把作战计划的细节留给集团军副司令和参谋人员解决。布莱德雷对巴顿的这种做法颇为担心，对他的鲁莽作风也不以为然。

从5月下旬起，布莱德雷率部队开始为期一个月的集中训练。除一般训练外，部队还进行强制性的实弹演习，其中包括登上岛屿后的城市巷战演习。布莱德雷就近视察了第1、第9步兵师和第2装甲师的演习训练。他遇见了正在参加演习的一营人，布莱德雷认真听取了他们的意见，并根据突尼斯战役的经验指出："在登陆后，要特别当心敌人埋设的地雷，在突尼斯战役中，我们就吃了这方面的亏。此外，要积极巡逻，及早发现情况。一旦遇到战斗，要敢于靠近敌人打。"

巴顿也来到布莱德雷指挥的部队视察，夸夸其谈地为部队打气鼓劲。在谈到对付意军的作战战术时，巴顿用粗俗的语言谈到避免正面进攻、伺机迂回其翼侧的战术，弄得士兵们有些难为情，不过大家对他的话都铭记在心。

在登陆战准备中，因采用蒙哥马利的计划而临时改变了在巴勒莫登陆的预想，美军的供应出现了严重问题。这样，第2军的突击区域没有大港口，在战役的初期阶段，第2军的突击部队只好通过海滩取得补给，一切都要依靠海军。海军把补给品运到海滩，然后由陆军部队卸载和分发。

为了保证登陆以及作战顺利展开，英美海军造船厂为登陆和补给给滩头部队制造了各种新型的吃水浅的舰艇，其中有蛤壳式的坦克登陆艇、步兵登陆艇、车辆和人员登陆艇，以及一种被称作"鸭子"的水陆两用车。根据这些装备的特点，布莱德雷指挥部队加强了使用舰艇和车辆的训练。由于缺乏经验，水手不断出错，有时把部队错送到目的地之外16～20公里的地方去。

在西西里岛战役发起前，为了了解部队状况，鼓舞士气，马歇尔在阿尔及尔同丘吉尔会晤后，于6月2日乘飞机看望参战部队。布莱德雷接到消息后，特地从司令部赶来。在去往演习场地的路上，马歇尔边走边与布莱德雷说话，称赞他在突尼斯的战功，并要求他打好即将开始的西西里岛战役。当天，美军在奥兰海滩为马歇尔举行登陆演习。作为第1梯队的"大红一师"部队的上岸地方，距离观看的人很近。巴顿看到士兵的动作不符合要求，跌跌撞撞、一片混乱，有的士兵连刺刀都没上，就跑到水边，当着马歇尔、艾森豪威尔等一大群高级将领的面，大发雷霆，口出秽言。站在一边的艾森豪威尔窘迫得无话可说，布莱德雷几乎不相信自己的耳朵和眼睛。马歇尔板着面孔，大感扫兴。随同马歇尔前来的参谋人员小声地说："唉，巴顿这一下完全失去了踏进高级司令部的机会。他发的这通脾气要断送他的前程。"

按计划，新增援的第45师6月23日从美国本土抵达北非，已经没有训练时间了。布莱德雷命令该师在航渡中进行演习，按战斗编制直接突击北非的滩头。该师到达目的地时，布莱德雷亲自观看突击海滩的演习。在夜幕笼罩下，庞大的护卫舰队停泊在港口外，登陆部队陆续冲击上岸。但3个团中，只有一个团被送到预定的海滩，其他两个团都在偏离目的地数公里的地方上岸。用高倍望远镜仔细观察这一切的布莱德雷十分担心，他当即对参谋人员说："我的天啊，要是在西西里岛也偏离目标这么远，那我们就惨了！"

登陆战越来越逼近了，美军要面临的登陆地点远不如蒙哥马利的登陆地点条件优越，将面临苦战。

战役前的最后几天过得很快。6月27日，布莱德雷关闭了雷利赞的指挥所，转移到奥兰作登陆最后准备，住在戒备森严的郊外小屋里，向窗外眺望，就是即将跨越的大海。

7月4日，布莱德雷乘车赶到奥兰以西9公里的海军基地克比尔港，登上了两栖作战指挥舰"安康"号。

此时，进攻战已由空军开始了。特德、科宁哈姆和美国的卡尔·斯帕茨指挥，对西西里岛和卡拉布里亚实施了战略轰炸，盟军共用4,000架飞机在登陆前的3周，对西西里岛上30个重要机场和辅助简易机场实施了昼夜轰炸。经过连续轰炸，敌人机场完全瘫痪。到7月1日，盟军取得了西西里岛及意大利南部的制空权，轴心国幸存的1,400架飞机撤到意大利中部和撒丁岛。

尽管空中轰炸取得了显赫的战绩，但在攻击开始的前几天里，布莱德雷仍感到不安。空军所突击的都是一些战略目标，而不是盟军地面部队将要登陆的具体军事目标。地面部队的指挥官对此都不满意："我们进行登陆准备时，对于在发起攻击时能否得到空中支援，一无所知。我们不知道战斗机将如何保护我们。我们起航时，一点也不知道将在什么时候、什么地方、什么情况下得到空中掩护及得到多少掩护……"

对这种说法，布莱德雷深有感触。在突尼斯战役中，空军只突击战略目标而放弃支援地面部队直接作战，因此有好几次德国空军把战场的盟军部队炸得落花流水。布莱德雷本人在一次战斗中遭遇空袭，还险些丧命。因此，他通过各种渠道打听空军提供掩护的情况，但得到的消息都是含糊其辞。

7月8日、9日，盟军海军的攻击舰队从北非的奥兰、阿尔及尔等6个港口出发，载送部队在马耳他岛会合，各种舰只总数达1,411艘。同时，英国海军出动"无敌"号和"无畏"号航空母舰、6艘战列舰等大型战舰掩护攻击舰队。航空母舰还向希腊方向佯动，迷惑敌人。

西西里岛登陆作战正式拉开了序幕。

布莱德雷乘坐指挥舰"安康"号早在7月5日傍晚就出发了。他率领着一支庞大的运兵舰队，盟军飞机在天空巡逻，景象蔚为壮观。布莱德雷率领的舰队和"掩护舰队"一样，以欺骗动作向东行驶，进一步迷惑敌人，让他们以为盟军的进攻目标是希腊。天空万里无云，海面风平浪静，但是布莱德雷还是晕了船，不时呕吐。

舰队绕西西里岛航行了5天。在航程中，布莱德雷又患了严重的痔疮，比晕船还难受。痛苦折磨着他，同时又没有止痛药减轻痛苦。硬挺了两天后，布莱德雷想到如果疼痛继续下去，到攻击开始日及以后，他就无法坚持了。于是，他去找医生。医生建议他做局部手术。此时，庞大的舰队在黑暗中向西西里岛海滩靠近，海风呼啸，巨浪滔天，布莱德雷在前后摇晃的甲板上蹒跚向病号舱走去。不能眼看战役打响，他的心情异常焦急。

10日凌晨，蒙哥马利的第8集团军在诺托湾海岸以东60公里长的海滩登陆，巴顿的第7集团军4个加强师则在杰拉海岸90公里长的海滩登陆。布莱德雷手下的第1师在艾伦指挥下进攻杰拉，第45师由米德尔顿指挥在斯科格利蒂实施攻击，特拉斯科特的第3师突击利卡塔，加菲的第2装甲师和第1师的一个团作"浮动预备队"。

西西里岛没有发生像蒙哥马利预想的那样顽强抵抗。意军士兵牢骚满腹，部署在稀疏分散的碉堡工事里，他们在自己的家园也无心打仗。他们痛恨希特勒和墨索里尼发动战争，毁了他们的家园和经济。登陆开始后不久，成群结队的意军投降或化整为零潜入乡间。

在美军战区，战斗基本上是按照计划进行的。第3师仅遇意军的微弱抵抗，于中午占领了利卡塔镇、小港口和机场；艾伦的第1师的主力在杰拉以东的海滩登陆，遇到零星抵抗，在海军重炮的支援下，抵抗随之瓦解了。到上午9点，艾伦的部队控制了杰拉和所有目标，并与空降部队取得了联系。米德尔顿的第45师上午10点也控制了斯科格利蒂。应该说，巴顿和布莱德雷的部队顺利地登上了西西里岛滩头，并保持着攻击态势。

∧ 准备在西西里岛实施
登陆的盟军舰船编队。

∧ 盟军伞兵部队准备登机飞赴西西里岛。
> 盟军炮兵正在压制德军火力。

　　从中午开始，德军零星的飞机前来第7集团军的战区袭击，主要是攻击舰艇，海军舰队开炮还击，敌机未构成大的威胁。但是，登陆部队却遇到极大困难，沙堤和岩石把登陆艇阻隔在海上，未能到达岸滩。由于这些障碍，艾伦未能把大炮和装甲车运到岸上。米德尔顿也遇到了类似的麻烦。艾伦的一个团被留作"浮动预备队"，加之未能与伞兵取得联系，上岸后没有后续部队。这样，艾伦的战区就成了连环滩头堡潜在的薄弱环节，一旦轴心国部队反扑，将面临危险境地。

　　布莱德雷在"安康"号舰桥上，用双筒望远镜观察混乱的滩头，心里绷着的弦越来越紧。

>> 第2军终于崛起

　　盟军登陆当天的中午，轴心国军队开始全面反攻。在第7集团军当面，整个压力都集中在艾伦率领的第1师。伞兵部队和其他一些登上滩头的部队也英勇奋战，进行还击。但由于缺少装甲车、火炮、反坦克武器和运输车，登陆部队的处境很困难。

7月11日晨，德军装甲部队向只有轻武器的美军发起了最猛烈的进攻。同时，德军出动481架飞机频频轰炸滩头部队，使美军登陆区陷入一片混乱，并炸毁了一些离海岸不远的舰船。随后，德军的轰炸机又向布莱德雷等人乘坐的旗舰扑来。形势万分危机，盟军战斗机前来拦截，双方的飞机在空中混战。岸上和舰上的防空兵器不分敌友，见带翅膀的就打，结果引起一场混战。

　　也就在11日早晨，巴顿和布莱德雷分乘登陆艇上岸。布莱德雷因刚刚作了痔疮切除手术，伤口还很痛。他在岸上捡了一件管状充气救生衣当枕头，随后歪倚在水陆两用车上奔向第2军指挥所。这个指挥所是在米德尔顿第45师防区内的斯科格利蒂匆忙组建的。车子在海滩和石子路上颠簸，幸而倚靠枕头，布莱德雷才少吃点苦。他咬牙坚持，指挥战斗。

　　当天有好几个小时情况相当严重。德军坦克几乎推进到距滩头阵地不足2公里之处。美军地面部队奋力反击，士兵用最新的轻便反坦克火炮直接射击敌坦克。但是炮弹太小，德军坦克纹丝不动，仍旧大摇大摆地向前开进。关键时刻，美国海军部队用203毫米和120毫米

的舰炮一齐向岸上敌人坦克射击，终于阻止了德军坦克的攻势。当天傍晚，德军溃退了。

那天，因为前线战事紧张，布莱德雷没有时间去见巴顿。但他们却因为一件事情发生了争吵。起因是巴顿没有经过布莱德雷的同意，就越权取消了他向一支部队下达的命令。布莱德雷要这支部队在扫清对美军有威胁的孤立地区的德军以前要坚守阵地，而巴顿却命令这支部队继续进攻。他没有和布莱德雷商量就直接下达了命令，部队险些陷入绝境，最后大败而回。布莱德雷恼怒万分，见到巴顿后，当面质问他："前线形势紧张，为什么不跟我商量一下就直接下达命令，出了问题谁负责？"

对布莱德雷的质问，巴顿丝毫没有准备，他只好道歉。巴顿事后向艾森豪威尔说布莱德雷"不够勇敢"，而布莱德雷坚定地认为鲁莽和勇敢有严格区别。

与此同时，艾森豪威尔在马耳他岛的指挥所里焦躁不安。巴顿历来狂放急躁，当战斗进展不顺时，他便跑到前沿阵地亲自指挥作战，结果有10个小时没有向艾森豪威尔及时汇报战斗情况，艾森豪威尔因此也无法及时向最高统帅部汇报战况。7月12日凌晨，艾森豪威尔乘英国驱逐舰"攻城雷"号来到第2军防区视察。6点30分，艾森豪威尔又赶到停泊在杰拉港外巴顿的旗舰"蒙罗维亚"号上，当时巴顿正把指挥部向岸上转移。他把艾森豪威尔领进作战地图室，简要汇报了岸上的战况。在汇报中，巴顿以他那种惯有的自我炫耀的方式，描述了他前一天上前线的情况。巴顿说："当时到处充满枪林弹雨，我亲自在离敌人步兵只有900米的地方帮助架设迫击炮，这给士兵们很大鼓舞。"

艾森豪威尔脸色不悦地听完巴顿的汇报后，当即发问："你一连10多个小时不同指挥部联系，跑到哪里去了？我们对第7集团军的情况无法了解。"

巴顿急忙辩解说："将军，我当时不是在指挥集团军，而正在率领一支侦查分队作战。"

听到这里，艾森豪威尔勃然大怒，据当时在场的哈里·布彻说："艾森豪威尔很生气，他激动地斥责巴顿，说他向马耳他岛的总部报告战役进展情况太少。由于我们在总部对他的进展情况连一点印象都没有，无法确定他需要什么支援，尤其是空中支援……艾森豪威尔狠狠地申斥他，气氛很紧张……"

会谈进行了共45分钟。通过这次会谈，艾森豪威尔突然对巴顿失去了信任。布莱德雷后来猜测，正是巴顿这次勇敢的"参战"，毁了他的远大前途。

盟军在滩头站稳脚跟以后，由于事先缺乏征服西西里岛的总体计划，只好各行其是。布莱德雷与巴顿主张，蒙哥马利的第8集团军沿东部海岸公路经卡塔尼亚直插墨西拿，切断轴心国★部队逃往卡拉布里亚的退路；第7集团军则经恩纳、尼科西亚插至北部公路，然后东进与第8集团军会师攻占墨西拿。这样，轴心国守军势必成为盟军强大包围圈里的瓮中之鳖而被迫投降。

就在盟军准备下一步行动之际，轴心国已经调整了西西里岛防御。布莱德雷正面的赫尔曼·戈林师于7月12日夜调往卡塔尼亚，德军增援的第1空降师也同时在卡塔尼亚空投，西来的第15装甲师在恩纳附近阻止第7集团军北进。13日，新调来的第29装甲师抵达埃特纳山西南。这样，轴心国部队构筑了从思纳到卡塔尼亚的坚固防线。

7月13日，蒙哥马利手下的第13军在登普西指挥下，奋力突破卡塔尼亚，英军第1空降旅1,900名士兵从突尼斯出发在卡塔尼亚空降，配合

∧ 盟军舰队浩浩荡荡地驶向西西里岛。

★轴心国

特指第二次世界大战前和大战期间结成侵略同盟的法西斯德国、意大利和日本三个国家。"轴心"一词的初次使用，是墨索里尼于1936年11月1日在德国和意大利签署盟约之后不久在米兰的一次讲话。1940年9月，德意日三国签署同盟条约后，有柏林—罗马—东京轴心之说。从广义上说，轴心国也指在第二次世界大战期间加入了德意日三国同盟的法西斯盟国匈牙利、保加利亚和罗马尼亚等国。

地面部队联合进攻。此时，德军也空降了更多的伞兵，从卡塔尼亚通向墨西拿的海岸公路仍被德军牢牢控制着。

蒙哥马利历来狂傲自负，不把美军放在眼里，同时也对抗或左右着亚历山大。进攻受挫后，蒙哥马利没与任何人商量，便命令英第30军沿美军控制的124号公路向恩纳挺进。当时，布莱德雷率领的第2军已推进到公路只有900多米的地方。为了不至于造成新的混乱局面，美军只好暂停下来，眼看着英军部队从面前大摇大摆地走过。先斩后奏的蒙哥马

利于 7 月 13 日上午才把情况报告给亚历山大，要求将集团军任务区变动一下，将第 7 集团军西调，给正在开来的第 30 军让地方。情况紧急，亚历山大立即乘飞机到杰拉，向正在吃午饭的巴顿宣布新计划。

蒙哥马利的新计划不仅关系到美军的荣誉、尊严和许多士兵的生命，而且使盟军合攻墨西拿充满了危险，美军只好又再次居于从属地位。按巴顿的性格，这时他应怒火中烧、拍案而起把亚历山大顶回去，令人失望的是，巴顿却像羔羊一样地温顺。当时，巴顿认为艾森豪威尔正在找借口解除他的职务，不想再自讨苦吃，因此对蒙哥马利的计划没有提出反对意见。

当天下午，巴顿把命令传达给布莱德雷。布莱德雷气愤极了，他马上明白了这项决定的含意：蒙哥马利要亲自担任西西里岛战役的主角，而让美军推后掩护。美军整整一个集团军浴血奋战打开了通向岸边的一条路，就这样不明不白地交给英军，实在不能接受。他当即对巴顿说："天啊！你可不能让他这么干！不能让蒙哥马利独唱主角！"

巴顿知道布莱德雷的愤怒，但他无可奈何，用变了调的声音说："为时太晚，来不及改变命令了。"

争吵到最后，他们决定把这个情况向艾森豪威尔报告。艾森豪威尔从维护盟军团结的角度考虑，委婉地劝说布莱德雷。布莱德雷最终让出了地盘，以便英军第 30 军通过，同时调整部署，把第 45 师调到"大红一师"之左。巴顿也获得亚历山大允许，让特拉斯科特的第 3 师部分兵力向西，夺取恩伯尔港以便改善美军的补给。美军一路轻松，像秋风扫落叶一般席卷那些非重要的地区，意大利守军纷纷投降，甚至还提供情报。

巴顿也想为美军挽回点面子，他不能攻墨西拿，只好盯住没有军事价值的巴勒莫。因为巴勒莫城具有传奇色彩和诱人的历史，攻占它同样可以上头条新闻。

巴顿内心酝酿着攻占巴勒莫的计划，对外则守口如瓶，谨慎小心，连布莱德雷也不告知。他想学蒙哥马利的样，也来个先斩后奏，临时组建了一个军，由集团军副司令杰弗里·凯斯指挥，下辖第 3 师、第 2 装甲师、第 82 空降师重组的 2 个团和第 9 师的 1 个团等部队。不料，7 月 16 日亚历山大却向巴顿发布了一个新的命令，规定蒙哥马利的两个军将担任墨西拿的主攻任务，美军第 7 集团军要保证恩纳以西道路畅通，以掩护蒙哥马利的左翼。完成这项任务后，第 7 集团军要往北直抵大海。这一回，巴顿耐不住了，第二天乘飞机去找亚历山大，强忍怒气，心平气和地申诉夺取巴勒莫的理由，强调"不让第7集团军和第8集团军享有平等的荣誉，在政治上是不明智的"。随后又求见艾森豪威尔，向他阐明了同样的观点。这回，巴顿终于如愿以偿，亚历山大接受了他的建议。

巴顿乐不可支，当天就赶回西西里岛。他立即命令凯斯指挥临时凑起来的部队，第二天就对巴勒莫发起进攻。这个军从布莱德雷指挥的第2军防守的滩头向西北方向挺进，留下第2军其余的两个师独自担负支援第8集团军的任务。布莱德雷对这种安排隐约感到担心和不安，他不赞成这样匆忙行动，但是无法阻止事态的发展。

这样一来，亚历山大分配给第7集团军的任务就全落到第2军的肩上：向北直插海岸，同时支援第8集团军的翼侧。这项任务费力不讨好，要同许多孤立地区的顽固德军进行殊死较量，布莱德雷深感责任重大。

巴顿进攻巴勒莫，仅遇到了极小抵抗，7月22日，守军投降。这次战斗中，美军共有272人伤亡，轴心国死2,900人，5.3万人投降。巴勒莫是西西里岛仅次于墨西拿的另外一个大城市，具有重要的政治价值。美军率先攻占一个大城市，士兵们为之自豪，国内群情振奋。从战役开始以来一直对巴顿没有好印象的艾森豪威尔也兴奋异常，当巴勒莫被美军攻占的消息传到阿尔及尔时，艾森豪威尔脸上露出了难得的笑容。

第2军却不一样，他们只好与敌人苦苦鏖战。布莱德雷命令第45师从中部向西北机动挺进巴勒莫，并于22日晨抵郊外。巴顿随即命第45师先头部队离开，第45师主力于23日晨抵达巴勒莫以东32公里处的海岸。"大红一师"在恩纳的战斗异常激烈，伤亡惨重。这次第1师面对的是德军的顽强抵抗、炎热的天气和险峻的地形，奋战两周后，第1师虽攻占了佩特拉利亚，但陷入了困境。

与此同时，蒙哥马利还在原地踏步，未能绕过埃特纳火山，也未向墨西拿进军。于是亚历山大被迫改变作战计划，回到进攻西西里岛的原计划上，这样，第7集团军终于得与第8集团军同等的待遇，共同担当攻取西西里岛的主角。

接到新的作战命令后，布莱德雷命令第2军调头东进，直扑墨西拿。第45师沿113号沿海公路前进，"大红一师"在南边的120号公路与第45师齐头并进。8月1日，第45师在圣斯特法诺、第1师在特罗伊纳转入坚守。按计划，埃迪的第9师的部队要接替艾伦的"大红一师"。但艾伦希望夺取特罗伊纳后再退出战线。这时，巴顿临时组建的军解散，第2装甲师因75%的坦克履带毁坏，无法在崎岖山地作战而留在巴勒莫；第82

> 在西西里岛战役中，盟军指挥官们在前线指挥。

师返回北非另有任务。

德军仍然死守特罗伊纳，与艾伦的第1师殊死搏斗。攻击刚开始，自告奋勇的艾伦错误地估计了德军的兵力和智谋，结果伤亡惨重败了下来。在以后整整7天的激烈战斗中，艾伦像过去一样，目无纪律，擅自行动，不按上级的指示行事，有时甚至违反命令。士兵受到艾伦的感染，英勇奋战但傲慢无度。布莱德雷下决心待埃迪的第9师一到，立即解除了艾伦和罗斯福的职务，以便好好调度"大红一师"。布莱德雷敢于在这个时候解除赫赫有名的"大红一师"师长之职，表现出极大的勇气。但从内心讲，他也承认这是西西里战役中所干的"最不愉快的一件事"。接替艾伦的是讲求纪律的克拉伦斯·R·许布纳，他因过分坦率刚被解职，现在被布莱德雷点将来代替艾伦。

特罗伊纳的战斗进行得异常惨烈，巴顿的火暴脾气又犯了。8月3日，他在尼科西亚附近的后方医院看望伤兵。他在那里碰见艾伦部下的一个士兵，叫查尔斯·H·库尔。他显然并未负伤。巴顿问他为什么要住院，他回答说："我实在受不了。"

巴顿勃然大怒，痛骂库尔，打他的耳光。然后抓住他，把他推出帐篷，高声怒吼："我决不允许像他一样的胆小鬼藏在这里，掩饰他们的懦夫行为，毁坏美军的名声。"

在巴顿看来，这个人简直是胆小鬼，没有权利离开前线。库尔连惊带吓，不久病情加重，腹泻不止，得了疟疾，体温升到40度。同情他的医务人员把他转往北非医院。巴顿还不解恨，8月5日，他向军、师和独立分队指挥官发布一份备忘录，要求各单位对贪生怕死者处以军法。布莱德雷不知打耳光事件，也因忙于特罗伊纳战役而未加理睬那个备忘录。

巴顿下决心抢在蒙哥马利之前攻占墨西拿，布莱德雷也想一洗英国宣传机器的奚落。但德军善于在山地打阻击战，他们过河后炸桥，并埋下无数的地雷，特拉斯科特的第3师进展缓慢。美军既要抢在蒙哥马利之前，又不能一味鲁莽，造成太重伤亡。布莱德雷向巴顿建议，可以利用巴勒莫的小型海军部队，向北部沿海公路上轴心国部队坚守的阵地实

∧ 登陆作战中盟军炮兵为步兵提供火力支援。

施"蛙跳"式或"两栖兜圈子"式的两栖围攻。实际上，这种新战术十分有效。

8月7日至8日夜，首次"蛙跳"式进攻开始，1个加强营配合第3师围攻圣阿加塔。德军一片恐慌，德军第29装甲师已开始后撤。美军由于伤亡惨重，登陆太晚，未能消耗德军有生力量。

8月10日至11日夜，第二次"蛙跳"式进攻在布罗洛进行。事先，巴顿安排了许多战地记者同往，特拉斯科特要求推迟24小时行动，敌人的抵抗很顽强。巴顿担心新闻界报道不利于第7集团军，反对推迟。无奈，特拉斯科特要求布莱德雷去说服巴顿。布莱德雷警告了巴顿，要求严格控制战斗规模，并要保证登陆部队迅速合拢，否则登陆就会失败。巴顿为了新闻，拒绝布莱德雷，战斗仍按原计划进行。

布莱德雷认为这是巴顿第二次无视他的权利，越权干预行动。他对此非常不满。巴顿这次越权，造成了严重的损失。在这次布罗洛战斗中，650人组成的部队死伤和失踪277人，伤亡率达27%，而德军几乎没受任

∧ 布莱德雷与手下将领在西西里岛战役中。

何损失便逃逸了。

　　同一天，巴顿又视察了另一个后方医院，又打了一个名叫保尔·G·贝内特的士兵。这个士兵患有"炮弹休克"症，他在铺上哆哆嗦嗦，缩作一团，嘴里不停地唠叨着："我的神经有毛病。炮弹飞来的声音我不怕，就是怕爆炸声。"巴顿顿时气不打一处来，他愤怒地吼起来："你的神经，滚蛋。见鬼去吧，你这没法养的胆小鬼，我要枪毙了你这个家伙。"巴顿掏出手枪晃动着，然后用另一只手打了他一记耳光，并高声对医生喊："你立即把那个家伙赶出去。"

　　这次巴顿没那么幸运，贝内特吓得号啕大哭。巴顿本来准备离开，看到这一切，立即血冲头顶，转回来狠命地打他。贝内特的钢盔被打掉了，滚到帐篷外面。跟随的人都不知所措，医生们匆忙赶来劝阻。巴顿仍然在吼叫："你立即把这个胆小鬼给我赶出来，决不能让这些胆小鬼躲在医院里。"

　　离开医院后，巴顿来到布莱德雷的指挥所。这一次，巴顿轻描淡写地告诉布莱德雷，他无可奈何地打了一个人。布莱德雷没有留意，可两天后医院发给布莱德雷一份爆炸性公函，详细报告了打人事件的经过。

　　布莱德雷大吃一惊，他马上意识到，这件事若张扬出去，美军将失去一位有才干的将领。按规定，那份公函应送到第7集团军司令巴顿手中，但布莱德雷认为这样会让更多人知道此事，毫无作用。若越过巴顿送艾森豪威尔，那就等于冒犯了直接上司。反复思量后，布莱德雷将公函锁在了保险柜里。

8月10日，美军攻到了墨西拿附近的三角形滩头地带。轴心国部队没有空中和海上优势，只好撤退。但是由于盟军没有切断墨西拿海峡的计划和行动，7万意军和4万德军、1万台车辆在一周内悄悄地溜走了。一直与盟军作战的3个德国师完整地保留下来，元气未伤，完全具有战斗力，可随时投入战斗。

布莱德雷认为，这次战役获得了表面的胜利，未能重创轴心国部队，是由于战术失误和盟军内部缺乏统一的作战计划、指挥班子不能团结所致。

但从个人而言，布莱德雷手下的许布纳"大红一师"与埃迪的第9师分享了攻克墨西拿的荣誉。巴顿在决战最后阶段命米德尔顿手下的1个团，轻率地进行了第三次"蛙跳"式两栖登陆，并不顾布莱德雷和特拉斯科特的反对穷追猛打。结果，8月15日至16日夜的登陆行动又有11人因事故死亡。

到最后，巴顿甚至要布莱德雷不再调动力量，而是率现有兵力抢在蒙哥马利前攻占墨西拿。布莱德雷珍惜士兵的生命，没这样做，而是继续向前线增调部队。

8月16日，第3师先头部队攻进了墨西拿，第二天早晨该市的文职人员拟向特拉斯科特投降，但巴顿已下命令，待他进城后再受降。最后，第3师不得进入市区，德军残余部队从容撤离。

盟军在西西里战役中死伤共22,811人，其中5,532人死亡，14,410人受伤，2,869人失踪。美军在战役中锻炼了部队，布莱德雷麾下的"大红一师"变成一支惹人注目的英雄部队。

西西里登陆战实现了政治目的：意大利退出战争。7月25日，墨索里尼下台★，继任的皮特洛·巴多格利奥上台后与盟军进行秘密联系，纳粹德国的战线出现了缺口。

西西里战役结束后，艾森豪威尔派专栏作家厄尼·派尔去采访布莱德雷，发表了5,000字的连载文章。布莱德雷的名字显赫地出现在美国各大报刊上，越来越多的人开始关注这位传奇般崛起的将军。

∧ 盟军炮火夜间向德军轰击。

★墨索里尼下台

西西里战役使意大利的溃败已成定局，意大利处于山穷水尽的境地，法西斯政权摇摇欲坠。意大利国内的几股军事和政治势力都企图动手推翻墨索里尼。1943年7月24日，意大利法西斯大议会举行会议，要求国王收回墨索里尼的军队指挥权。7月25日，国王下令解除墨索里尼的一切职务，并将其逮捕。至此，统治意大利长达21年的墨索里尼法西斯政权终于垮台，这使得盟国获得了道义上和政治上的巨大胜利。

< 登陆后正在集
结的美军部队。

01

> 奥匈帝国王储斐迪南大公去萨拉热窝访问途中步下火车。

王储被刺引发第一次世界大战

1914年6月28日，奥匈帝国王储斐迪南大公和他的妻子在萨拉热窝的大街上遇刺身亡。行刺他们的是一名年轻的塞尔维亚民族主义者。这次暗杀事件，破坏了欧洲本来就难以保持的平静，各国迅速武装起来，积极扩军备战。一个月以后，奥匈帝国以"萨拉热窝事件"为由对塞尔维亚宣战，至8月6日，分属两大阵营的欧洲各主要国家先后相互向对方宣战，第一次世界大战全面爆发。

巴黎和会召开

第一次世界大战结束之后，有关国家在法国首都巴黎凡尔赛宫召开了解决战后和约问题的大型国际会议。出席会议的国家是世界大战的战胜国阵营中的27个国家，中国作为战胜国参加了和会。会议所讨论的主要问题是建立国际联盟问题、德国疆界问题、德国赔款问题、中国山东问题等。1919年6月28日，与会各国代表与战败国德国代表签署了《凡尔赛和约》，此后战胜国与德国又签署了一系列的和约。这些和约形成了战后的凡尔赛－华盛顿体系。

凡尔赛－华盛顿体系形成

第一次世界大战结束之后，以英国、法国、美国等帝国主义国家通过一系列国际会议和国际条约建立了一整套帝国主义和平体系，史称凡尔赛－华盛顿体系。该体系确认了帝国主义战胜国在欧洲、远东以及太平洋等一系列战略地区的力量对比关系，确定了第一次世界大战后国际关系的总格局。它对上世纪20至30年代的国际关系格局产生了极为深远和重要的影响，既巩固了帝国主义战胜国的既得利益，又使资本主义世界获得了暂时的、表面的和平。

retrieval

第二次世界大战全面爆发

1939年9月3日，继纳粹德国闪电入侵波兰后，英法两国对德宣战。在德国军队突破波兰后，法国和英国政府立即向第三帝国发出最后通牒："终止一切对波兰的侵略行动，并从波兰的领土上撤出军队，否则联合王国和法国将履行我们的义务。"9月3日，英国首相张伯伦郑重宣布英法两国的军队将与希特勒的军队交战。英法对德宣战，标志着第二次世界大战的全面爆发。

《大西洋宪章》公布

1941年8月9日至13日，英美两国首脑在位于大西洋的阿金夏湾举行会谈，并于8月13日签署了《联合声明》，次日正式公布，史称《大西洋宪章》。其内容包括两国不谋求领土和其他方面的扩张、不承认轴心国家通过侵略所造成的领土变更等。这一宣言的发表，对于动员和鼓舞全世界的人民，加强反法西斯同盟，打败德意日法西斯侵略者起到了积极的推进作用。宣言中的民主、自由等原则成为联合国宪章的基础。

∧ 1941年12月7日，日军偷袭珍珠港。

∧ 美国总统罗斯福与英国首相丘吉尔在大西洋阿金夏湾会议期间合影。两人共同签署了《大西洋宪章》。

日本偷袭珍珠港

随着日本侵略中国及向南推进，日美矛盾日益尖锐。1941年3月起举行的日美外交谈判也未取得进展。日本决定对美国发动战争，并选择珍珠港作为首先打击的目标。1941年12月7日晨7时55分，日机开始向珍珠港投弹，当即炸毁美国的大量舰只和飞机。8时54分，日机对珍珠港进行了第二轮的轰炸，而后日机返航。日本偷袭珍珠港标志着太平洋战争爆发。

瓜岛争夺战结束

1943 年 2 月，瓜达尔卡纳尔岛上的残余日军向美军投降，历时半年多的瓜岛争夺战宣告结束。1942 年 8 月 7 日，美军 1.6 万名海军陆战队队员在所罗门群岛的瓜达尔卡纳尔岛登陆。在接下来的 6 个月中，美军与日军在瓜岛进行了激烈的争夺战。由于日军拒绝投降，又由于双方是面对面的战斗，所以这场战斗非常残酷。至战斗结束时，日军损失 2.1 万人，美军损失 2,000 人，澳大利亚损失 1,000 人。瓜岛战役是二战中最为惨烈的战役之一。

03

> 在瓜岛登陆的美军海军陆战队。
> 卡萨布兰卡会议期间，丘吉尔与美英军队将领在一起。

丘吉尔就卡萨布兰卡会议发表演说

1943 年 2 月 11 日，英国首相丘吉尔在英国议会就卡萨布兰卡会议问题发表了演说。丘吉尔向议员们介绍了英美两国首脑在卡萨布兰卡会议上所制定的盟国战略，即在 1943 年夏季，盟军结束北非战役之后将采取的一系列军事、外交行动。在演说中，丘吉尔报告了他在卡萨布兰卡代表英国做出的几项保证，其中包括英国将在对德战争取得胜利之后，积极参加太平洋战争。丘吉尔还向议员们透露了有关盟军高级将领任命的最新情况。

德国鲁尔工业区遭到轰炸

1943 年 3 月至 7 月，盟国空军对德国的鲁尔工业区展开了猛烈的空袭。在此期间，英国空军共出动 18,506 架次的轰炸机，对该地区进行了 43 次空中突击，轰炸了鲁尔区的工业城市杜伊斯堡、科隆等地，破坏了德国的工业生产，并炸毁了水坝。在空袭中，英国空军还使用了新式轰炸导航装置，并首次使用了每枚 3,630 公斤重的重型炸弹。

西西里岛登陆

1943年盟军为攻占意大利西西里岛而举行的登陆作战。1943年7月10日凌晨，英美盟军16万人乘坐3,000多艘军舰和运输船只，向西西里岛东南部发动进攻，强行登陆。与岛上德意守军展开激烈战斗。至1943年8月17日上午10时，盟军控制了全岛。盟军占领西西里岛。打开了直接进攻意大利的大门，为以后迫使意大利退出战争创造了必要的前提条件。

意大利投降

1943年7月25日，墨索里尼被拘禁。同日晚，意大利组织新内阁。而后，新政府一面公开扬言继续追随德国作战，一面与盟国谈判。8月中旬，英美首脑在魁北克举行会议，授权盟军总司令艾森豪威尔接受意大利投降。9月3日，双方在西西里岛附近举行签字仪式，意大利向盟军投降。墨索里尼的垮台和意大利的投降，标志着法西斯轴心国的解体和反法西斯联盟的一次重大胜利。

retrieval

04

苏军发动秋季反攻

1943年8月23日，苏军在库尔斯克会战中取得决定性胜利并攻克乌克兰第二大城市哈尔科夫。苏军最高统帅部决定，继续发动秋季进攻，尽快解放苏联的领土，勇猛追击德军。自9月起，苏联红军在苏德战场南部和中部全线出击，彻底肃清了高加索地区的敌军，并将克里米亚半岛的敌军从陆地上封锁起来。到11月底，苏军解放了大片国土，沉重地打击了德军。1943年的秋季反攻为1944年苏军大反攻创造了有利的条件。

第五章

参筹中军战欧陆

1893-1981　布莱德雷

布莱德雷吃惊地发现，模型和地图都画上了"阶段线"，从攻击开始直到90天后，最后一条线画在塞纳河西岸，表明盟军在塞纳河与德军隔河相对。这下可把布莱德雷激怒了，第一次对蒙哥马利发了火，坚持要求至少取消美军地区的"阶段线"……

>> 攻夺欧洲的美军副帅

巴顿两次打士兵耳光的事件，不久被媒体曝光。《星期天邮报》记者德马雷·贝斯等人给艾森豪威尔写了详细报告；《矿工报》记者昆廷·雷诺兹飞到阿尔及尔，告诉艾森豪威尔有关事情的经过，并对他说："士兵们对巴顿恨之入骨。"《哥伦比亚广播公司新闻》也对此事进行了详细的报道，谴责巴顿。不久，一位军医直接给艾森豪威尔写信，控告巴顿。

事情越闹越大，快要发展成为一个严重的政治事件。艾森豪威尔非常焦急，他极力想把事情压下去，安抚记者，让他们暂且保守秘密，并保证会严厉惩处巴顿。

8月17日，艾森豪威尔给巴顿写了密信，附上军医的报告副本，详细询问有关情况。接信后，巴顿意识到事情的严重性，他惊慌失措，联系了有关当事人，包括医生护士、库尔以及贝内特本人，与他们恳切会谈。经过巴顿的道歉和解释，挨打的士兵表示谅解。巴顿随后写信给艾森豪威尔，表示顺从和改过。巴顿清醒地知道，进军欧洲大陆的大战即将来临，这是千载难逢的机会。为此，在信中，他诚恳地对艾森豪威尔说："你对我有知遇之恩，我本来应为你赴汤蹈火，然而却给你惹来麻烦，我万分悔恨、内疚和痛苦。"

事件本该就此平息了。可是，3个月后，专题广播员德鲁·皮尔逊广播了两次事件的经过，全国舆论大哗。事情搞得艾森豪威尔非常被动。战争越打规模越大，本来他准备让巴顿担任更重要的职务，现在看来不可能了。而此时，布莱德雷名噪美军和全国。他头脑清醒、指挥冷静、有条不紊、胆识过人，是不可多得的统帅人才。

1943年8月，西西里战役接近尾声。罗斯福、丘吉尔和盟军最高司令部在加拿大魁北克召开了"四分仪"的战略会议。经过激烈的争论，会议最终确定：盟军的下一步作战重点是实施"霸王"行动计划。同时，不放松在意大利的进攻行动。这样，美军就必须准备两套作战班子，一套在意大利南部，一套准备指挥"霸王"计划。艾森豪威尔已经在指挥进攻意大利南部的盟军部队，他向马歇尔提出继续留任这个职务，以协调与英国人的关系。这样，美国必须找到一名将军指挥"霸王"行动。

意大利南部的战役继续进行，按照原定计划，进攻行动主要由亚历山大负责，蒙哥马利的第8集团军和马克·克拉克的美国第5集团军于9月初分别向卡拉布里亚、萨莱诺进攻。布莱德雷的第2军被列入了萨莱诺战役的预备队，一旦克拉克出现"意外"，布莱德雷将指挥第5集团军。

"霸王"行动计划已确定，8个月后，以美军为主的盟军就要在法国海岸实施登陆作战。可盟军连详细的作战计划还没有拟定出来。在英国，美军还没有集团军司令，更没有集团军司令部。对此，马歇尔异常着急，他决定尽快在英国组建美国第1集团军。

由谁来担任集团军的司令呢？马歇尔思前想后，认定布莱德雷是最合适的人选。

此时，布莱德雷正在北非忙得热火朝天，准备实施进攻萨莱诺的计划。他根本没有想到

∧ 布莱德雷在意大利。

自己很快另有任用，正为接替克拉克做准备。进攻意大利的战役马上就要打响，他把第2军司令部设在巴勒莫费利斯兵营，从这里可以眺望巴勒莫附近的海滩，部队进行休整。巴顿则在各师巡视，并向"大红一师"的官兵表示对打人事件的歉意，他们全然不知马歇尔的决定。

8月29日，布莱德雷奉命到英军司令部去参加对蒙哥马利的授勋，艾森豪威尔要为蒙哥马利授予美国陆军荣誉勋章。布莱德雷和巴顿、凯斯等一批美国将领，乘坐一架飞机前往祝贺。在这次盛大的授勋仪式上，布莱德雷第一次见到蒙哥马利。蒙哥马利从容不迫，轻松愉快，但从容中带着骄矜，轻松中夹着自负。回到第2军司令部后，巴顿告诉布莱德雷，艾森豪威尔要他第二天去阿尔及尔，但没告诉布莱德雷有关调动的事。

9月3日，布莱德雷改飞锡拉库扎亚历山大的司令部，因艾森豪威尔在那里要和巴多格列奥的使者签订意大利投降的文件。当天傍晚，布莱德雷见到了繁忙劳顿的艾森豪威尔，他开门见山地说："布莱德雷，告诉你一个好消息，交给你一件十分重要的新任务。"

艾森豪威尔随后把有关情况原原本本地告诉了布莱德雷。突如其来的任命，令布莱德雷惊讶万分。开辟第二战场★，这是第二次世界大战中美军所肩负的最重要的任务。布莱德雷顿时感到肩上沉甸甸的，像压上千斤重担一样。

> 斯大林与丘吉尔一起讨论开辟第二战场事宜。

★开辟第二战场

指的是第二次世界大战期后期英国、美国军队在西欧所开辟的对法西斯德国的战场。苏德战争爆发后不久，斯大林即代表苏联政府于1941年7月向英国政府正式提出了在欧洲大陆开辟第二战场的问题。此后，苏联同英国和美国展开了一系列的外交活动，就开辟第二战场的时间、地点等一系列具体问题进行磋商。经过长时间的准备，英美盟军于1944年6月6日在法国诺曼底登陆，正式开辟了反法西斯第二战场。

> 1943 年时的艾森豪威尔。

　　艾森豪威尔此时对自己下一步要做什么也不是十分清楚，传言马歇尔要出任"霸王"行动的总司令，这样艾森豪威尔可能回国出任陆军参谋长。布莱德雷当晚留了下来，晚餐当中，艾森豪威尔对即将开始的意大利战役非常乐观。他告诉布莱德雷，约翰·卢卡斯将接任第2军军长，内定参加意大利战役。艾森豪威尔答应布莱德雷，可以从第2军抽调他想要的任何人带走。

　　布莱德雷初选了25人去新集团军参谋部。

　　9月6日，布莱德雷把第2军交给了卢卡斯，第二天去与巴顿告别。他发现巴顿的情绪非常低落。这是有情可原的，巴顿非但没有被提拔，而且他亲手组建起来的第7集团军也要被解散了。这位不可一世的勇士，现在什么职务也没有了。面对这位曾经的老上级，布莱德雷也没有多少话可说。好在巴顿很快就接受了现实。他得知布莱德雷将要指挥进军欧洲大陆的战争时，谈了自己对"霸王"行动的意见和想法，提了许多良策，请布莱德雷转告马歇尔。布莱德雷对他既同情又无奈，巴顿惹了太多不光彩的麻烦。

　　9月8日凌晨，布莱德雷就要离开第2军，赶往新的战场了。第2军全体官兵为他举行了盛大的告别仪式。那天，天空晴朗，第勒尼安海在阳光的照耀下灼灼发光。第2军全体军官排列成整齐的队伍，欢送他们的军长。布莱德雷依依惜别，与他们一一握手告别。当他跨入小轿车时，乐队高奏《美好的往日》。在通往机场的途中，士兵们夹道为布莱德雷送行，汽车驶过时，士兵们一齐持枪敬礼。布莱德雷首先要在突尼斯的伽太基降落，作短暂逗留，到郊外艾森豪威尔的指挥部参加告别午宴。当飞机飞经正在萨莱诺渡海作战的盟军部队的上空时，布莱德雷特意要飞机盘旋一圈致敬。若干小时后，美军士兵就要登上意大利海滩，届时必将又是一场血战，千百个士兵将要流血牺牲。

在伦敦亨利机场，雅各布·L·德弗斯中将前来迎接，并把布莱德雷安顿在多尔切斯特旅馆。德弗斯是巴顿的西点同学，布莱德雷在西点军校任数学教官时，他在战术系工作，两人在棒球队里相识。1940年，德弗斯任第9师师长而得到马歇尔赏识。在"火炬"计划执行时，德弗斯任欧洲战区的战场指挥官。6个月以来，他在伦敦代表美国制定"霸王"作战计划，负责指挥美军到英国集结的工作。

布莱德雷在伦敦待了一周，于9月14日飞回美国为第1集团军选调人员。马歇尔的秘书通知布莱德雷的妻子玛丽和女儿伊丽莎白，到华盛顿鲍林空军基地迎接他。一家人有8个月没见面了，布莱德雷极为欣慰和高兴。女儿伊丽莎白即将大学毕业，她已与西点军校学员哈尔·比尤克马订婚，等他一毕业即结婚。

马歇尔直到9月21日，才有时间在飞往内布拉斯加州的奥马哈途中与布莱德雷谈话。布莱德雷客观地汇报了西西里战役的得失，尽量避免涉及个人，也没在马歇尔面前替巴顿美言，因为巴顿在战役中的确使人失望。

第二天，马歇尔的秘书弗兰克·麦卡锡通知布莱德雷，要他当面向罗斯福总统汇报西西里战役的情况。布莱德雷猜想这是马歇尔的主意。他细心地准备了汇报的内容，这是总统第一次正式听取他的汇报，事关重大。

罗斯福总统听完汇报后，便向布莱德雷详细述说了制造原子弹的曼哈顿计划。布莱德雷得知这一最高级的秘密后，大吃一惊。他有点惴惴不安地离开了总统的办公室，此后也未向任何人谈过此事。

马歇尔决定，在"霸王"行动计划确定主帅以前，布莱德雷除在英国担任第1集团军司令外，还要建立一个集团军群司令部并代理集团军群司令。

因此，布莱德雷必须组织两套班子。他首先接手了在纽约州的第1集团军司令部，并在350人组成的司令部中安排了第2军的基恩、迪克森、索尔森、威尔逊等人进入参谋部。同时，委派约瑟夫·奥黑尔为该集团军司令部的人事副参谋长。

∧ 艾森豪威尔在记者招
待会上，宣布由布莱德
雷出任美军地面部队的
指挥官。其身边为英国
特德空军上将。

★"霸王"行动

★"霸王"行动

"霸王"是第二次世界大战期间盟军进攻法国西北部战役的密语代号。其前身是"围歼"。为了彻底消灭德国法西斯，履行在国际会议中开辟第二战场的诺言，确立自己国家在战后世界和欧洲的地位及发挥应有的作用，英美两国政府决定于1944年实施在法国登陆的"霸王"战役。1944年6月6日，"霸王"计划正式实施，其直接后果导致欧洲反法西斯第二战场的开辟。

第1集团军群的参谋部人员则比较难选，德弗斯已在英国筹建了一段时间，插手不易。马歇尔选中列夫·艾伦为集团军群参谋长，他曾接替布莱德雷任本宁堡步校校长。

10月2日，布莱德雷回到了伦敦。第1集团军群司令部设在伦敦西区布朗西斯广场，第1集团军的司令部则设在布里斯托尔的克利夫斯学院。布莱德雷的卡迪拉克牌大型高级轿车来往穿梭于两个司令部之间。布里奇在伦敦任布莱德雷的副官，汉森则在布里斯托尔任副官。

由于"霸王"行动★的主帅迟迟未定，布莱德雷在一些细节问题上很难作安排。直到11月下旬，事情才出现转机。罗斯福觉得自己离不开马歇尔，不能让他离开华盛顿或盟军参谋长联席会议。他最终决定让艾森豪威尔当这个总指挥，丘吉尔表示同意。

12月7日，罗斯福于返回华盛顿途中，在突尼斯向艾森豪威尔透露说："艾森豪威尔，由你来指挥'霸王'行动。"

当艾森豪威尔被任命为登陆总指挥的消息传来时，就像爆炸了一颗重磅炸弹一样，人们都感到震惊。得知有关消息后，布莱德雷既喜又忧。马歇尔继续留在华盛顿关键的负责岗位上，并保持在盟军参谋长联席会议中的地位，这使布莱德雷非常高兴。有马歇尔在盟军参谋长联席会议，他感觉踏实多了。可是，马歇尔失去了"霸王"行动总指挥的名望，成为"第二次世界大战的潘兴"的人将是艾森豪威尔，而不是马歇尔。

布莱德雷替他感到惋惜。

1944年1月15日，艾森豪威尔飞抵伦敦，"霸王"行动定在5月1日实施，准备工作必须加快进行。他要做的第一件事情就是调配人员，建立高级指挥机构。按照艾森豪威尔的想法，他要把地中海地区的那个指挥部的人马全搬过来，即由他本人任总司令，亚历山大任陆军司令，特德任空军司令，坎宁安任海军司令，比德尔·史密斯任参谋长。但是他的想法却遇到了小小的麻烦。丘吉尔和艾伦·布鲁克倾向用蒙哥马利取代亚历山大担任陆军司令。这时，蒙哥马利在英国是个"常胜将军"，一个传奇式人物，许多美国人也了解他。相反，亚历山大在英国公众中声誉不高，影响很小。"霸王"行动非同儿戏，这次战役的好坏直接影响战争进程。

经过紧张协商，最终确定了"霸王"作战地面部队指挥官。蒙哥马利指挥向滩头进攻的所有地面部队，包括英军迈尔斯·登普西指挥的第2集团军、美军布莱德雷指挥的第1集团军。美英登陆部队一上岸，开始扩大滩头阵地，蒙哥马利就不再指挥全部地面部队，转而担任第21集团军群司令，负责指挥英国全部地面部队。美军第1集团军群司令未定，其地位与蒙哥马利相当，负责指挥美军全部地面部队。这两个集团军群都在艾森豪威尔的统辖之下。

海军方面，丘吉尔任命"火炬"行动和"赫斯基"行动中坎宁安的左右手拉姆齐，代替已升任英国海军大臣的坎宁安。特德仍被丘吉尔认命为"霸王"行动的副总指挥，负责指挥战术空军，战略空军仍由阿瑟·T·哈里斯统帅。美军的詹姆斯·H·杜利特尔负责指挥美国第8航空队的重型轰炸机。

对于地面部队，艾森豪威尔解决得顺手些。他把德弗斯调往地中海接替英国人亨利·梅特兰·威尔逊当盟军副司令，马歇尔勉强同意自己的爱将任此职，因为这多少有些降职的意味。

第1集团军群司令原由布莱德雷临时担任，但马歇尔还考虑过在美国的第3集团军司令考特尼·霍奇斯，还有巴顿和莱斯利·麦克奈尔及第4集团军司令威廉·H·辛普森。艾森豪威尔首先排除了巴顿，又认为麦克奈尔耳聋，而霍奇斯和辛普森均未指挥过战斗。对于这样一个重要的任命，各方面十分关注，很多人都翘首期待。最后艾森豪威尔给马歇尔打电报："关于美国第1集团军群司令……我倾向于布莱德雷。"

随后，艾森豪威尔举行吹风记者招待会，表示布莱德雷将在"霸王"行动中担任进攻中所有美国地面部队的指挥。远在地中海的巴顿听到这个消息，心情十分痛苦。要不是打人事件，本来这个职务是他的。巴顿在日记中写道："这意味着布莱德雷将任美国集团军群司令。我对这个职务抱有很大希望，可是，现在看来已绝无可能了。"

几周后，艾森豪威尔正式任命布莱德雷为集团军群司令。这样一来，布莱德雷的地位仅次于艾森豪威尔，成为第二号美军将领。考特尼·霍奇斯在布莱德雷调任第1集团军群司令后正式任第1集团军司令。巴顿也调来担任另外一个集团军司令。这两个人都曾经是布莱德雷的老上级。对霍奇斯，布莱德雷倒是没有什么意见，但是对巴顿，通过在北非和西西里岛的接触，布莱德雷感觉这个人不好指挥，好惹麻烦，因此并不希望巴顿来。但艾森豪威尔舍不得巴顿的魄力，坚持要他，布莱德雷也就不好说什么了。另外一个集团军司令由辛普森担任，率领第9集团军征战。

但布莱德雷对巴顿仍放心不下，此时，盟军正在组织一个欺骗计划——"刚毅"行动。这个行动主要是通过德国在英国的间谍网，使希特勒相信未来的登陆地点在加来地区，同时在英国东南虚设一个集团军群，摆出进攻加来的架势。那么用谁来实施这个计划呢？布莱德雷立即想到了巴顿。巴顿暂时无事可做，只好充当这个角色。

在诺曼底攻势到来之前，布莱德雷手下有美国的第5、第7和第19军。第5军军长由布莱德雷的好友伦纳德·T·杰罗担任。杰罗头脑冷静、工作勤奋、有条不紊，布莱德雷对杰罗很放心。其他两个军长在布莱德雷的心目中就要打问号了。第7军军长由布莱德雷在西点军校的同班同学罗斯科·B·伍德拉夫担任；第19军军长是著名的坦克手威利斯·D·克里顿伯格，后来他调去克拉克的第5集团军第4军任军长。"霸王"作战计划指定杰罗的第5军和伍德拉夫的第7军担任突袭法国的先锋，第19军在海上担任预备队，跟在他们后面登陆。杰罗和伍德拉夫都未指挥过大部队作战，也未参加过两栖登陆。这使布莱德雷很不放心，他决定进行调整。开始，布莱德雷想把卢西恩·特拉斯科特要来，但是西西里岛方面没有放人，布莱德雷只好作罢。随后，马歇尔推荐了乔·柯林斯。柯林斯是西点军校1917届的高材生，曾在太平洋指挥第25军"热带雷电"步兵师。柯林斯到英国后，艾森豪威尔和布莱德雷会见了他，详细询问了他的战斗经验。柯林斯说话头脑清醒，谦虚谨慎，给他们留下了良好的印象。会见结束后，布莱德雷对这个人选很满意，他对艾森豪威尔说："他同我们有共同语言，是个不错的人选。"

随后，布莱德雷让柯林斯去指挥伍德拉夫的第7军，而让伍德拉夫临时指挥第19军。不久，经马歇尔举荐，一位叫查尔斯·H·科利特的指挥官从太平洋的第7步兵师调来，代替了伍德拉夫。艾森豪威尔喜欢科利特，但布莱德雷对他好搞摩擦、火气大的个性很不欣赏。在所有军长中，布莱德雷最喜欢柯林斯。

第5军和第7军将选出两个步兵师在滩头突击，担任代号为"奥马哈""犹他"的海滩突

∨ 诺曼底战役前，布莱德雷、第5军军长杰罗、艾森豪威尔、第7军军长柯林斯（自左至右）在法国合影。

击的先锋部队。这两个师是查尔斯·H·马格哈特的第29师和雷蒙德·巴顿的第4师，这二人均未真正打过仗。布莱德雷又把许布纳的"大红一师"调来担任主攻任务，由该师的两个团和第29师的一个团代替两个师先攻"奥马哈"海滩。同时，布莱德雷将自己曾亲手免去其职的罗斯福调去指挥第4师，主攻"犹他"海滩。

第1集团军经过一番整顿，面目大变。随后，部队开始进行战前训练。布莱德雷对这项任务抓得很紧，也异常重视。他经常下去检查，要求部下不能犯错误，不能失败，不能疏忽，不能失误。作为登陆部队的主要指挥官之一，布莱德雷深感肩上责任重大，如果"霸王"计划失败，后果将不堪设想，即使盟国能重整旗鼓，再组织起来发动第二次突击，也需要整整一年的时间。到那时，希特勒可能会有足够的力量给盟军以毁灭性打击。对于盟国所有指挥官来说，机不可失，时不再来，成败在此一举。

>> "霸王"鞭即将挥起

作为"霸王"行动美军主要指挥官，布莱德雷经常与艾森豪威尔、蒙哥马利、比德尔·史密斯及其他将军一起，反复讨论"霸王"作战计划。

对于计划，布莱德雷提出了三个方面的修改补充：首先，布莱德雷主张加强进攻力量。攻击部队由3个师增加到5个师，并要求海军提供更猛烈的炮火支援。布莱德雷还建议像在西西里岛战役那样，在晚上登陆。但空海军将领们都要求在白天，以便他们能看清目标和海滩。布莱德雷也觉得他们说得有道理，因而没有坚持自己的观点。为了进一步增强突击力量，布莱德雷建议使用空降部队。他的想法是，在登陆以前，趁黑夜把第82和第101空降师投到美军登陆的"犹他"滩后面，以打乱敌人的部署。但是，因为西西里岛几次空降作战都不成功，很多人，包括空军司令利·马洛里对此建议都信心不足，认为伞兵要损失50%，滑翔部队要损失75%。但布莱德雷坚信自己的想法是正确的，他认为只要搞好协同，空降作战一定会取得成功。布莱德雷无法说服利·马洛里改变观点，两个人几乎闹僵。最后只好将各自的意见提交艾森豪威尔。艾森豪威尔在听完正反两方面的意见后，支持使用空降部队。

其次，布莱德雷主张在法国马赛附近开辟第二个登陆点，以便把德军从诺曼底吸引开，同时向登陆部队提供支援和开辟补给品港口。这个建议称为"铁砧"行动★，艾森豪威尔、马歇尔对此一致同意。但是，丘吉尔、艾伦·布鲁克和蒙哥马利均不同意，他们想利用"铁砧"行动的部队去攻巴尔干，因而此建议在数月内一直悬而未决。参加"霸王"行动的部队正在扩大，需要更多的坦克登陆艇和其他登陆艇。意大利战役久拖未决，英国人认为在那里已拖住德军，"铁砧"行动的目的已达到。经过反复争论，最终同意保留"铁砧"计划，但规模要缩小，以便节省出更多的物资和人员用于主要战场作战。"霸王"行动也推迟了几个星期，以便拥有更多的登陆艇。最后，布莱德雷坚决支持了由"铁砧"计划改名而来的"龙骑兵"计划。

"霸王"行动计划是英美合作的结晶，作为美军的主要指挥官之一，布莱德雷的责任不断加重，参与了许多重大活动。在计划逐步完善中，他表现出优秀的合作能力，与英国国王乔治六世、丘吉尔、艾伦·布鲁克、蒙哥马利、德金甘德、登普西等逐步了解和熟悉起来。他从一个乡下孩子，跻身于英国贵族社交圈中，表现得谨慎有度，观察敏锐。

1943年3月23日至24日，丘吉尔在艾森豪威尔、布莱德雷的陪同下，视察了美军的第101空降师、第2装甲师、第9师和第4师。在视察中，丘吉尔不顾病体初愈，下车走进士兵群中，发表动人的演说，并和美国将领不知疲倦地讨论战略战术问题。在埃迪的第9师，丘吉尔兴致勃勃地表示要试一试美式卡宾枪。在射击中，丘吉尔打25米靶，艾森豪威尔打50米靶，而布莱德雷打75米靶。布莱德雷打中了15发子弹的14发。埃迪巧妙地引开他们，未去验靶。

按照"霸王"作战计划规定，在诺曼底登陆战初期，布莱德雷的第1集团军隶属蒙哥马利的第21集团军群。这样一来，蒙哥马利成为布莱德雷的直接上司，要与他在很多细节问题上进行详细商讨。经过一段时间的接触，布莱德雷感觉到，他和蒙哥马利不属于同一类型的人。蒙哥马利给人的感觉是拘谨、刻板、冷淡，几乎是离群索居，不愿意与人进行交流。

↓

★ "铁砧"计划

第二次世界大战期间盟军实施的法国南部登陆战役的最初代号。自1944年7月27日起，该代号改为"龙骑兵"。此战役的目的是配合诺曼底战役，在法国南部发动进攻，以加速击败德国法西斯的进程。作战计划是夺取法国南部正面宽约90公里、纵深25公里的登陆场，占领土伦港及马赛港，然后向里昂发展攻势。"龙骑兵"行动于1944年8月正式开始，9月3日顺利完成。

> 艾森豪威尔、丘吉尔、布莱德雷（自左至右）兴致勃勃地比试枪法。

4月7日，丘吉尔和盟军的主要指挥官聚集蒙哥马利驻肯辛顿圣保罗学校的司令部开会。蒙哥马利首先详细介绍了诺曼底登陆的具体行动，在沙盘上用两个小时讲解了作战计划、部队状况、敌军配置及德军的可能反应。布莱德雷认为蒙哥马利对这一切都"了如指掌"。按蒙哥马利的部署，登普西的第2集团军在左边，布莱德雷的第1集团军在右边登陆。英军登陆成功后向前推进16公里夺取卡昂；第1集团军向内地推进，切断康坦丁半岛，之后向右夺取瑟堡。夺取这些目标后，加拿大的第1集团军上岸增援固守卡昂的登普西，巴顿上岸增援布莱德雷。至此，第一阶段作战结束。

突破海滩之后，蒙哥马利指挥的英国和加拿大集团军固守卡昂一线，牢牢地吸引住德军反击部队的主力。布莱德雷的第1集团军上岸后向西南进击，前推到卢瓦尔河。巴顿的第3集团军则向西夺取布列塔尼半岛及其港口。这些目标达到后，盟军将建立200公里长的南北正面防线，东临塞纳河和巴黎，与德军决战。

在最初拟订计划时，战役被划分成若干阶段，并硬性地规定了作战每天必须达到的"阶段线"。所谓"阶段线"，就是在地图上标出攻击开始后的某一天盟军的战线应在的位置。从理论上讲这没有问题，但布莱德雷认为在实战中这是不现实的。一方面这样会束缚住指挥官们的手脚，使他们失去积极进攻的精神；另外一方面，这样做显然没有考虑会发生预料不到的情况。当时，布莱德雷曾经向蒙哥马利提出了看法。不料，蒙哥马利根本没有把布莱德雷的建议放在心上。这次会议上，布莱德雷吃惊地发现模型和地图都划上了"阶段线"，从攻击开始直到90天后。最后一条线划在塞纳河西岸，表明盟军在塞纳河与德军隔河相对。这一下可把布莱德雷激怒了，第一次对蒙哥马利发了火，坚持要求至少取消美军地区的"阶段线"。蒙哥马利也急了，两人当着参谋人员的面大声争吵起来。最后，蒙哥马利答应取消美军战区的"阶段线"，但保留了英军战区的"阶段线"。按照蒙哥马利的计划，英军在登陆日即攻克卡昂，然后东进16公里，夺取卡昂以南、以东直到法莱斯之间的地段，建立飞机场等补给基地，吸引德军。

介绍登陆作战计划时，蒙哥马利精神焕发，像是换了一个人一样，滔滔不绝，一口气说了两个多小时。尽管他说得头头是道，但是在战后总结时，人们发现蒙哥马利的计划存在着另外一个致命错误，那就是没有考虑到登陆后向内地发展进攻会遇到的地形。事实上，海滩后面的地形极其特别，是法国人所说的"林间田地"，英国人叫做"灌木围田"。农田被分成正方形或长方形小块，四周围是高大的树木和矮小的树丛，这些树篱围成的棋盘格田地，是德军防御的天然屏障，给依赖装甲部队的盟军带来严重妨碍。

蒙哥马利介绍了陆军的情况后，拉姆齐海军上将★接着介绍海军行动计划。他的介绍比较强调了困难方面，使人听起来心情沉重。随后是利·马洛里介绍空军的行动计划，他与拉姆齐相反，态度乐观，说攻击开始的当天他将实施大规模的战术轰炸，一定能将德国空军压制在地上不能动用。随后是各个集团军和各军军长汇报具体的作战计划。

有趣的是，开会期间，蒙哥马利照样禁止吸烟。只有到丘吉尔最后出现时，才撤去"禁止吸烟"的牌子。将领要吸烟，只好宣布短暂休会。

★拉姆齐 (1883—1945)
英国海军上将。战争初期，参加英国远征军，在挪威、法国与德军作战。1940年5月参与组织领导敦刻尔克英国远征军的撤退。1942年，参与计划并领导"火炬行动"，组织英军和美军配合在阿尔及利亚登陆。1943年组织在西西里登陆。1944年诺曼底登陆时，任盟军海军总司令，指挥大规模协同作战。1945年1月因飞机失事逝世（图左为拉姆齐）。

会议快结束时，丘吉尔按日程前来讲话。丘吉尔本来不赞同实施"霸王"作战，他一直主张采取迂回战略。他曾经说，渡过海峡作战，等于要用战士的尸骨填满海峡。如今大战即将来临，丘吉尔信心不足，看上去非常憔悴。艾伦·布鲁克说他"看上去一下子老了许多，身上的那股锐气也没了"。丘吉尔一脸严肃地听了作战计划的简要介绍，没有像往常那样发表长篇讲话。在会议结束时，他只是说："请记住，这是一次进攻，而不是简单地建立滩头阵地！"

攻击日越来越近，盟军最高司令部忙成一片，最后审查作战计划，参加会议，协调作战行动，头头脑脑忙得不可开交。5月底，艾森豪威尔在伦敦圣保罗学校蒙哥马利的司令部再次召开会议，最后审查"霸王"作战计划。除了直接有关的全体司令官以外，这次会议还邀请了英王、丘吉尔等英国名流。这是二次世界大战中，盟国高级官员出席最多的一次会议，在学校一幢奇特的建筑物里召开的，与会者坐在一排排又硬又窄的长凳上。英王、丘吉尔和艾森豪威尔坐在第一排长凳上，布鲁克、蒙哥马利、特德、拉姆齐和利·马洛里分别坐在他们两旁。布莱德雷、登普西、史密斯、斯帕茨、哈里斯、霍奇斯和巴顿坐在第二排。坐在第三排的是各位军长，再往后是诸位师长。"霸王"行动的全部首脑都集中在此，会议保卫措施自然极其严密。几架战斗机在高空不停盘旋，手持冲锋枪的士兵将学校围得水泄不通，无关人员不准以任何理由接近。出席会议的一位美国海军上将莫顿·L·戴约后来写道："当我们在又窄又硬的长凳上坐下后，会议厅内鸦雀无声，沉静得使人透不过气来。我们知道，要把这样多的齿轮恰到好处地组合在一起，除非有上帝保佑。有一个环节失灵，就可能使各种力量失去平衡，造成混乱。"

会议最后一次明确了有关人员的职责。结束的当天，英王亲自授予布莱德雷最高荣誉——令人羡慕的英国巴斯荣誉军事勋位。这使他很受鼓舞。此时，布莱德雷已经成为新闻界关注的美军将领。他的特写镜头被赫然刊登在《时代》杂志的封面上，《生活》杂志和《新闻周刊》也刊出了介绍他的长篇文章。布莱德雷已经成为美国民众心目中的英雄，被美国公众称为"大兵将军"。他以珍惜士兵的生命和不作无谓的牺牲而成了著名人物，并引起狂热宣传。

但布莱德雷却不轻松，总攻即将开始，他经常下到部队看望士兵，了解有关情况。在诺曼底登陆前夕，布莱德雷最后一次把参加作战的各军军长、师长召到布里斯托尔，审查行动计划。布莱德雷手持教鞭，站在

∧ 盟军最高统帅部成员。前排左起：特德、艾森豪威尔、蒙哥马利；后排左起：布莱德雷、拉姆齐、马洛里、史密斯。

大幅地图前亲自讲解有关问题。部属们感到，一个"西点军校和步兵学校的老教师布莱德雷将军"又回来了。审查完计划后，布莱德雷觉得应该讲几句鼓舞人心的话，但是千言万语，又不知从何说起。布莱德雷眼睛模糊，沉默良久，只说了一句：

"祝你们幸运！"

短短的一句话，部属们感到重任在肩。

第六章
挥师鏖兵诺曼底

1893-1981　布莱德雷

就在这时，局势发生了转机。担任舰炮火力支援的美国海军见陆上的官兵死伤累累，岸上火力控制组和海军联络组都没有消息，意识到海滩上形势已极为严峻。17艘驱逐舰充分发挥主动精神，不顾搁浅、触雷和遭炮击的危险，驶到距海滩仅730米处，进行近距离火力支援……

>> 黎明时的海滩

6月3日一早，布莱德雷率几名参谋，乘车从布里斯托尔赶到普利茅斯港，登上美国海军"奥古斯塔"号重巡洋舰，他的司令部设在舰上。他们每人携带的装备有防毒面具、救生衣、手枪、网兜、钢盔、药品之类，堆在一起像座小山，加在身上如牛负重。

布莱德雷脚登一双家乡莫伯利布郎鞋业公司试制的步兵战靴，还随身携带一本爱不释手的小说——约翰·赫西的《阿达诺的钟声》。待一切安排妥当后，下午，布莱德雷到另外一艘两栖旗舰"水委一星"上同参谋人员会面。所有人都身着戎装，做好了出征的一切准备。在参谋们的簇拥下，布莱德雷等人又来到甲板上。放眼望去，在蓝天大海的衬托下，几千艘战舰和登陆舰艇一览无余。成群的海鸥衔尾追嬉，欢叫急翔，似乎在尽情地享受暴风雨来临前的片刻宁静。

布莱德雷和下属有说有笑，放松紧张的心情。可是就在这时，传来了令布莱德雷震惊的消息：天气将对盟军的行动不利。

6月4日，天气开始变化，空气潮湿，天空阴云密布。上午，参谋长比尔·基恩来到布莱德雷的舱室报告说，据伦敦气象台预报，英吉利海峡出现强大风暴，因此普利茅斯港的盟军总指挥艾森豪威尔已决定把攻击开始日推迟24小时，即6月6日再行动。

面对突然出现的变化，布莱德雷一整天都沉默寡言。晚上，他离舰上岸，同参加"霸王"行动的美海军西线特混舰队司令艾伦·R·柯克少将、美空军第9航空队副司令拉尔夫·罗伊斯少将等人会晤。他们根据天气、潮汐、月光等因素，拟向艾森豪威尔提出建议：如果攻击不能如期在6月6日开始，那就力求安稳，可考虑再向后推迟几天，即6月8日或9日进行。

但是在6月5日清晨，出乎布莱德雷的意料，他接到了艾森豪威尔发出的行动命令：攻击开始日不变，6月6日，星期二。

一场关系第二次世界大战最终命运的历史决战，就这样来临了。

6月5日晚上，布莱德雷所在的"奥古斯塔"号重巡洋舰，在21艘护卫舰的保护下，进入英吉利海峡，驶向"奥马哈"和"犹他"海滩外预定的指挥位置。参加"霸王"行动的5,000艘各类舰船浩浩荡荡地从普利茅斯出发了。

在"奥古斯塔"中心舱室，布莱德雷神情凝重。由于连日操劳，他这次又与在西西里登陆那样，再次受到疾病的折磨，鼻子上长了疖子，使他坐卧不安，疼痛难忍。他不得不去医务室把疖子挑破，为防止伤口感染，医生给他包扎上绷带。

6月6日凌晨3点35分，"奥古斯塔"号到达预定的指挥位置。整个舰队实行灯火管制，布莱德雷在黎明前的黑暗中登上舰桥。他刚踏上甲板，一阵潮湿凉爽的海风迎面扑来，将一夜的疲惫一扫而去。

<准备参加诺曼底登陆的美军士兵们。

< 布莱德雷在
"奥古斯塔"号
巡洋舰上。

布莱德雷深深地呼了一口气，手扶栏杆，目光炯炯地向黑乎乎的海面望去。

跟随他的副官描述道："布莱德雷挺立在舰桥上，脚穿莫伯利战靴，身着野战服，头戴钢盔，肩挎救生衣。他脸上略带微笑，好像即将展开的对法国海岸的攻势会给他带来无穷的乐趣。等待是难以忍受的，然而布莱德雷并未显露出任何担心或忧虑的神情。看来，他对整个行动抱有坚定的信心和极大的乐观。"

在这个重要时刻，布莱德雷的心情并不平静。他清醒地知道，当面的敌情极不乐观，对手是世界上第一流的军队。更令他担忧的是，最近的情报表明，德军第352步兵师已开到"奥马哈"海滩地区，进行机动作战演练。布莱德雷预感到，对法国海岸的突击必将是艰苦的一战。

就在布莱德雷率领地面部队乘军舰向预定战场集结的同时，盟军的空降部队已经打响了诺曼底战役。从深夜起，盟军空降部队借助夜幕的掩护首先踏上法国的土地，2.4万名伞兵乘1,000架飞机，用降落伞空投和滑翔机着陆。美军第82和第101空降师1.6万人，在"犹他"海滩后面降落；英军第6空降师8,000人，降落在奥恩河畔卡昂附近。由于气候恶劣，风高夜黑，空降并不理想，绝大多数伞兵落点分散，离目标很远。然而，2.4万名盟军部队从天而降，突然出现在诺曼底"大西洋壁垒"★的后面，给德军造成巨大恐慌，立刻乱了阵脚。空降部队乘机占领村镇、夺取桥梁、控制公路，大大削弱了德军的抵抗力，有力地支援了正面战场的作战。

★大西洋壁垒

第二次世界大战期间，德军为防止盟军进攻欧洲大陆沿丹麦至西班牙的大西洋海岸构筑的战略防线。又称"大西洋墙"。该防线北至丹麦，经德、荷、比、法等国，南至西班牙，被德国军方称为"大西洋壁垒"。防线于1942年8月由德军工程兵部队开始修建，至1944年，全部工程并未如期完工，而其防御系统也并不完善。1944年6月，盟军成功地突破"大西洋壁垒"。

V 德军士兵在"大西洋壁垒"法国海岸警戒。

空降部队行动后，6日凌晨6点30分，美军步兵开始冲击"犹他"和"奥马哈"两个登陆场。

负责登陆"犹他"海滩的是美第7军。4点左右，天色仍然漆黑一片，在军长乔·柯林斯的指挥下，第7军官兵开始冲击海滩。第1梯队是8艘坦克登陆舰，载着32辆"谢尔曼"式坦克。这种坦克刚刚研制成功，装有漂浮装置，用螺旋桨在水中推进，被布莱德雷视为"秘密武器"。

在登陆舰小心翼翼地向海滩驶进的同时，舰炮开始轰击岸上的防御工事，大批飞机凌空投弹轰炸。约360多架美军中型轰炸机轰炸了"犹他"海滩，海军战舰从5点36分开始对射程内的所有防御工事实施了共50分钟的火力急袭。几乎同时，装载步兵的登陆舰顺利地接近岸边。几辆登陆舰最先到达一处背风的岸边。这里风浪较小，且距离海岸又近。坦克开始下水，穿过布满水雷的海水奋力向岸边前进。其中有一艘坦克登陆舰撞上水雷爆炸，连同舰上的4辆坦克一起葬身海底。其余的28辆坦克边前进边发射出震耳欲聋的炮火，终于顺利上岸。在到达岸上之前，约有5,000多枚火箭弹像冰雹一样砸在海滩上，有效地支援了攻击滩头的部队。利用撕开的口子，大批登陆部队源源不断地抵达岸上。上岸的坦克和车辆立即投入战斗，对在海滩上冲击的步兵进行炮火支援。

防守在"犹他"海滩地区的是德军第709步兵师一个团，主要由预备役人员和外国志愿兵组成，战斗力较弱。此前，这个团与外面的通讯联络已经被空投的美军伞兵切断。看到盟军的登陆部队冲上岸滩后，德军成了无头苍蝇，只抵抗了一会就举手投降。当天傍晚，美军有2.3万人登上了"犹他"海滩。雷蒙德·巴顿率领的第4师一鼓作气，向纵深推进了9.6公里才住脚。美军在"犹他"海滩的战斗中仅损失了197人。

与"犹他"海滩相反，布莱德雷负责指挥的另外一个登陆点"奥马哈"海滩的战斗，出乎意料的残酷。

"奥马哈"位于"犹他"海滩的东面，科汤坦半岛南端维尔河口到贝辛港之间，长6.4公里的海滩，许多地方是30多米高的悬崖陡坡，有4个被海水冲刷出的深谷，成为通向内陆的天然出口。海滩上高低潮之间的落差约为27米，海滩是硬质沙地，后面筑有高耸的鹅卵石堤岸，堤后是沙丘，草地，树林，唯一通向内陆的道路沿途有三个小村子，村舍都是用厚石砌成，四周是一片田野，田间土埂上长满了小树，这就是诺曼底地区特有的树篱地形，易守难攻。

德军充分利用有利的自然地形构筑防御工事，在低潮线到高潮线之

> 最早在"犹他"海滩登陆的美军部队。

间设置了三道障碍物，还混杂有大量水雷，在卵石堤岸上筑有混凝土堡垒，在堡垒前有蛇腹形铁丝网和地雷，四个出口都用地雷和钢筋水泥障碍物封死。海岸上有16个坚固支撑点，配有机枪和反坦克炮，悬崖上还构筑暗堡，内有威力极强的88毫米火炮，炮火杀伤范围可以覆盖整个海滩。在霍克角悬崖上还有6门155毫米海岸炮，对海上军舰的活动构成极大威胁。

"奥马哈"海滩可谓真正的"大西洋壁垒"，成了德军为美军准备的可怕地狱。

盟军之所以选择这里为登陆点的原因之一，是因为从维尔河口到阿罗门奇之间正处在美军犹他海滩和英军海滩当中，位置非常重要。此外盟军认为这里的守军是第716海防师的一个团，既无装甲部队，又无机动车辆，士兵又多是后备役，战斗力很差。实际上，3月中旬隆美尔为加强诺曼底地区的防御力量，从圣洛调来精锐的野战部队第352步兵师，该师的一个主力团就部署在"奥马哈"。而盟军情报机关直到登陆部队出发后，才查明第352师的去向，为时已晚。

面对德军在"奥马哈"海滩精心设下的死亡陷阱，布莱德雷仍一如既往地实行他谨慎的战法。在"奥马哈"登陆的是美军第5军第1师和第29师的各一个团。由霍尔海军少将指挥负责运送。6月6日3时到达换乘区，当时海面上风力5级，浪高12米，有10艘登陆艇因风浪太大而翻沉。其他登陆艇上的士兵绝大多数也都晕了船，再加上海水打进艇内，士兵们又冷又湿，当到达海滩时，已经精疲力竭。

更糟糕的是盟军在登陆前的火力准备中，最初为达成战术上的突然性，在预先航空火力准备时没有对这一地区进行轰炸。6月6日5时50分，由2艘战列舰、4艘巡洋舰、12艘驱逐舰实施40分钟的舰炮火力准备。可由于害怕霍克角德军岸炮，军舰只是在远距离上进行射击，准确率很低。6时由480架B-26轰炸机对德军防御阵地进行直接航空火力准备，投弹达1,285吨，但当时云层又低又厚，飞行员怕误伤己方部队，故意延迟30秒投弹，结果1,285吨炸弹都落在5公里外。所以德军的防御工事和火力点大都完好无损，当盟军的火力准备刚一结束，德军的炮火就开始射击了。

在军舰和飞机齐声轰鸣的同时，美军的登陆部队开始以战斗队形冲击海滩。在开阔的海面上，从海峡吹来的狂风掀起排天巨浪，美军的战船和运输舰像一片片树叶在高达三四米的浪涛中摇荡。与此同时，装载着62辆两栖坦克的16艘登陆舰也在海上慢慢地蠕动着。但是因为风大浪急，两栖坦克无法在预定的海面下水。无奈之中，登陆舰只好载着这些重型武器继续朝前行使。没有走出多远，登陆舰就接二连三地触到德军布设的水雷，爆炸声此起彼伏，火光映红了黎明前的海面。装备有105毫米火炮的几十辆两栖车辆，大都葬身海底。结果，美军用于突击"奥马哈"海滩的重型装备中，只有不到半数上了岸，损失惨重，直接影响到登陆步兵的作战。

6点50分，美军第5军的第1梯队步兵登上了"奥马哈"海滩。岸滩上德军的机关枪、迫击炮和其他各种轻重武器一起猛烈开火。许多人还未上岸就倒毙在海水里，侥幸上岸的步兵也遭到迎头痛击，成片地倒在血泊中。伴随登陆兵上陆提供即时火力支援的水陆坦克，在西段的32辆中有27辆在下水后的几分钟里，就因风浪太大而沉没。余下的5辆有2辆是驾驶员技术高超战胜风浪驶上海滩的，另3辆坦克见势不妙，立即命令关上首门，这样才勉强地开上海滩。在东段，指挥员见风浪太大，水陆坦克无法下水，就命令将坦克直接送上海滩，但这样一来到达海滩的时间提前了。为了等待配合作战的装甲车辆，坦克登陆艇不得不在海岸附近徘徊，德军抓住机会猛烈炮击，击沉了2艘坦克登陆艇。直到6时45分，水陆坦克和装甲车辆才驶上海滩，可刚上海滩，就被德军炮火摧毁了好几辆。所以在最初的半小时里，第一波登陆的1,500名士兵根本无法投入作战，只是在浅水中、海滩上为生存而苦苦挣扎。在第一批登陆的8个连中只有2个连登上预定海滩，也被德军的火力压得抬不起头。由工兵和海军潜水员组成的水下爆破组，伤亡惨重，装备丢失损坏严重，但仍克服困难冒着德军炮火开始清除障碍物。在东段开辟出两条通路，在西段开辟出四条通路，可惜在涨潮前来不及将通路标示出来，后续登陆艇一直找不到通路，拥塞在海上听任德军炮击。

第二波于7时到达海滩，正逢涨潮，德军炮火非常准确猛烈，完全将登陆部队压制在狭窄的滩头。两小时里美军在西段没有一个人冲上海滩，在东段也仅仅占领9米宽的一段海滩。海面上挤满了登陆艇，秩序异常混乱。海滩勤务主任只好下令只许人员上陆，车辆物资一律暂时不上陆。

然而就在这时，局势发生了转机，担任舰炮火力支援的美国海军见陆上的官兵死伤累累，岸上火力控制组和海军联络组都没有消息，意识到海滩上形势已极为严峻，17艘驱逐舰充分发挥主动精神，不顾搁浅、触雷和遭炮击的危险，驶到距离海滩仅730米处，进行近距离火力支援，并且只要见陆军用曳光弹射击，就把它当作是在指示目标，马上进行轰击。正是驱逐舰的积极援助，逐步压制住德军的火力，为海滩上的美军攻击创造了条件。同时，美军第29师副师长诺曼·科塔准将、第116步兵团团长查尔斯·坎汉上校和第16步兵团团长乔治·泰勒上校亲临前线指挥，鼓舞受挫的美军。面对停缩不前的美军士兵，科塔准将冷静沉着，将德军的枪弹置之度外，在海滩上大步行走，为士兵们树立了一个无所畏惧的榜样。

科塔一边下达命令，一边高喊着："留在海滩上的只有两种人，一种

∧ 在"奥马哈"海滩登陆的美军部队。

< 美军部队冒着德军炮火强行登陆上岸。

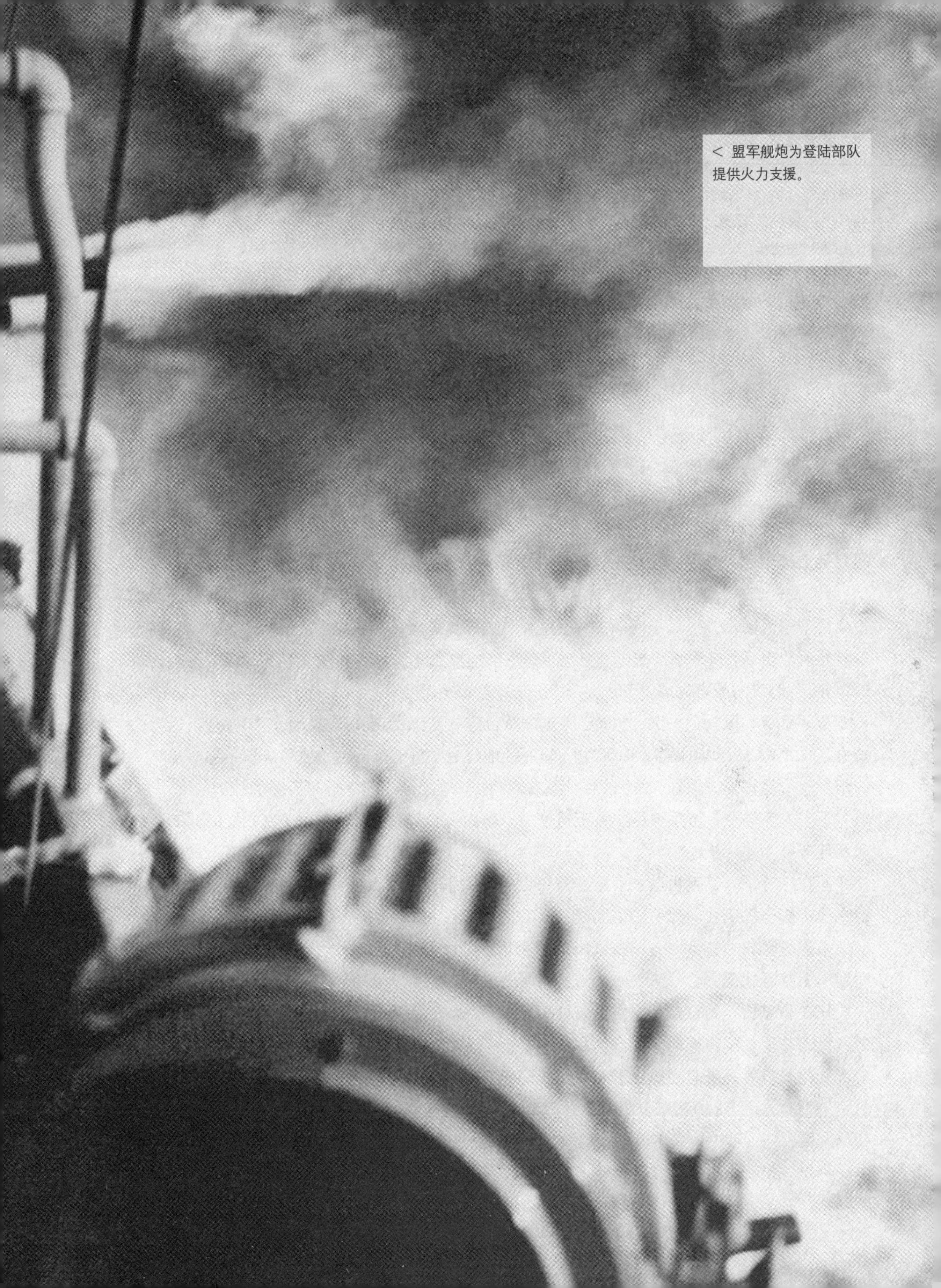

< 盟军舰炮为登陆部队提供火力支援。

★英国喷火式飞机

此处指的是喷火MK4型战斗机。原型机于1936年首次试飞。该机是喷火战斗机系列最优秀的改进型，具有速度快、载重量大的特点。该机机长9.42米，机高3.86米，装一台"默林"61型12缸液冷活塞发动机，功率1,167千瓦。最大起飞重量4,310千克，最大平飞速度657千米/小时。机载武器为2门20毫米口径航炮，4挺7.7毫米机枪，可外挂炸弹。该机为二战时最著名的战斗机之一。

是死人，一种是等死的人。跟我来啊，把魔鬼赶走！"

泰勒也向士兵们喊："待在这里只有死路一条，冲过海滩才能求得生存，向前冲啊！"

在指挥官们的鼓舞和带领下，士兵们不顾枪林弹雨，勇猛地向防波堤和陡壁冲去。美军的立足点渐渐地扩大了，很快占领了通往纵深的几道壕沟。

6月6日攻击开始日这一天，布莱德雷始终在"奥古斯塔"号重巡洋舰上，通过无线电和战场观察员同前方保持不间断的联系。美军按照预定时间分别向"犹他"海滩和"奥马哈"海滩发起攻击后，布莱德雷的心一直悬着。正当他焦急不安地等待战场消息之际，有报告说"奥马哈"海滩的战事进展不利，具体情况不详。

布莱德雷心里马上一沉。他断定突击部队肯定在岸滩上遇到了极大的困难，受到惨重的损失，他的决心有些动摇了。时间在一分一秒地过去，布莱德雷心情变得急躁起来，鼻子上的疖子也隐隐作痛。他在指挥室内来回踱步，焦急地等待"奥马哈"海滩的战况。

下午1点30分，布莱德雷准备下达命令，即撤离"奥马哈"海滩的美军，把后续部队转向其他登陆点。

就在这时，副官跑步送来最新的战报，第5军军长杰罗报告："突击部队在海滩上牢牢地立住了脚……正在向滩头后面的防波堤和陡壁发动进攻。"

布莱德雷从副官手中一把拿过电报，仔细地看了一遍仍然不放心，吩咐参谋长和副官立即到岸上察看战况。

就在参谋长和副官乘军舰匆忙赶往岸上的途中，布莱德雷收到了更加乐观的消息：突击部队已占领了一两道壕沟，正向纵深推进。

至此，布莱德雷彻底坚定了夺取"奥马哈"海滩的决心。

中午时分，第2梯队三个团的生力军提前上陆，在舰炮和坦克支援下，一步一步扩大登陆场。接着在"喷火"式飞机★的校射指引下，美军战列舰和巡洋舰上的重炮也加入对岸射击，更是打得德军鬼哭狼嚎、抱头鼠窜。

天黑时，第1师和第29师终于杀开一条血路，占领了正面宽6.4公里，纵深2.4公里的登陆场。到夜间，登陆场正面进一步扩大到8公里，登陆人员共3.5万人。当天，美军第5军付出的代价也极为惨重，光阵亡就达2,500人。

　　当夜，第5军军部上岸，开设前进指挥所。美军历经血战，终于成功登上"奥马哈"海滩。

　　在英军战区，由于暗礁和起伏不平的地形，第2集团军在迈尔斯·登普西的指挥下，必须等涨潮时才能行动，这样就比美军登陆的时间要晚。

∨　盟军用迫击炮轰击德军工事。

这是天助英军，英国皇家海军的舰队得以在白天向登陆海滩实施2个小时的炮击，几乎是美国海军对"奥马哈"海滩进行炮火准备时间的三倍。此外，英国重型轰炸机也飞来进行大规模轰炸。从海上和空中对英军登陆区域进行的联合攻击的效果，比美国战区要大得多。

登普西指挥的3个师，分别在三段海滩登陆。由西而东，这三段海滩是"黄金""朱诺"和"索德"海滩。这三个海滩上的战斗，都不如"奥马哈"海滩那样激烈残酷。英军所遇到的敌人是德军第716师，该师是二流部队，几乎一击即溃。英军第50师的两栖坦克在"黄金"海滩登陆后，很快就向内地突进了7公里。加拿大的第3师在中间的"朱诺"海滩登陆，虽然在海上损失了8辆坦克，但突击部队很快击溃守敌，也向前突进了7公里，并且有些巡逻装甲车突击到贝叶－卡昂公路。攻击"索德"海滩的是英军第3师，该师在海上损失了28辆坦克，剩下的12辆坦克抵达奥恩河畔，摧毁了德军炮兵阵地。晚21时，第3师已推进到内陆6.4公里，并夺取了贝诺维尔附近的奥恩河上的桥梁，与第6空降师会师。而编入第3师的171名自由法国士兵，成为第一批解放自己祖国的法军，当他们坐在坦克上用纯正法语向路边的居民问好时，在德军占领下饱受数年苦难的人们大为惊喜。

盟军登陆的消息立即不胫而走。

>> 砸垮"大西洋壁垒"

德军上下谁也没有料到，盟军会在这样的坏天气发动进攻。正是这样的天气使隆美尔认为，盟军根本不可能在近期内组织登陆。于是，他6月5日清晨和他的副官一起回国度假，给他的夫人过生日。隆美尔临走前还特意交代部下："部队长期处于紧张的戒备状态，目前天气恶劣，可以休整一下。"根据隆美尔的安排，德军前线部队纷纷取消临战状态，甚至一些必要的巡逻警戒都取消了。诺曼底地区唯一的装甲部队，也就是德军最初反击的中坚，第21装甲师师长费希丁格少将以及师作战处处长，认为恶劣天气不会有什么情况，乘机到巴黎休假，只留下参谋长在卡昂的师部。

盟军空降部队一着陆，冯·伦德施泰特很快就接到了报告，意识到形势的严重性。他认为，这样大规模的空降必定是大规模登陆的配合行动，于是立即命令诺曼底的全部德军进入"紧急战备"状态。他清醒地估计到，盟军两栖进攻的首要目标一定是卡昂。他命令驻扎在附近的隆美尔的第21装甲师弛援卡昂，命令靠近夏尔特尔的第1装甲军的第12师和"模范"装甲师进入战斗状态，准备随时向卡昂出击。冯·伦德施泰特完全可以用这几个师击退上岸但还立足未稳的英军，可是柏林陆军总部对盟军的两栖进攻不以为然，借口没有希特勒的亲自批准而拒不允许他动用这两个师。

当时，希特勒正在远方的巴伐利亚山区休息，没有人敢去叫醒他，直到他自己醒来，此

★冯·伦德施泰特（1875 — 1953）

德国陆军元帅。参加过第一次世界大战。1932年10月晋步兵上将。1938年晋大将后退役。1939年8月再次服役，任南方集团军群司令。同年9月参加德波战争，10月任东线总司令。当月调往西线，任A集团军群司令。1940年7月晋元帅，10月任西线总司令。1941年6月至11月任南方集团军群司令，率部参加苏德战争，战役受挫后被解除职务。1942年3月再度被召用。1944年6月盟军在诺曼底登陆后，7月初被免职。9月复任西线总司令。德国战败后被美军俘获。

时已是6月6日上午10时，盟军的空降兵着陆已8小时，步兵上陆也已4个小时。希特勒醒后，听取了有关部门的报告，认为在诺曼底的登陆只是一场佯攻，所以下令B集团军群的第15集团军和战略预备队都不得调往诺曼底。可到了当天的14时，他改变了主意，将党卫军第12装甲师划归诺曼底的第7集团军指挥。一小时后即15时，又命令党卫军第12装甲师和装甲教导师组成党卫军第1装甲军，立即开赴诺曼底。而这一命令因盟军强烈的电子干扰，直到16时才传到这两个师。但已为时晚矣，这时天空晴朗，满天都是盟军的飞机，冯·伦德施泰特★只好等到天黑，才把这两个师从驻地调动出来。

这样，德军就只有第21装甲师在第一线抗击登普西指挥的突击部

∧ 布莱德雷登舰向蒙哥马利汇报。

队。不仅隆美尔还未赶回前线，21装甲师的师长费希丁格也远在巴黎，而留守岗位的参谋长汉斯·斯派达尔无权调动集结部队，手上仅有24辆坦克可以利用。汉斯·斯派达尔派出一半兵力，火速奔向奥恩河东岸同英军空降部队作战，另一半兵力支援第716师守卫滩头阵地。因为仓促出动，准备不足，加上没有步兵伴随支援，被英军轻而易举击退。当天下午，师长费希丁格赶回师部，集结所属部队向"朱诺"海滩和"黄金"海滩之间的卢克镇发动攻击。当时盟军在这两处海滩之间尚有数公里的空隙，德军的这一反击正打在盟军的要害，将会给盟军带来不小困难。当第21装甲师还在行进间，盟军的500架运输机正从头顶飞过，为英军第6空降师运送后续部队和补给，而费希丁格误认为盟军空降伞兵是要前后夹击己部，惊慌失措不战自乱，放弃反击匆忙后撤。

布莱德雷一直在密切观察英军，他认为英军行动迟缓，贻误了战机。英军在贝叶－卡昂一线投入了1个空降师和3个步兵师，共8万3千人，而德军只有第21装甲师的1.5万人和防守海滩的第352师的3千人。直到中午，德军第21装甲师才在奥恩河一带投入战斗，卡昂东北的通道实际上是敞开的。如果英军第3师和加拿大第3师不失时机地快速穿插，就一定能攻克卡昂，在第6空降师的支援下，甚至可能全歼第21装甲师。遗憾的是，英军指挥官过于小心谨慎，丧失了歼敌的良机。本来唾手可得的卡昂，却没有拿到手。蒙哥马利曾夸下海口，要在攻击日就用坦克消灭法莱斯之敌，结果连卡昂也未占领。

尽管盟军在战术上有些失策，但在攻击日开始这一天还是取得了重大战果。盟军突破了德军苦心经营的"大西洋壁垒"，有15.6万人登上了法国的土地，车辆1.1万辆，物资1.2万吨，而且伤亡情况大大低于预计，仅10,300人。隆美尔企图把盟军突击部队消灭在水际滩头的战略彻底破产了。6月6日，也就是被隆美尔预言为"决定性的二十四小时"，被艾森豪威尔称作"历史上最长的一天"，就这样相对顺利地度过了。

然而形势并不乐观，盟军没有完成当日任务，没有占领预定占领的地区，尤其是没有占领卡昂和贝叶，而且在5个滩头中，只有"黄金"海滩和"朱诺"海滩连成一片，其余滩头之间都存在不小空隙，特别是美、英两军之间还有达12公里的大空隙。只有顶住了德军随后的反击，并将5个滩头连成一片，扩展成统一的登陆场后，才可以谈得上胜利！

6月7日凌晨，蒙哥马利乘坐的驱逐舰靠在"奥古斯塔"号巡洋舰旁，布莱德雷登上驱逐舰向蒙哥马利作简要汇报。蒙哥马利对美军第5军在"奥马哈"海滩上的重大损失十分关心。布莱德雷继续说："我们在诺曼底立足未稳，'犹他'滩上杰罗第5军和柯林斯第7军之间仍有10多公里的空隙，美军和英军之间也有空隙。如果德军看准这一个空隙，发动大规模反攻，那将成为我们的大灾难。"

蒙哥马利同意布莱德雷的分析。于是，他们立即商量对"霸王"行动计划作某些必要的修改。原计划要求柯林斯第7军登陆后立即向西南进攻，穿过科唐坦半岛，然后调头北进，夺取港城瑟堡。蒙哥马利和布莱德雷决定修改这一计划，令第5军和第7军尽快靠拢，在卡伦坦会师，同时要使英美两国部队尽快联系起来，加强接合部的力量。布莱德雷的副司令霍奇斯亲自负责使第5军和第7军合拢，由柯林斯指挥对瑟堡的攻击。

与蒙哥马利讨论完有关问题后，布莱德雷下舰登上"奥马哈"海滩，向杰罗传达修改作战计划的决定。海滩上仍然一片混乱，到处是尸体和伤兵，一幅可怕的战争惨景，满面征尘的士兵精疲力竭，垂头丧气。布莱德雷爬上陡峭的石壁，鼓励精疲力竭、哭丧着脸的士兵。他在许布纳的指挥所里找到了杰罗。"大红一师"击溃了德军第352师的抵抗，已经在海滩上站住了脚，并在一步一步地扩大着登陆场。海军运输舰已抵达岸边，但岸滩上混乱拥挤，无法卸载。所以岸上的部队严重缺乏火炮、弹药、坦克和各种车辆。布莱德雷同杰罗和许布纳交换完意见后，就返回"奥古斯塔"号巡洋舰了。

将近11点，总指挥艾森豪威尔搭乘英海军"阿波罗"号驱逐舰，亲临战场视察。布莱德雷上舰向艾森豪威尔汇报情况，艾森豪威尔主动迎了上来，并扶着布莱德雷登上甲板。一见面，艾森豪威尔就抱怨布莱德雷没有及时向他汇报战况，弄得他无法向盟军参谋长联席会议汇报。布莱德雷感到十分惊奇，他几乎每小时汇报一次，一定是那个环节出现了差错。艾森豪威尔后来派人调查才发现，布莱德雷频频发给他的战况报告，经过蒙哥马利的司令部时，

∧ 盟军部队源源不断地
登上诺曼底海滩。

< 布莱德雷与柯林斯将军在"犹他"海滩。

都被压在他的译电室里了。

布莱德雷向艾森豪威尔详细汇报了攻击开始后的战斗和登陆时的情况,以及他和蒙哥马利对作战计划临时做出的修改。艾森豪威尔只是听着,没有发表任何意见。布莱德雷离开"阿波罗"号驱逐舰后,艾森豪威尔又去视察英军部队,同蒙哥马利进行了会晤。

下午,"奥古斯塔"号巡洋舰驶往"犹他"海滩,布莱德雷上岸,找到了柯林斯的指挥所,但仍和往常一样,柯林斯不在指挥所,上了前线。因为那里出现了危急的形势,他的第4师遇到德军的猛烈反击,正在海滩后面顽强地狙击敌人;同时,第82师和第101师的空降部队还没有集合形成战斗队形,第4师与他们尚未建立起联系。于是,布莱德雷向副军长尤金·兰德勒姆传达修改后的作战计划,说明第5军和第7军在卡伦坦会师的重要性。之后,他到第4师看望了雷蒙德·巴顿,又到战地医院看望伤兵,然后返回"奥古斯塔"号巡洋舰。

到这时为止,希特勒、冯·伦德施泰特和隆美尔仍然认为盟军在诺曼底的行动是佯攻,加来地区才是盟军主要攻击的目标,因此命令第15集团军在加来按兵不动,在盟军登陆地区,只进行了有限的反击。6月7日一早,希特勒将西线装甲集群的5个装甲师的指挥权交给隆美尔,隆美尔决心凭借这支精锐部队大举反击,但面对严峻局势,他不得不把反击的第一个目标定为先阻止盟军将5个登陆滩头连成完整的大登陆场,其次再确保卡昂和瑟堡。可惜这支装甲部队从一二百公里外赶来,一路上在盟军猛烈空袭下,根本无法成建制投入作战,即使零星部队到达海滩,也在盟军军舰炮火的轰击下伤亡惨重,再没了往日的威风。

就这样,整个6月7日的白天,在盟军海空军绝对优势火力下,德军无力发动决定性的大规模反击。

6月8日，德军3个装甲师向卡昂地区英、加军结合部猛攻，遭到英军反坦克炮和海军舰炮联合抗击，损失极大。至此，隆美尔和伦德施泰特都明白，以现有兵力是无法消灭登陆的盟军了，于是只得下令就地转入固守。这一天"奥马哈"的美军与"黄金"海滩的英军取得了联系，初步封闭了两地之间的缺口。3天来，盟军总共上陆部队25万人，车辆2万辆。

6月9日，布莱德雷的手下在杜胡角建立了一个野战司令部，第1集团军司令部正逐步移到岸上。

与此同时，希特勒在伦德施泰特的极力要求下，同意从驻加来的第

15集团军抽调17个师用于诺曼底。但在盟军"卫士"计划的影响下，同时在总参谋长约德尔、最高统帅部办公厅主任凯特尔、西线情报处处长罗恩纳等人的反对下，希特勒于午夜时分，下令停止增援诺曼底，并将其他地区部队火速调往加来。

伦德施泰特闻讯后仰天长叹："这场战争输定了！"

但德军的增援部队第17装甲步兵师、第77步兵师和第3空降师，还是和第91步兵师及第352师的残部合拢了，对布莱德雷造成巨大威胁。

6月10日，杰罗和柯林斯已经扩大了滩头阵地，两个军的部队开始在卡伦坦集结，当天下午就能会师。这一天，布莱德雷从"奥古斯塔"号上岸，进入苹果园的司令部。他刚一到司令部，蒙哥马利就通知他去开会。布莱德雷情绪很好，在会议室展开地图，得意地向蒙哥马利和他的参谋人员指出美军的位置。蒙哥马利一直认为英军能打仗，这次却对美军刮目相看了。因为美军在登陆时遇到的困难要比英军大得多。蒙哥马利对布莱德雷说："我对你们的进展十分满意。"

可是，蒙哥马利手下的英军却对卡昂毫无办法。"超级机密"★破译

> 马歇尔、艾森豪威尔前往前线慰问登陆部队。
> 布莱德雷（右二）等陪同美国阿诺德空军上将在诺曼底视察。

情报组织传来情报，伦德施泰特又调了3个师到卡昂。为了抢在德军增援部队抵达卡昂前行动，蒙哥马利确定从正面或翼侧袭击卡昂，要求杰罗的第5军向南面的考蒙特推进。曾在北非威名远扬的英军第7装甲师也将上岸担任尖刀，英第1空降师亦空降增援。结果，蒙哥马利的进攻仍遭德军顽强抵抗，最后破产。

6月12日，马克斯·泰勒的第101空降师攻占卡伦坦，第5军和第7军会合，薄弱部位得到了加强。皮特·科利特的第19军也登陆加强了结合部。就在这一天，丘吉尔、艾伦·布鲁克去看望了蒙哥马利和登普西；马歇尔、金、阿诺德等美军要员也在艾森豪威尔陪同下来到"奥马哈"海滩，布莱德雷和霍奇斯、杰罗、柯林斯、科利特一起，向他们作了汇报。

布莱德雷等人刚刚送走马歇尔，就接到情报，说隆美尔从布列塔尼调来的第17装甲步兵师和第6伞兵团，正在迅速奔来，第二天早晨就要进攻卡伦坦。卡伦坦由美军101空降师守卫，这个师几乎没有能对付坦克的重武器。如果德军决心攻克卡伦坦，第5军和第7军结合部就要被突破，还可能危及整个滩头阵地，后果不堪设想。布莱德雷急忙给杰罗写信，命令他向卡伦坦派1个坦克营和1个装甲步兵营进行支援。考虑到杰罗的兵力有限，而且正忙于其他战斗，在信的末尾，布莱德雷写道："考虑到这件事情十分重要，只好拜托你了，希望你能完成这项任务。"

信写好后，布莱德雷派他的副官汉森亲自把信送去。杰罗虽然不情愿还是派了一支装甲兵特遣队赶来支援，由经历了北非和西西里战役的莫里斯·罗斯指挥。果然，美军的增援部队刚到，德军也已经赶到了，并向卡伦坦发起进攻。美军顽强阻击，最终击退了德军的进攻。

由于装甲部队被调走，严重地削弱了美军在考蒙特附近的战线。美军"大红一师"与英军第50师会合，接着向前推进，支援进攻维莱博卡日未遂的英军第7装甲师。由于"大红一师"的侧翼暴露在德军面前，刚到的德军第2装甲师正在向前推进，准备袭击美英结合部。许布纳立即给布莱德雷发来电报，要求派美军第2装甲师支援他。但是，第2装甲师此刻正在卡伦坦附近与德军激战，根本腾不出手来。无奈之下，布莱德雷只好把情况向蒙哥马利作了汇报，蒙哥马利紧急调第7装甲师，紧靠许布纳的左翼封住缺口，击退了德军的反扑。

这样，隆美尔企图楔入英美部队的接合部，把盟军再赶回大西洋的计划全部落空了。其后几天，盟军的增援部队陆续登陆上岸，加强了桥头堡。

随着盟军大部队的到来，隆美尔再也无法仅用诺曼底有限的德军击溃盟军了。

第七章

"眼镜蛇"凶猛破局

1893-1981 布莱德雷

布莱德雷的"眼镜蛇"计划成功,终于打破了一个多月的僵局。柯林斯的部队打得很漂亮,在德军防线上打开一个很宽的突破口,并大力向南推进。第8军也获得突破,装甲部队推近了共约60公里,逼到半岛底部的目标阿弗朗什,城里的德军不是落荒而逃,就是举手投降……

★ V-1 导弹

德国制造。该导弹于1944年定型生产。它是在现代战争史上第一种投入实用的导弹。弹长7.75米，翼展5.2米。动力装置采用1台带长喷管的脉动式空气喷气发动机，推进剂使用汽油。最大推力约2.7千牛顿，全重2,150千克，最大平飞速度640千米/小时，飞行高度为2,000米，射程约370公里。第二次世界大战时期，德国军队以法国北部为基地，自1944年6月开始向英国发射这种导弹，给英国伦敦等城市造成很大破坏。

∧ 德国制造的V-1导弹。

>> 半岛上的僵持

蒙哥马利进攻卡昂受挫，影响了整个作战进程。艾森豪威尔非常气愤。这样，共有6个德军装甲师在蒙哥马利正面集结，形势越来越不妙。令盟国感到更加不安的是，从6月12日起，希特勒终于开始使用V-1导弹★了。6月12日和13日夜间，德军首次向伦敦发射了4枚V-1导弹，炸死4人，炸伤9人。接下来的几天，德军又向伦敦发射这种新式武器，造成多人死伤，引起极大恐慌。很多人都认为战争要输了。为防止V-1导弹攻击盟军拥挤在滩头的部队，艾森豪威尔命令空军司令利·马洛里派出大部分飞机，去摧毁德国的V-1导弹发射场。形势的发展表明，盟军不能在卡昂磨蹭了。

蒙哥马利历来谨慎小心，在阿拉曼、突尼斯的作战风格再现于卡昂。艾森豪威尔急于打垮德军，便一再督促蒙哥马利尽早发起进攻。蒙哥马利先是定于6月17日开始攻击卡昂，但是随后又借口后勤问题把攻击日期推迟到6月19日。艾森豪威尔得知后大为震怒，他写信给蒙哥马利："我十分理解，你需要积累足够的炮弹，但我希望，你能尽早开展进攻行动……我完全相信你能攻破敌军，打一场漂亮仗。"但蒙哥马利仍然坚持6月19日的进攻日期，他希望做到万无一失。然而天公不作美，就在蒙哥马利准备发动进攻的那天早晨，飓风横扫了海峡。时速达56公里的大风，做到了德国人没有做到的事情，把盟军费尽辛苦修建起来的巨大的人工港吹得七零八落，并把800艘舰只推上海滩。风暴中断了盟军的卸载和补给品的供应，盟军被迫紧急实行严格的弹药定量供应，蒙哥马利被迫再次推迟进攻卡昂的时间。

人造港遭破坏后，对盟军来说，尽快夺取瑟堡比任何时候都显得重要和急迫了。布莱德雷全力筹措进攻瑟堡的战斗，把攻打瑟堡的任务交给了柯林斯，并给他筹集了共4个师的兵力来执行这项重大任务。6月14日，柯林斯指挥第7军发起进攻，他的第一个目标是向西推进40公里，抵大西洋沿岸然后封锁康坦丁半岛，李奇微第82师和埃迪第9师在前面打先锋，第90师断后。据守半岛的是德军第91摩步师和第243、第709海岸守备师，外加隆美尔派来增援的第77师。6月16日，希特勒命令伦德施泰特和隆美尔死守康坦丁半岛及瑟堡。即使这样，4天后，即18日，美军经过顽强战斗，仍然推进到巴思维尔附近的大西洋沿岸。

> 美军向北推进途中与德军展开激战。　∧ 驻守瑟堡的德军指挥官施立本率部向盟军投降。

至此一切顺利。战役第二阶段要求柯林斯巩固整个科唐坦半岛战线，并折向北面攻取瑟堡。这时，新来的第8军到达法国，军长是曾在西西里岛和意大利打过仗的特罗伊·米德尔顿。布莱德雷把第90步兵师、第82和第101两个空降师划归米德尔顿指挥，任务是坚守固定战线。柯林斯的第7军统辖第4、第9和新来的第79师，于6月19日从固定战线出击，向北推进。

德军此时约有三四万人仓皇向瑟堡溃退，这是美军全速向北推进，阻止德军巩固防线的最后机会。6月22日，盟国空军进行攻击前的航空火力准备，出动500架次飞机对瑟堡实施密集轰炸，投弹1,100吨。随后美军3个师从南面发起猛攻，德军殊死抵抗。激战到6月24日，德军指挥官施利本耗尽了所有预备队，他致电柏林要求空投铁十字勋章，授予有功人员以激励士气，仍准备死守到底。瑟堡战役激烈进行之际，艾森豪威尔第二次视察前线。布莱德雷在混乱的"奥马哈"海滩迎接他，经过风暴的袭击，海滩上一片狼藉。午餐时，布莱德雷向他汇报了一两天即可攻陷瑟堡的战况。面对德军的不断增援，美军出现被包围在康坦丁半岛的危险，布莱德雷准备紧急调回柯林斯，部署在南面加入杰罗、科利特和米德尔顿这几个军作战，以4个军的兵力向南面、西面大举突击。

为尽快攻下瑟堡，美军迫切需要海军提供舰炮火力支援，但恶劣天气使得舰炮火力支援直到6月25日才开始。海军派出3艘战列舰、4艘巡洋舰、11艘驱逐舰组成舰炮支援编队支援地面部队，进行了长达7小时的舰炮射击，极其有效地压制了德军炮兵。在强大的海空军火力支援下，美军第7军于6月25日黄昏冲入了瑟堡市区。次日，施利本和港口海军司令亨尼克少将一起宣布投降，但个别失去联络的据点仍负隅顽抗。美军使用坦克和轰炸机协同攻击，将德军残部逐步压缩到瑟堡最西北端。7月1日，最后据点里的德军被迫投降。至此，美军占领整个科唐坦半岛，在夺取瑟堡和科唐坦半岛的战斗中，美军伤亡达2.5万人，德军伤亡被俘约3.6万人。

瑟堡虽被占领，但已是一片废墟。早在6月7日，也就是盟军登陆的第二天，德军就预料到盟军必将夺取瑟堡，立即开始有计划毁掉瑟堡，码头、防波堤、起重机等港口设备都被一一炸毁，港口水域里遍布水雷，还用沉船堵塞航道。美军的一位工兵专家看了瑟堡的毁坏情况，认为是"历史上最周密、最彻底的破坏"。盟军一占领瑟堡就派出大批工兵、打捞分队、扫雷舰艇进行清除工作，足足花了三个星期，扫除133枚水雷，打捞起20艘沉船，这才恢复了瑟堡港口的吞吐能力。7月16日，盟军从瑟堡卸下第一艘运输船上的物资。7月底，瑟堡日卸货量已达8,500吨。到9月日卸货量又上升到1.7万吨。再经三个月的努力，使瑟堡的卸载能力仅次于马赛，成为盟军在欧洲的第二大港。截至1944年底，共有2,137艘运输船进入瑟堡，总卸货量达282.6万吨，为反法西斯战争的胜利作出巨大贡献。

与此同时，蒙哥马利进攻卡昂失利，使英军战线出现了危险的僵局，引起伦敦的极大不满，他的指挥能力受到怀疑。丘吉尔甚至公开发表批评蒙哥马利的谈话。蒙哥马利将失利的部分原因归罪于空军，说"空军近距离火力支援不够猛烈"。空军正在焦急地等待着蒙哥马利把卡昂以南的地方交给他们修建机场，他的指责有如火上浇油，又激怒了空军。当然，艾森豪威尔更为不满，为了敦促蒙哥马利尽快行动，他巧妙、圆滑又带有刺激意味地给蒙哥马利写了信，要求他打破僵局，并许诺可以派1个美国装甲师支援他。

蒙哥马利于6月25日重新发起攻势后，布莱德雷认为德军被吸引在卡昂，指挥美军向南和西南大举进攻的时机已经成熟，于是开始实施他的作战计划，以4个军共12个师的兵力，向德军防线正面发动大规模突击，目的是要突破德军防线，迅速地夺取阿弗朗什，以占领布列塔尼半岛。布莱德雷对这一行动计划极为乐观，认为一旦突破德军防线，美军就能轻而易举地达到预定地点。可是，大出布莱德雷的意料，他准备发动的攻势不得不向后推迟。肃清瑟堡的敌人耽误了第7军的行动，无法对它进行及时调动和重新部署。该军第4师自攻击开始以来，伤亡6,000余人，需几天时间进行补充。同时，由于为暴风所阻，米德尔顿第8军的后续部队推迟了登陆时间。这样，布莱德雷原定于6月30日发起的攻势，不得已推迟到7月3日。

7月1日，艾森豪威尔亲抵布莱德雷的指挥所，他急于看到布莱德雷发动进攻。第二天，他在布莱德雷的陪同下，前往蒙哥马利的指挥所。蒙哥马利虽未攻占卡昂，仍沾沾自喜。按他的说法，"一切都在按计划进行"，他已把德军主力牢牢吸引到他的面前，美军夺取瑟堡和进行迂回作战就轻松多了。他当前的主要任务就是主动出击，决不后退一步，把敌人钳制在他的战区。看来，他认为夺取卡昂及其以南的地区已不再是重要的了。艾森豪威尔对蒙哥马利的这些说法未置一词，但心里却大为恼火。德军不断动用V-1导弹袭击伦敦，蒙哥马利却在这里裹足不前，艾森豪威尔心急如焚。蒙哥马利看到这些，乘机向他建议，集中兵力攻击加来地区，首先摧毁那里的导弹发射场。动用英国第2集团军、美国第1集团军和加拿大第1集团军，由他亲自指挥。

一开始，布莱德雷对蒙哥马利提出的建议不知所以，经过仔细分析，才看出蒙哥马利城府很深，有他自己的如意算盘。说穿了，他是要独揽欧洲的盟军地面部队指挥权。根据一致同意的"霸王"行动计划，布莱德雷很快就要指挥美军在欧洲的全部地面部队，与蒙哥马利平起平坐。艾森豪威尔则指挥美英两个集团军群，远在蒙哥马利之上，他怎么能甘心呢？布莱德雷很快清醒地认识到，如果蒙哥马利的建议被采纳，他就要把第1集团军的指挥权交给蒙哥马利。这样，布莱德雷的集团军群司令部上岸后，对美军只能行使管理权，而由英国人行使指挥权。假使进攻加来的战役得胜，V-1导弹发射场被夷为平地，蒙哥马利就会更成为了不得的"英雄"。到那时，不仅不能收回第1集团军的战术指挥权，而且恐怕还要把巴顿的第3集团军也交给蒙哥马利指挥。

除了这些因素之外，布莱德雷认为蒙哥马利进攻加来的计划在军事上

∧ 艾森豪威尔与蒙哥马利在指挥权和进攻问题上意见不一。

也是行不通的。首先，盟军的后勤补给问题无法解决。8月份以后，海峡将出现持续的恶劣天气，盟军的补给舰无法在海滩登陆。盟军必须尽快夺取布列塔尼半岛上的港口，否则只能依赖堡垒来取得补给，而且盟军如果进攻加来地区，必然要与希特勒在法国的主力第15集团军相遇，这不符合避实击虚的战术原则。考虑到这些，布莱德雷决定坚决抵制蒙哥马利，坚持已定的作战计划。

艾森豪威尔经过慎重思考，也觉得蒙哥马利的计划不够实际，最终没有同意。

7月3日，布莱德雷指挥美军发起进攻行动，他把4个军的兵力全部投入战斗，从右至左依次是米德尔顿的第8军、柯林斯的第7军、科利特的第19军和杰罗的第5军。此战的计划是右路的第8军、第7军沿半岛西岸推进阿弗朗什；中路的科利特的第19军夺取圣洛；左路的第5军夺取战略要地考蒙特，以保护蒙哥马利的右翼。假如推进成功，第1集团军就会合力向东迂回运动，从背后包抄威胁蒙哥马利正面的德军，南北夹击，一举歼灭该敌。同时，为巴顿的第3集团军登陆和进攻布列塔尼半岛打开通路。

右边的第8军首先发起进攻，第82师进展顺利，但第79师、第90师令人失望。布莱德雷准备解除兰德勒姆的职务，让小西奥多·罗斯福来指挥第90师。但罗斯福猝死于心脏病，雷蒙德·S·麦克莱恩当上了第90师师长。代替第82师的麦克马洪的第8师，本是最训练有素的师，但他们的进攻受挫。作为布莱德雷在本宁堡的同事，麦克马洪要求解职。布莱德雷鼓励他再打48小时，若无进展再解职。最后，布莱德雷将埃迪第9师的副师长唐纳德·A·施特罗调来，解除了麦克马洪的职务，第8军仍未能攻破德军的防御。

在米德尔顿之左的柯林斯第7军，于7月4日开始进攻。由于瑟堡方面的需要，正在调整埃迪第9师的部署，所以柯林斯手中只有2个师，一个是刚刚补充进6,000名新兵的雷·巴顿第4师，一个是新近调来的罗伯特·梅肯第83师。第83师打头阵，企图突破德军以灌木围田为天然屏障的阵地，可是德军顽强抵抗，加之全师步调不一，指挥不力，进攻失败了。柯林斯又去敦促雷·巴顿第4师发动进攻，但由于该师补充进许多新兵，攻势软弱无力。埃迪第9师于7月9日开到前线参战，也没有动摇敌军阵地。第7军的进攻同样没有成功。

第19军于7月7日发起进攻。科利特的手中握有3个师，一个是曾血战"奥马哈"海滩的格哈特第29师，一个是利兰·霍布斯指挥的第30师，一个是保罗·巴德指挥的第35师。霍布斯是一员闯将，一开始进攻，他就挥师渡过维尔河，夺取了一个重要的桥头堡。布莱德雷打算投入勒鲁瓦·活森第3装甲师，由副师长约翰·博恩率领，利用这个桥头堡向前发展进攻，但回旋余地太小。由于科利特、霍布斯和博恩下达的命令相互矛盾，结果部队行动步调不一致，攻击未能奏效。科利特急得病倒了，布莱德雷不得不把指挥第20军的沃尔顿·霍克从英国调来，暂时协助科利特。约翰·博恩因"指挥不力"而被解除职务，降为上校，送回美国。

至此，布莱德雷向阿弗朗什发动的突击彻底失败了，他感到非常懊丧。失败的原因之一是上面催促太紧，攻势发起得过早过急。他应当多给柯林斯一些时间，让他在瑟堡作好部署。另一个原因是遇到了恶劣的气候，大雨滂沱，不仅使车辆和坦克陷入泥潭，而且妨碍了空军对地面的支援。其次是地形带来的困难，事先侦察不够，灌木围田未引起部队的足够重视，不知道如何在这种地形上作战。

正在布莱德雷为突击失利而烦恼之际，7月6日，美军的传奇将军巴顿秘密地来到法国。"刚毅"计划起到了欺骗德军的作用，德军一直误认为巴顿将率领虚构的第1集团军群在加来地区登陆。现在巴顿率第3集团军在诺曼底登陆了，为继续欺骗德军，盟军还要使"刚毅"计划持续下去。为此，莱斯利·麦克奈尔已经从美国启程，准备来英国接替巴顿指挥虚构的第1集团军群，继续迷惑德军。巴顿来法国前线后，压抑心中

< 美军坦克突击部队突破德军防线，向法国腹地挺进。

的恼怒终于爆发出来，毫无顾忌地又宣泄了一番，他对艾森豪威尔和布莱德雷等人进行了猛烈的抨击。在日记中，巴顿头头是道地写道："艾森豪威尔和布莱德雷都没有什么真本事，艾森豪威尔被英国人所左右，而布莱德雷就会罢下级的官。新手指挥新的师初战失利，不该受到责备。如果由我指挥，不过3天就能突破敌人的防线。"

★"眼镜蛇"计划

1944年7月25日，美国第1集团军奉蒙哥马利将军之命进行的一次作战行动的密语代号。英文为"Cobra"。"眼镜蛇"行动是为了打开在诺曼底的僵局而设计的、以美军为主的一次作战行动。由于"眼镜蛇"计划受到天气条件的限制，曾一度推迟行动时间。该行动得到英军的配合。此次作战行动的目的是，在向阿弗朗什的进攻中，将德国军队从科蒙到海岸之间的军事防线一举捣毁。"眼镜蛇"行动的胜利成为诺曼底登陆战役的一个重要转折点。

>> 山摇地动的转折

7月10日，在艾森豪威尔的主持下，盟军高级将领召开了紧急会议，研究下一步的作战。会上，布莱德雷把酝酿了好久的计划提出来。他称之为"眼镜蛇"计划★。这个计划的核心是把美军4个军的兵力集中在圣洛地区的狭窄地段上实施正面突击，以柯林斯的第7军为先锋。地面部队突击前，空军要对正面的德军实施毁灭性打击，进攻时间定在7月19日。

对此计划，大家都表示赞同，蒙哥马利也起草了一个支援"眼镜蛇"行动的"赛马场"计划，目的是吸引德军主力。按计划，他将命令部队于7月17日在东面发动进攻，以空中打击为先导，装甲部队突前。蒙哥马利这一支援计划，起码可以洗刷他屡战屡挫的过失，若攻

∧ 英军装甲部队正向前推进。

击顺手，也可以分享荣誉。当他向艾森豪威尔陈述计划时，声称这是"决定性"的计划，装甲师可以在卡昂－法莱斯公路一带驰骋，彻底瓦解德军。

7月18日，蒙哥马利开始实施"赛马场"作战计划。事先，1,700架重型轰炸机和400架中型轰炸机，向德军阵地投掷了约8,000吨炸药。接着，英军装甲部队发起冲击，并顺利地推进了约5公里，德军阵地几乎就要被突破了。但就在这时，一场大雨从天而降，弹坑和雨水造成的泥泞阻止了英军装甲部队。德军有了喘息之机，得以重整旗鼓，开始组织反击，虽然未能收复失去的阵地，但给英军造成了重大损失。战役打响前，隆美尔不在前线，他在返回前线的途中遇到英国飞机的轰炸，受了重伤，被送进医院。

7月20日，又下起了倾盆大雨，把战场变成一片沼泽，英军被迫停止进攻。蒙哥马利宣布"赛马场"计划取得了预期的战果，其实只是把德军赶出卡昂，并占领了卡昂以南约10公里的地域。然而，他付出的代价是惊人的，部队伤亡4,000余人，坦克被击毁500余辆，占蒙哥马利投入战斗的全部坦克的1/3以上。艾森豪威尔、史密斯、特德等盟军司令部的高级将领，对蒙哥马利非常不满。特别是艾森豪威尔，当他得知蒙哥马利又一次失利后，脸色阴沉得吓人。

布莱德雷对此也大失所望，但他的反应不像盟军最高统帅部那样强烈。起初，他就没有为蒙哥马利对"赛马场"计划的大吹大擂所迷惑，而只是清醒地把它看作是支援"眼镜蛇"计划的有限行动，因此并未寄予厚望。在布莱德雷看来，从战术上讲，蒙哥马利的"赛马场"计划起到了支援第1集团军的作用，因为他的攻势不仅把德军装甲部队的主力吸引到他的正面，而且还使冯·克鲁格把他的全部预备队摆在了他的当面。

然而，在盟军的高级指挥官中，能像布莱德雷这样客观地看待"赛马场"计划的人并不多。以"赛马场"计划的失利为起点，盟军指挥机构内出现了明显的裂痕。艾森豪威尔和蒙哥马利的关系明显地冷淡了，只保持一般的公事往来。蒙哥马利也知道，艾森豪威尔在极力贬低他，如果他有权，甚至会解除他的职务。而艾伦·布鲁格尽管在心里看不起蒙哥马利，但表面却处处袒护他，把失利归咎于艾森豪威尔指挥不当。这种相互指责的攻击，严重影响了盟军最高统帅部的作战指挥。

布莱德雷从这些矛盾中看到，由于指挥机构里关系复杂，英美两国部队的作战行动无法完全协调一致。这样，他的"眼镜蛇"计划就显得更加重要了。他认为，"眼镜蛇"计划如能成功，将有助于弥合盟军最高指挥层的裂痕。但是，如果计划失败，后果和影响将远远超过军事上的失利，很可能会导致蒙哥马利乃至艾森豪威尔和自己被免职。想到这里，布莱德雷感觉肩头上责任更重了，必须谨慎小心，做到万无一失。

布莱德雷反复、缜密地审查"眼镜蛇"计划。这个计划要首先对德军集结地域实施饱和轰炸，然而这是要冒风险的，因为飞行员们还没有完全掌握精确轰炸的技术。盟国空军所要轰炸的是一片直角三角形地域，在圣洛-帕里尔公路以南，柯林斯第7军要在发起进攻之前，

*暗杀希特勒的事件

在纳粹德国江河日下之际，德国统治阶级内部出现数次谋杀希特勒的尝试。1944年7月11日，施陶芬贝格受密谋集团指派，利用向希特勒报告补充兵员供应问题之机，携带炸弹，准备刺杀希特勒、戈林和希姆莱。因希姆莱未在场而取消行动计划。7月14日施陶芬贝格再次向希特勒作补充兵员报告，由于希特勒提前退出会议室而再次未能引爆炸弹。7月20日终于利用同一机会在希特勒大本营引爆一颗炸弹。希特勒意外脱险，仅受轻伤。

∨ 希特勒接见在暗杀事件中受伤的将领。

向这条公路靠近。飞行员们在轰炸时不能有半点差错，稍有不慎，炸弹就会落在自己人头上。为此，布莱德雷要求盟军飞机在公路南侧沿东西航线飞行进入轰炸区上空。这样，如果飞行员在目标前后投弹，误投的炸弹只能落在公路南侧德军一边，而不会误炸自己的部队。由于天气恶劣，"眼镜蛇"计划被迫推迟到7月21日。

7月19日，布莱德雷飞往利·马洛里设在斯坦莫尔附近的司令部，进一步就轰炸问题与特德、斯帕茨、利·马洛里等反复商讨，最终使空军同意了他的计划。

开始实施"眼镜蛇"计划的前一天，艾森豪威尔亲临前线督战，他乘飞机来到布莱德雷的驻地，视察战役准备情况。在这次会晤中，艾森豪威尔同布莱德雷讨论了尽快组建第12集团军群之事。经讨论决定，8月1日，美军第12集团军群将成立，由布莱德雷出任集团军群司令，艾森豪威尔将指挥蒙哥马利和布莱德雷两个集团军群。

也就在同一天，纳粹德国发生德军将领企图刺杀希特勒的事件*，希特勒幸免一死，但

∧ 美军部队在正通过一个满目疮痍的城镇。

德军最高统帅部内的混乱给盟军以大举进攻的机会。不巧的是，当天晚上开始，一场大雨又突如其来，布莱德雷被迫再次推迟"眼镜蛇"计划。

7月24日，天气转晴，布莱德雷决定下午1时发动总攻。由空军的2,246架飞机首先实施地毯式轰炸。不料，时近中午，天空突然阴云密布，从海峡飘来的一片片厚厚的乌云，严严实实地盖住了预定轰炸的三角形目标区。布莱德雷立即电令撤销总攻令，但为时已晚，执行轰炸的飞机已经进入法国上空，约有400架飞机进入目标区投下了炸弹。由于指挥混乱，天气不好，加上人为的失误，许多炸弹落在自己部队的地域内，炸死25人，炸伤131人。布莱德雷恼怒万分，对"眼镜蛇"行动的不幸开端痛心疾首，几乎对整个计划失去信心。

然而，德军总指挥冯·克鲁格虽然意识到盟军的总攻将开始，却错误地把蒙哥马利战区看做是主攻方向，而把"眼镜蛇"行动看做是佯攻，急忙把装甲部队调到蒙哥马利的当面了。

7月25日，天气晴朗，总攻正式开始。参加作战的2,430架飞机铺天盖地而来，以与公路垂直的航线飞进目标区上空，投下了约4,000吨炸弹和燃烧弹。轰炸的情景极为可怕，当时在场的美军军官心惊肉跳地说："头上轰炸机遮天蔽日，脚下山动地摇，耳畔惊雷滚滚，眼前泥土纷飞，硝烟弥漫，顷刻间，有几十人被击中，他们的尸体被高高地抛向天空，落到战壕外几十米的地方。步兵们惊恐万状，手足无措。"轰炸情况源源不断地送到布莱德雷的指挥所，炸弹误伤自己人的情况也令他震惊。布莱德雷一度相信自己的部队遭到重大损失，"眼镜蛇"计划或许只能取消。后来证明这种担心是多余的，战后查明，轰炸给自

∧ 美军三星中将麦克奈尔（左）与霍奇斯（中）、海斯里普（右）在一起。麦克奈尔在盟军的误炸中不幸身亡。

己部队造成一定损失，死111人，伤490人。其中，代替巴顿的莱斯利·麦克奈尔在随利兰·霍布斯第30师的一个分队视察时，一颗炸弹正好落在麦克奈尔藏身的战壕里，把他的身体抛到20米以外，全身血肉模糊，除了衣领上的三颗将星外，其他什么也认不出来了。艾森豪威尔看到这种情况，脸色铁青，闷闷不乐随即拂袖而去，乘坐飞机前往设在英国的司令部。空军炸死炸伤这么多自己人，他的情绪低落，认为这次战役肯定失败了。

事实上，轰炸取得了重大战果。炸弹把德军阵地夷为平地，火炮、车辆被埋入地下，坦克变成了废铁，通信线路被炸断，德军数千人被炸死炸伤，装甲部队的指挥所被摧毁，重型装备几乎损失殆尽，三个附属空降团实际被歼灭。

空军刚刚撤离战场，地面部队马上就发起进攻。柯林斯的第7军首当其冲，3个师投入战斗。埃迪的第9师、雷·巴顿的第4师和霍布斯的第30师一马当先，杀向德军。开始，德军还本能地进行抵抗，但是很快就完全失去了指挥，战线一片混乱。柯林斯当机立断，紧急调许布纳的"大红一师"参战，装甲部队随后跟进。布莱德雷的"眼镜蛇"计划成功，终于打破了一个多月之久的僵局。柯林斯的部队打得很漂亮，在德军防线上打开了一个很宽的突破口，并大力地向南推进。在柯林斯右边，米德尔顿的第8军也获得突破，装甲部队推进了共约60公里，第4师、第6师一路杀敌，终于逼到了半岛底部的目标阿弗朗什。城里的德军不是落荒而逃，就是举手投降。

∧ 美军坦克向勒芒推进。

7月28日，布莱德雷得意地向艾森豪威尔报喜："说得直截了当一点，今晚第1集团军司令部的全体人员无不洋洋得意。我们取得了重大战绩。情况并不像你走时那样悲观，如果你一直在这里，我相信你会和我们一样高兴。德军已被驱逐出战壕，士气一落千丈，我们将乘胜追击，穷追到底。"

接到布莱德雷的信后，正在愁眉苦脸的艾森豪威尔精神大振，他立即乘坐飞机前往第1集团军，视察战斗情况。亲眼看到盟军胜利突破法国围田，向纵深发展进攻，艾森豪威尔几天前的那种抑郁沮丧情绪一扫而光，脸上露出难得的笑容。打了胜仗，人人都非常高兴，巴顿也不例外。巴顿曾对"眼镜蛇"计划抱观望态度，在发起进攻前，他曾私下说："这是一次毫无把握的战斗。"现在，他也承认布莱德雷"确实干得很漂亮"，"我唯一的乐事就是在我投入战斗以前他就打了胜仗"。蒙哥马利也亲自登门拜访，对"眼镜蛇"计划的胜利打心眼里感到高兴。

"眼镜蛇"计划的胜利，是诺曼底之战的重大转折点。从登陆的6月6日算起，盟军渡过了艰难的7个星期。不利的地形、恶劣的气候和德军的顽强抵抗，把盟军死死纠缠在科唐坦半岛上。现在，盟军终于突破德军防线，冲杀出科唐坦半岛，可以实施大刀阔斧的新攻击了。

>> 直奔塞纳河

8月1日，美军第12集团军群司令部在库汤斯成立。布莱德雷把设在苹果园里的第1集团军司令部交给继任的霍奇斯，便到库汤斯走马上任了。同一天，巴顿第3集团军也正式组成。这样，布莱德雷第12集团军群下辖霍奇斯的第1集团军和巴顿的第3集团军。这两个集团军有5个装甲师、16个步兵师共约40万人。加上勤务、支援和特种部队的人数，共约90.3万人。蒙哥马利统辖登普西的第2集团军和克里勒的加拿大第1集团军，共16个师约66.3万人。

布莱德雷指挥着这支庞大的部队与蒙哥马利平起平坐。

作为集团军群司令，布莱德雷双肩上的担子是沉重的。在美国陆军发展史上，美国陆军在指挥和操作集团军群方面的经验是有限的。在第一次世界大战时期，潘兴将军曾在法国指挥过两个集团军，但时间短暂到只有两个星期，毫无经验可言。第二次世界大战爆发前，一些指挥院校开始对集团军群进行研究，但一般都停留在理论上。布莱德雷在没有明确的条例可遵循和现成的经验可借鉴的情况下，就只好按照亚历山大在突尼斯、西西里岛和意大利指挥盟军集团军群的模式，建立起第12集团军群的指挥参谋机构。他知道，要想充分行使集团军群司令的职权，必须做到以下几点：把两个集团军牢牢地控制在手中，随时发布任务训令；密切注视战局发展，及时地对任务进行修改；监督下属对作战计划和作战命令的执行情况，必要时对某一个师的具体行动都要过问。

第12集团军群司令部设在法国乡村，参谋长是列夫·艾伦，还有行政、人事、情报、作战、后勤五位副参谋长。布莱德雷的司令部代号为"鹰"，有200名官兵。考虑到这么庞大的机构行动不便，为了行动迅捷，能随时同前线部队一起向前推进，布莱德雷抽调人员组织了一个高度机动的小型司令部，称为"鹰前进司令部"。主要人员有情报副参谋长、作战副参谋长、后勤副参谋长等，全部人马和装备装在大型运输车上。布莱德雷配备一辆"专车"，兼有办公室和生活间。同时，空军还调给布莱德雷一架漂亮的双引擎C-47新型运输机，机上设有沙发、办公桌和座位。

此时，在美军高级将领中，布莱德雷虽然与霍奇斯、巴顿、辛普森都是三星中将，但是他的职务最高。

布莱德雷就任集团军群司令后，布列塔尼半岛的德军残余势力尚未肃清。按"霸王"行动计划的部署，巴顿的第3集团军应首先扫荡半岛，夺取圣马洛、布雷斯特、洛里昂、圣纳泽尔等重要港口。布莱德雷根据德军主力已调往诺曼底的情况，与艾森豪威尔、巴顿商量决定，只派巴顿手下的第8军参加战斗，巴顿的其他军则改派到东线作战。巴顿很长时间未参加战斗了，他终于抓住了机会，指挥装甲师和机械化步兵师大战半岛上的残敌。在肃清半岛的战役中，报纸频频出现巴顿的头条新闻，报道他的战绩。但是，德军撤到重要港口，负隅顽抗。他们执行希特勒血战到底的命令，美军以高昂的代价夺取了已经无关紧要的布雷斯特港。战后，许多军事历史学家批评布莱德雷在半岛投入兵力，付出了无谓的牺牲。布莱德雷则认为，他派巴顿扫荡半岛，主要还是解决后勤问题。盟军每天需要2.6万吨作战物资，布列塔尼战斗开始时，盟军仅靠瑟堡港和空中运输解决后勤补给问题。在8月份，遭破坏的瑟堡港只运进了1／3的物资，其他物资仍靠"奥马哈"和"犹他"海滩运输作战物资。因此，夺取了半岛的港口，并非无关紧要。此外，夺取半岛上的港口，美军部队可以不经英吉利海峡，而是直接从半岛上岸参战。在整个半岛，德军约有5万非主力部队，德军精锐的空降第2师也秘密调往半岛。若忽视半岛，则会给阿弗朗什－雷恩－圣纳泽尔一线增加压力，盟军不得不加强这一线的防御。所以，肃清半岛的残敌可一举多得。

美军从阿弗朗什不断扩大缺口，柯林斯的第7军打到了莫泰恩，巴顿手下的第15军、第20军冲过拉瓦尔的开阔地，占领了通往勒芒的公路。仅3天，海斯利普率第15军推进了约110公里。在第3集团军战事顺利之时，左翼的第1集团军却打得异常艰苦。霍奇斯手下的第5军和第19军正向维尔猛攻，但德军殊死搏斗，挫败了美军。布莱德雷过去曾指挥过的第28师也失利了。科利特对劳埃德·布朗很是不满，布莱德雷免去了其师长之职，代之以埃迪第9师的副师长詹姆斯·E·沃顿。数小时后，沃顿身负重伤，师长由诺曼·科塔担任。这个师曾是登陆"奥马哈"滩的精锐，后来也一直不负众望。

蒙哥马利按计划紧紧守住卡昂，吸引德军主力，这样便于美军突破防线向东迂回，全歼布列塔尼半岛之敌。但是，蒙哥马利未能发动更大的攻势，谨慎有余，勇猛不足。他应该及早打到法莱斯，并为空军提供建造机场的土地。7月27日，艾森豪威尔、史密斯与丘吉尔、布鲁克共进晚餐时，严厉批评了蒙哥马利。

这样，英军决定于8月2日开始大规模进攻，加快夺取维尔的步伐。当英军接近维尔市郊时，美军第5军、第19军也从西面逼近维尔市。

盟军高层的互相批评，也是其利益冲突的结果。双方各执一词，对蒙哥马利的态度有异。不过，这种内部矛盾还没有发展到危险的境地。

按照"霸王"行动计划，盟军在诺曼底站稳脚跟以后，德军会发现"刚毅"计划是一种骗局，其主力部队必然退到塞纳河一线防守，与盟军决战。但是，希特勒遇刺受伤后，再不相信冯·克鲁格★对他的忠诚，亲自掌握西线的战略。他严令不许向塞纳河退却，坚守每一寸土地，于是从加来把第15集团军的几个师调往诺曼底，并从法国南部也调来兵力，共有

★冯·克鲁格（1882 — 1944）
德国陆军元帅，1912年毕业于军事学院。第一次世界大战中任作战部队参谋。战后在国防军中任参谋。1933至1939年曾任通讯兵主任、军区司令和步兵军长。参加了侵略捷克斯洛伐克的战争。1939年任第4野战集团军司令，相继参加了对波兰、法国和苏联的作战。1941年底任中央集团军群司令。1943年底回德国大本营中任职。1944年中，任D集团军群司令，因涉及密谋反对希特勒自杀身亡。

> 德国陆军元帅克鲁格在法国。

7个师聚集诺曼底，准备与盟军决战。

对于盟军而言，希特勒的战略正好给盟军提供了良机，从塞纳河以西包围德军，态势对盟军十分有利。8月2日，艾森豪威尔根据布莱德雷的建议向马歇尔汇报，准备向东北方向进攻，歼灭德军机械化部队主力，一直打到加来。

8月上旬，布莱德雷开始考虑围歼德军。他计划在夺取布列塔尼半岛后，将第1、第3集团军沿卡昂至勒芒一线摆开，建立运输线。然后由6个装甲师为先锋，机械化步兵居后，向巴黎挺进。3个空降师在奥尔良以北空投，阻止德军沿巴黎至奥尔良一线溃逃，并起到掩护南翼的作用。达到这些目的以后，地面部队向东南的巴黎、东面的塞纳河和北面的埃迪普进攻，最终攻占巴黎，歼灭德军第15集团军，肃清进军德国本土的障碍。

布莱德雷的宏伟计划需要有强有力的后勤补给为基础，装甲部队和机械化步兵需要大量汽油，才能保证进军巴黎的速度。布莱德雷寄希望于蒙哥马利，即以他手下的加拿大第1集团军夺取法莱斯，建立补给线。

正当布莱德雷还在设想新计划时，希特勒于8月2日命令冯·克鲁格攻击美军脆弱的莫泰恩地区，企图靠这次有限进攻让主力撤到塞纳河。8月7日，克鲁格将几个装甲师从蒙哥马利战区调到美军战区，企图突破莫泰恩，夺取阿弗朗什。

布莱德雷获得情报很晚，但他迅速地加强了莫泰恩防线。许布纳的"大红一师"8月3日攻占莫泰恩后，将该城交给了霍布斯的第30师，而"大红一师"则调往马延，紧挨着埃迪的第9师。雷·巴顿的第4师部署在圣波伊斯担任预备队，罗斯第3装甲师的一部分也在附近。最后，布鲁克斯的第2装甲师路过该地，加入了"大红一师"以加强防御。除此以外，布莱德雷于8月6日获得情报后，又将巴德的第35师调给柯林斯。同时，布莱德雷电话通知巴顿，命令向沃克第20军靠拢的第80师、第35师停止前进，以防不测。

德军主力向莫泰恩发动进攻后，利兰·霍布斯的第30师勇猛地阻击德军，盟军飞机也向德军装甲部队猛烈轰炸。结果，德军的进攻无异于一场自杀。

8月7日，布莱德雷驱车去巴顿的指挥所，了解布列塔尼的战况。同时，布莱德雷向巴顿通报了莫泰恩遭到反击的简况，以及自己试图从巴黎到迪埃普远距离包抄的新构想。巴顿没提出太多异议，但要求让他的第3集团军实施横扫式的突击。

当天傍晚，丘吉尔来到布莱德雷的司令部，盛赞布莱德雷"干得真漂亮"。丘吉尔这次来访，主要目的是发动一场取消"龙骑兵"作战计划的活动。美军主张在马赛实施辅助登陆，8天后即将行动，而丘吉尔主张不去冒险登陆，将部队从布列塔尼半岛的港口投入法国。布莱德雷早就接到艾森豪威尔的警告，所以他从容地搪塞丘吉尔，使他的游说毫无结果。

8月7日夜，蒙哥马利命令加拿大第1集团军向卡昂东南35公里的法莱斯突击，3个德军师顽强抵抗，但加拿大部队一天就推进了约10公里。在离法莱斯20公里处，蒙哥马利命令部队停了下来，这次进攻减轻了柯林斯的压力。布莱德雷认为，德军对莫泰恩的反击，为

∧ 1944 年 7 月，布莱德雷在法国南部。

盟军发动奇袭提供了机会。德军并不急于撤退，而是寸土必守。加拿大部队若能推进到法莱斯，布莱德雷就准备进攻阿尔让当，几天内合围诺曼底的德军，这比远距离快速合围更有利，无需建立补给线便可行动。

8 月 8 日，布莱德雷去与巴顿讨论新计划，巴顿反应冷淡，他更倾向于远距离快速合围的想法。上午，布莱德雷又去找正在巡视战场的艾森豪威尔讨论新计划。在库汤斯，布莱德雷向艾森豪威尔简要地说明了新计划。与巴顿相反，艾森豪威尔热情有加，立即到第 12 集团军群司令部详细讨论计划。

艾森豪威尔批准了计划，布莱德雷立即打电话给巴顿，督促第 15 军由勒芒至阿尔让当向北转移。巴顿乐观地认为，10 天内就可结束战役。随后，艾森豪威尔给蒙哥马利打电话说明新计划。蒙哥马利先是大吃一惊，之后同意了布莱德雷的计划。蒙哥马利也想让加拿大部队先攻占法莱斯，对于美军掉头合围德军的伟大构想，蒙哥马利在战后企图将功劳归于他。1944 年 9 月 7 日，巴顿对战地记者说，围歼法莱斯

∧　向法莱斯进军的加拿大第1集团军。

德军的计划不是"霸王"计划的内容，而是"布莱德雷的即兴之作"。他原想向东推进，结果布莱德雷要求他掉头向北。

8月10日，第15军在勒芒掉头北移时，冯·克鲁格马上发现了盟军的企图，他想放弃攻击莫泰恩，转向塞纳河突出包围。但希特勒仍死抱阿弗朗什的反攻，准备到8月11日才放弃这一想法，命克鲁格掉头攻击第15军的左翼。

8月12日，1个德军装甲师向阿尔让当转移，第15军暴露在德军面前。之后，加拿大部队毫无进展，合拢包围的计划濒于危险境地，他们仍缓慢地处在法莱斯以北16公里处。

　　12日下午，布莱德雷到格朗维尔艾森豪威尔的前线指挥所，建议加强合拢包围圈的力量，并随即命令柯林斯的第7军增援海斯利普的左翼，将部队插进第15军与德军从莫泰恩撤退路线之间。

　　8月13日，第15军接近阿尔让当的界限，但加拿大部队仍滞留在法莱斯10公里之外，两军之间有31公里的空隙。经巴顿同意，第15军超越界限于13日晨又推进了约11公里，离法莱斯仅10公里了。

　　布莱德雷对巴顿擅自同意第15军超越界线区大发雷霆，这意味着违背盟军之间的协议，容易引起盟军飞机的误炸。巴顿为了抢先进入法莱斯，给英国人一次打击，不惜冒险。在电话里，布莱德雷与他争吵起来，并强令巴顿停止移动，构筑工事。之后，布莱德雷到蒙哥马利的指挥所，和艾森豪威尔等讨论战略、战术形势。蒙哥马利未能完成合围计划，此时却又抛出一个把战争打出诺曼底和塞纳河的宏伟计划，并要美军居于从属地位。

8月14日早晨，克里勒的加拿大第1集团军和登普西的第2集团军再度攻击法莱斯，美军第15军停止前进，构筑工事。柯林斯的第7军封住缺口后，布莱德雷过分相信了情报，以为德军主力已撤退，他决定实施向东北迂回运动，围歼"逃窜"德军的计划，并决定把第15军的3个师抽走加入巴顿向东北方向的大迂回，把法莱斯的缺口完全交给霍奇斯的第1集团军来负责。

巴顿接到布莱德雷关于实施迂回包抄的命令的当天下午，立即制定了一个行动方案，并亲自乘飞机送到布莱德雷的指挥所。巴顿对他的行动方案十分得意，他的计划是要沃克第20军向东北迂回到德勒，库克第12军向东北迂回到夏尔特尔。布莱德雷当面命令巴顿于当天下午就开始执行这一计划。巴顿在日记中写道："我非常高兴。晚上8点，我就命令各个军开始行动，这样即使蒙哥马利节外生枝，想来阻止我们也来不及了。"

由于情报的误导，布莱德雷不知道德军主力仍在包围圈里，他将部队调走，没有形成强有力的包围圈。8月15日，情报部门更正了以前的情报，说德军主力根本没有撤退，至少有5个装甲师仍在阿尔让当。布莱德雷大吃一惊，他认为这些德军师对突出部构成了严重威胁。布莱德雷立即命令在杰罗到达之前，由休·加菲指挥这里的部队，随后他立即前往巴顿的指挥所，撤销向东北迂回运动的命令，并通知海斯利普和沃克掉头返回，支援在阿尔让当突出部的加菲。但此时，巴顿的3个军已根据布莱德雷原来的命令向东北方向开拔。

8月16日，德军真的开始撤退。德国装甲师疯狂地突击阿尔让当的麦克莱恩第90师阵地。该师坚持几个小时后开始动摇，指挥所里的布莱德雷及其参谋人员紧张得连心都快要跳了出来。但是，幸好麦克莱恩指挥有方，很快又稳住了阵地。也就是在同一天，蒙哥马利的部队攻克了法莱斯，但他们离美军的距离仍有25公里，形成了一个战役缺口。德军纷纷涌向这个缺口，拼死要突出重围。如果盟军不能及时封闭缺口，德军就有可能从这里突围逃跑。但战斗进行到这时，蒙哥马利和布莱德雷都无法让部队迅速合拢。布莱德雷焦急万分，苦无良策。正在这时，蒙哥马利打来电话，建议把合拢的地点改为更东面的查博伊斯。如果布莱德雷同意这个建议，他将立即命令克里勒的加拿大部队转向东南，通过特鲁恩，直奔查博伊斯。

但是，蒙哥马利的建议为时已晚了。布莱德雷手下的3个军都已经以惊人的速度横扫敌军，分别到达了德勒、夏尔特尔和奥尔良，他只能命令由杰罗指挥的临时拼凑起来的准备防守阿尔让当的一个军，紧急赶往查博伊斯，与英军共同执行合围任务。这个军包括勒克莱尔的纪律松弛的法国装甲师和麦克布莱德的缺乏作战经验的第80步兵师。布莱德雷没有把握，保证这个军能够顺利完成任务。

那天夜里，布莱德雷翻来覆去，久久不能入睡。他为自己的判断失误而深感内疚。他曾经暗暗发誓，决不过分依赖情报。可是，他毕竟还是相信了情报，而且搞错了。由于这一错误，他的一道命令就把几个主要的军调往东北面去了。倘若他不这么操之过急，这3个主力军就可以在查博伊斯合围德军。可现在，他手头力量单薄，远远不足以实施合围。战局发展果然像他担心的那样，克里勒的加拿大部队转向东南，通过特鲁恩，到8月19日，顺利赶到查博伊斯。杰罗的部队也缓慢地赶到那里，两支部队结合起来，包围了德军12个师，其中一半是装甲师。然而，盟军合围的钳子太薄弱，根本咬不住包围的德军。8月20日至21日，被围德军组织突围，约有4万多人逃跑了。

逃出包围圈的德军若是像通常那样，以塞纳河为天然屏障建立防线，那么盟军仍有机会切断德军的退路，在德勒的海斯利普第15军恰好处于最有利的位置。布莱德雷与蒙哥马利协商之后，命令海斯利普继续朝东北方向进攻，直奔塞纳河畔的芒特，占领芒特后沿河两岸北击鲁昂。同时，布莱德雷命令科利特第19军火速离开勒芒，向东北进攻埃夫勒，以保护海斯利普的左翼。海斯利普和科利特沉着地指挥部队向前进攻。德军惊惶失措，一直后撤，根本来不及组织防御，就渡过塞纳河逃往德国边界。

盟军在诺曼底所取得的胜利，以及8月15日在法国南部实施"龙骑兵"登陆的成功，使法国看到了黎明的曙光。由于希特勒在莫泰恩的反击失败和盟军在阿尔让当-法莱斯一线进行的合围，以及海斯利普向鲁昂的迂回行动，几乎使德军全军覆灭，逃跑的德军根本无法建立防线，加来地区的德国第15集团军便势单力薄，命运岌岌可危了。

盟军的兵营里举行狂热的庆祝活动。许多人以为进入德国之前不会再打仗了，下一步只需越过法国东部的领土，然后越过比利时和荷兰，再过莱茵河，就进入德国了。很多人甚至乐观地预料，到9月底，战争就能结束。然而，一场危机正悄然来临。

第八章

千里荡寇似龙卷

1893-1981　布莱德雷

最后，艾森豪威尔除未确定进攻日期外，接受了布莱德雷的计划。9月4日，他发

布命令：阿登山以北的部队占领安特卫普后，即突破保护鲁尔区的那段齐格菲防

线，夺取鲁尔区；阿登山以南的部队突破南段齐格菲防线，然后突入萨尔区，夺

取法兰克福……

>> 荡寇方略一争

盟军进占法国西北部以后，新的战略问题又出现了。早在诺曼底登陆之前，艾森豪威尔、蒙哥马利和布莱德雷就预料，德军在诺曼底遭到失败后，必定要撤过塞纳河组织防御，而盟军地面部队的部署将与德军隔河对峙，经休整、补充后，渡河作战，开始向德国挺进。盟军进攻的主要目标是德国的钢铁基地——鲁尔工业区。盟军最高统帅部认为希特勒察觉到盟军的意图后，必将投入全部地面部队保卫鲁尔工业区。盟军的策略是包围鲁尔，以求全歼希特勒投入的守卫部队，随后占领其军工生产基地，进而结束战争。

不料，希特勒一反常规，先是纠集部队与盟军在诺曼底决战，然后又一溃千里，逃过塞纳河，大大出乎盟军最高统帅部的意料。盟军最高统帅部曾预料，德军将在塞纳河一线组织抵抗，然后逐步退到索姆、马恩、默兹和摩泽尔河一带防守，最后才退到"齐格菲防线"的"西部壁垒"一线。所谓"西部壁垒"，是沿德国整个西部边境构筑的连环堡垒群。最高统帅部预料，"西部壁垒"和莱茵河流域必将有一场鏖战。因为德军占有地利之便，后勤补给线很短，而盟军的后勤补给线却拉得很长，最高统帅部预计需要一年的时间才能到达"西部壁垒"。

此时，根据德军溃逃塞纳河的形势，盟军打算马不停蹄地冲过塞纳河，防止德军在河东建立防御阵地，尽可能地围歼那里的德军。在北面，先头部队海斯利普的第15军已在芒特渡过了塞纳河。除此之外，布莱德雷还命令沃克的第20军、库克的第12军向塞纳河推进，分别在巴黎以南的默伦、特鲁瓦突击渡河。8月21日，美军攻势开始。库克由于突然患病，住进医院，布莱德雷只好免去他的指挥职务，任命第9师师长曼顿·埃迪为第12军军长。在巴顿的督促下，沃克的第20军和埃迪的第12军，在几天内就抵达了预定的目的地，并准备按原计划沿南希—梅斯—法兰克福向阿登山脉以南推进。

盟军的迅速推进，巴黎便指日可下。在欧洲，巴黎是人人心驰神往的名城，谁都想捷足先登，去充当巴黎的解放者。但布莱德雷却不这样认为，从战略上考虑，巴黎对进军德国非但毫无意义，反而会使盟军背上沉重的包袱。德军的主力部队早已把巴黎抛在后边，防守在那里的只是一些后备部队。布莱德雷认为盟军应该迅速绕过巴黎，孤立那里的守军，待消灭溃逃的德军后再来收复这座城市。盟军若要分兵解放巴黎，不

< 法国戴高乐将军发表演说，号召法国人民团结起来。

★戴高乐（1890 — 1970）

法国总统，政治家，军事家。参加过第一次世界大战。二战爆发后，受命组建第4装甲师。1940年5月率部抗击德国入侵，后任陆军部副部长。1940年7月，在伦敦组建第一支"自由法国"部队，成为法国抵抗运动领袖。1943年任全国解放委员会主席，领导了在北非的战役。1944年6月将全国解放委员会改组为法兰西共和国政府，8月进驻巴黎。1946年1月辞职退出政府。1958年当选为法兰西第五共和国总统，1965年连任。1969年4月离职。

仅将放慢东进速度，而且盟军需要每天供应400万巴黎居民4千吨食品和生活必需品，会使本来很繁重的运输线变得更加紧张。盟军最高统帅部采纳了布莱德雷的建议，准备绕过巴黎。

然而就在这时，发生了意外事件，盟军不得不改变计划。8月19日，在法国警察的支持下，巴黎爆发了自发性的抗德运动。德国占领军司令迪特里希·冯·肖里茨看到大势已去，决定同抵抗力量停火。由于抗德运动的领导者认为停火只是德军的缓兵之计，便派使者潜出巴黎，要求盟军给予援助。布莱德雷授权杰罗第5军执行此项任务，8月25日，巴黎获得解放。从政治角度看，解放巴黎是盟军的重大胜利。艾森豪威尔决定邀蒙哥马利和布莱德雷一起于27日进城。蒙哥马利未接受邀请，布莱德雷陪同艾森豪威尔前往巴黎，并和"自由法国部队"领袖戴高乐★将军一起，于29日检阅了部队。

从诺曼底登陆到巴黎解放，标志着盟军在欧洲开辟第二战场取得了决定性的胜利，也标志着整个诺曼底战役的胜利。在这场决定性的战役中，布莱德雷始终是一位战争的直接组织者和指挥者。他从集团军司令升任集团军群司令后，更是美军在盟军中的重要战场指挥官。在他手下，霍奇斯、巴顿等一批勇将英勇杀敌，所向披靡。与蒙哥马利相比，布莱德雷兼具了果敢和谨慎的品格，而蒙哥马利却谨慎有余，勇猛不足。历史的车轮将布莱德雷推向了反法西斯战争的前台，解放巴黎仅是其中的一个政治里程碑，等待布莱德雷的将是更加繁重的战斗任务。

迅速渡过塞纳河，穷追德军，看似有利，其实隐藏着极大的危险。一是德军没有遭受毁灭性打击，仍然保持着战斗力；二是后勤方面出现困难，尤其是汽油缺乏。这两个因素使布莱德雷和其他盟军将领感到，必须依据实际情况，制定新的战略。鉴于此，蒙哥马利和布莱德雷两位集团军群司令都提出了自己的计划，但是他们的意见相左。

> 艾森豪威尔、布莱德雷等人在巴黎凯旋门前合影。
∨ 1944年8月，布莱德雷与蒙哥马利等人在法国南部。

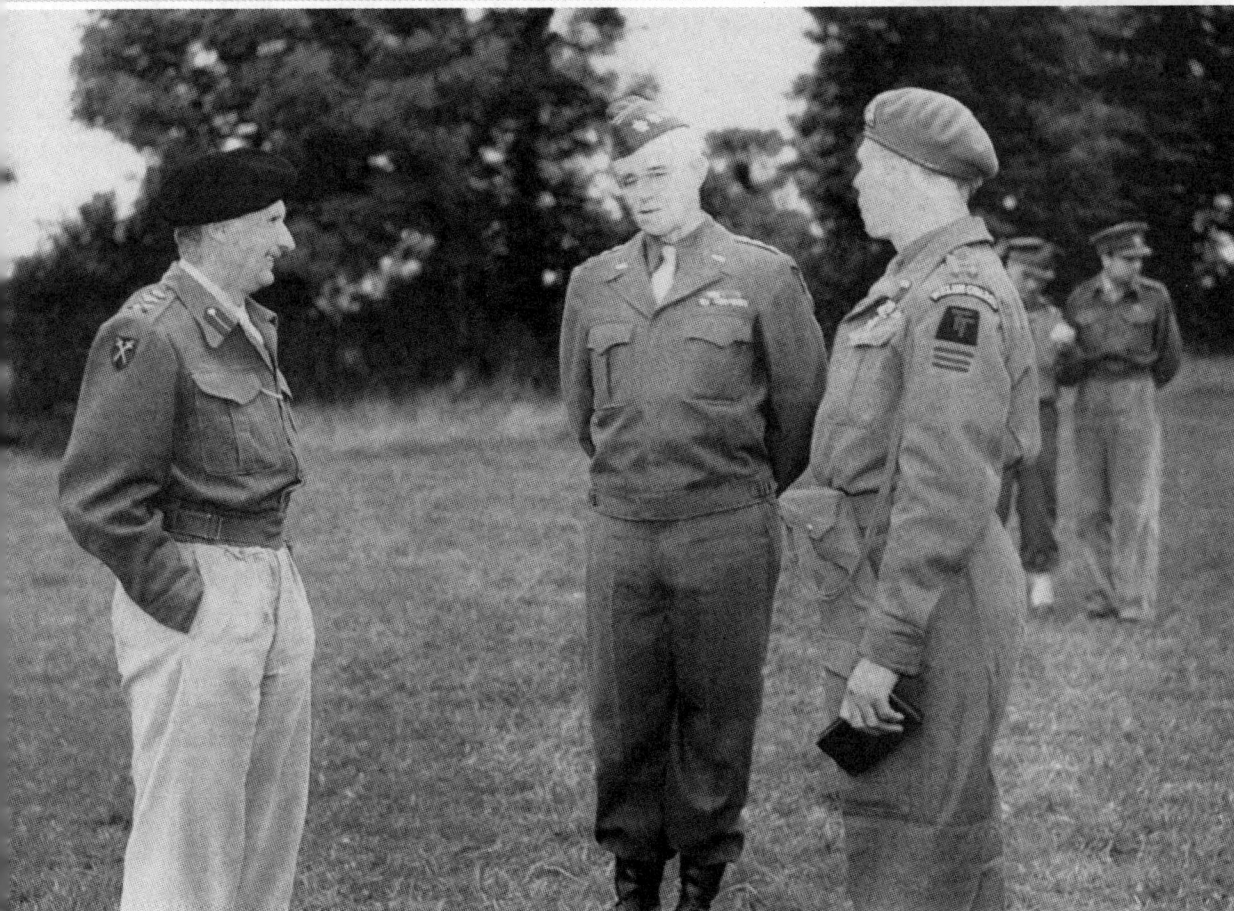

早在7月2日，蒙哥马利就向艾森豪威尔和布莱德雷提出：他率3个集团军，其中包括布莱德雷率领的第1集团军，直接进攻加来。到诺曼底战役后期，蒙哥马利仍然没有放弃他的这个想法。8月13日，他向艾森豪威尔和布莱德雷透露了他的总计划。蒙哥马利建议渡过塞纳河后，取消两路进军的打法，采用"一路突击"的战略，即由他率领盟军4个集团军主力，实施"一路突击"，向东北方向横扫过去，歼灭加来地区的德国第15集团军。然后，他将在比利时建立庞大的盟国机场网，夺取安特卫普和鹿特丹，以解决后勤补给问题。同时，摧毁威胁英国的V-1和V-2导弹发射场，挥师占领鲁尔工业区，东捣柏林。蒙哥马利的总计划依赖于以最快的速度突击混乱不堪、士气低落的德军，集中盟国所有的人力物力归他指挥。从总体来看，蒙哥马利的计划十分令人欢欣鼓舞和眼花缭乱。

　　可是，布莱德雷首先接受不了这个计划。蒙哥马利企图掌握更大的权力，指挥盟军地面部队，甚至使艾森豪威尔也黯然失色。从9月始，美军部队的人数将是英军的3倍，美国公众也不能接受由蒙哥马利来指挥，让他独占鳌头。布莱德雷认为，蒙哥马利从阿拉曼战役到最近的法莱斯战役，都不善于集结部队，过于谨慎而不愿冒险追击敌人，扩大战果。而按蒙哥马利的计划，要求以最快的速度追击敌人至柏林，这绝不符合蒙哥马利的风格，把赌注压在他身上是"战争史上最冒险的行动之一"。

　　布莱德雷的反对理由并不是毫无根据、仅为谋求个人利益的。几天后，当新闻界透露布莱德雷升任集团军群司令，与蒙哥马利平起平坐的消息时，英国新闻界一片哗然。他们认为任何人都不能与阿拉曼英雄平起平坐，这意味着对蒙哥马利的"降级"。美国新闻界不甘示弱，奋起抗议，要求伦敦新闻界道歉。蒙哥马利的计划的确会触犯美国人应有的利益。马歇尔对此深为忧虑，写信劝艾森豪威尔按原计划，尽快担负起地面部队总指挥的职责，以免节外生枝，引起盟军将领的不和。

　　除了政治上的不良影响外，布莱德雷认为蒙哥马利的计划在军事上也有许多缺陷。蒙哥马利计划的核心就是"高速"追击，停下来打扫战场是不行的，这就意味着盟军将不可避免地要绕过一些德军固守的地方。这样，盟军在前进中必须分兵对付这些地方的敌军以保护翼侧安全，究竟要分出多少兵力，谁都难以预料，可能少则10个师，多则20个师。不管分出多少个师的兵力，盟军的力量必然受到极大的削弱，因而进入德国时势必成为强弩之末。同时，蒙哥马利选择的进军路线，地形复杂、江河纵横、水渠交错，易守难攻，装甲部队无法展开。从这个方向追击德军，将陷入一场旷日持久的消耗战。蒙哥马利无法解决调集炮兵、步兵的难题，英军和加拿大军缺乏美军的两吨半卡车，也没有良好的火炮牵引车。布莱德雷坚决反对蒙哥马利的计划，甚至说他是神经错乱。他断言，德军至少能组建20至30个精锐师来捍卫德国本土，蒙哥马利"一路突击"，进攻矛头必将显得软弱无力，无法打破德军的抵抗，他也没有充足时间打开安特卫普港，补给品的运输还将依赖几处登陆的海滩。"一路突击"必然翼侧暴露，易遭德军的反击，有可能被德军反击而赶回塞纳河边。

布莱德雷主张稳扎稳打，力争万无一失，所以他的计划要保守得多。他一直认为，德军必将在"西部壁垒"垂死抵抗，盟军在德国边界会有一场硬仗要打，所以他坚持"两路进攻"的战略，即蒙哥马利的2个集团军在阿登山脉以北推进，布莱德雷的2个集团军在阿登山脉以南进攻，直逼萨尔。两军在德国西部边界的齐格菲防线或莱茵河停下来补给、休整，然后再发起进攻。同时，为了夺取安特卫普港和摧毁V式导弹发射场，蒙哥马利派出部分兵力北上。美军则抽调一定兵力支援，把李奇微的第18空降军调给他通过水乡泽国，并从第1集团军中抽出1个军支援蒙哥马利。调走6个师后，布莱德雷手下仍有15个师的兵力去进军萨尔。

8月18日，艾森豪威尔到第12集团军群司令部，同布莱德雷协商最后的战略计划。艾森豪威尔和布莱德雷一样，也认为蒙哥马利以40个师的兵力实施"一路突击"的战略是危险的，他基本倾向于布莱德雷的计划。当天，艾森豪威尔致信蒙哥马利，说明了他对战略计划的意见。

蒙哥马利得知自己的计划被全部否决后，十分不快，在他的司令部里闭门不出。他觉得心有不甘，于是一方面委派他的参谋长德金甘德到盟军总部进行游说活动，另一方面，他于8月23日亲自飞往布莱德雷的司令部，要求布莱德雷全力支持他的计划。布莱德雷有分寸地支持他向东北方向夺取港口和摧毁德军导弹发射场的想法，并表示支援他。但在由蒙哥马利率4个集团军攻占柏林，及让自己放弃进攻萨尔的问题上，未作丝毫让步。

蒙哥马利前脚刚走，巴顿像一头被激怒的公牛一样，来找布莱德雷。布莱德雷也火气冲天，当着巴顿的面，不停地擂着桌面，嚷嚷着："最高统帅部是干什么的！"。

为了对付蒙哥马利和向艾森豪威尔施加影响，巴顿想出了一个解决争端的主意：他和布莱德雷、霍奇斯提出集体辞职，促使艾森豪威尔让步。

布莱德雷也十分生气，但他考虑问题冷静一些。他说："我不主张辞职，因为部队需要我们，新来的人更难应付局面。"

不久，艾森豪威尔携参谋长史密斯去蒙哥马利的司令部，最后协调战略计划。正在气头上的蒙哥马利为了显示自己的尊严，将史密斯拒之门外，不允许他参加讨论，搞得气氛异常紧张。在单独与艾森豪威尔交谈中，蒙哥马利一直坚持他的计划，要求由他来掌握地面部队。他劝艾森豪威尔"高高在上"，不插手具体事务。艾森豪威尔冷静地拒绝了蒙哥马利接管地面部队的要求，同时也拒绝了把支援兵力增加到12个美军师的要求，只答应最多支援他9个美军师。除此之外，他的其他建议概不考虑。蒙哥马利最后被迫接受了艾森豪威尔的决定，但心里仍不服气。

蒙哥马利逢人便发牢骚说："这样，我们做好了渡过塞纳河的准备……问题是我们没有制定出把战区看做整体的基本计划。我们的战略变得'四分五裂'……我很失望。我所受的军事教育告诉我，我们逃脱不了惩罚……我们抛弃了集中兵力的原则。"

布莱德雷也不满意，他不愿意抽出那么多兵力支援蒙哥马利。布莱德雷认为，作战计划大部分采用了蒙哥马利的意见。现在，蒙哥马利除了手头上的2个集团军外，还有权对原本属于布莱德雷的第1集团军"进行协调"。布莱德雷感到蒙哥马利是沽名钓誉，处心积虑，讨价还价。

许多人认为艾森豪威尔的折中方案，丢掉了早日结束战争的机会。到战争结束后，布莱德雷才意识到艾森豪威尔的决定是稳妥的。抽出兵力支援蒙哥马利夺取重要港口和摧毁导弹发射场，抓住了关键。而那种盲目追击的战略才是一种冒险的行动，艾森豪威尔巧妙地调和了盟军高级将领的分歧。

一场新战略的争论在艾森豪威尔的调和下结束了，等待盟军将领的是一场更大规模的战斗行动。

∧ 1944年8月，布莱德雷与蒙哥马利等人研究进攻方案。
> 巴顿统率坦克部队向德国边境急速推进。

>> 荡寇方略二争

战略方针基本确定后，盟军发起新的进攻行动。8月25日，蒙哥马利将3个集团军部署在塞纳河沿岸200公里长的地域上。加拿大克里勒的第1集团军、登普西的第2集团军分别居左、中翼；美军霍奇斯的第1集团军在右翼。蒙哥马利指挥共22个半师40万人的部队，其中有8个半是装甲师，将夺取安特卫普港。

布莱德雷的第12集团军群仅剩下巴顿的第3集团军了，而且第3集团军只有埃迪的第12军和沃克的第20军能参加行动。米德尔顿的第8军仍在布列塔尼，海斯利普的第15军正离开芒特。布莱德雷深感兵力太弱，将麦克莱恩的第90师和麦克布赖德的第80师调给巴顿以充实力量。在此之前，巴顿对蒙哥马利的做法深恶痛绝，但一旦战斗开始，巴顿马上变得豪迈奔放、乐观自信。他确信这是消灭德军、结束战争的时候了，虽然他的任务是配合蒙哥马利作战。

8月26日，巴顿率两个机械化军从默伦和特鲁瓦出发东进，发动了一场闪电战。他以神奇的速度推进，8月29日，埃迪的第12军夺取了夏隆，直逼圣米希尔；8月30日，沃克的第20军攻占了兰斯，次日占领凡尔登。9月1日，两个军渡过默兹河，在河东建立桥头堡，离德国本土仅有100公里了。

蒙哥马利这次的进攻也表现出神奇的速度。8月29日攻击开始，6天后打先锋的布雷恩·霍罗克斯的第30军便推进了400公里，攻占了亚眠、里尔和布鲁塞尔。9月4日，第30军攻占了安特卫普；加拿大的第1集团军占领了迪埃普，并把德军的第15集团军孤立在勒阿弗尔、加来和敦刻尔克；霍奇斯的第3集团军在登普西右翼杀向比利时，柯林斯的第7军俘虏了共2.5万名德军。

蒙哥马利又犯了老毛病，当部队进攻顺手时，他未能命令手下夺取距安特卫普120公里远的阿纳姆，那是莱茵河畔的咽喉要地。9月4日，第30军停下来，丧失了强渡莱茵河的良机。第二天，德军开始在安特卫普的阿尔贝运河对岸构筑工事，抵御盟军的进攻。同时，蒙哥马利未能控制安特卫普和公海之间的斯凯尔德湾，德军在岛屿上构筑了海岸炮阵地。蒙哥马利的失误给德军留下了一个喘息的良机，德第15集团军迅速增援了岛屿。直到11月28日，盟军才得以启用安特卫普港，使这场突击战的战果打了折扣。

全线追击的行动到9月初，终于因补给品的严重缺乏而陷入了困境。盟军大约28个师的部队在法国和比利时作战，每天需2万吨物资，加上供应巴黎的1,500吨物资，后勤补给线根本供应不上，艾森豪威尔只好给各战斗师严格分配定量物资。

对于作战物资的补给，由于法国铁路系统的毁坏，盟军主要靠几千辆卡车往返于诺曼底与前线之间运输，6,000辆"红球快车"一昼夜要往返1,100公里，损耗严重；同时，空军抽调了飞机紧急空运物资，使空降作战受到严重影响。

在补充汽油的关键问题上，布莱德雷与蒙哥马利又发生了冲突。蒙哥马利计划将李奇微的伞兵空降在图尔内，协助进攻布鲁塞尔，但霍奇斯的第1集团军早在空降行动前越过图尔内。布莱德雷要求蒙哥马利调飞机空运汽油，但蒙哥马利为谨慎起见，不肯放手，结果飞机延误了近一周才投入使用。9月1日，美军的汽油将尽，布莱德雷命令第1集团军在蒙斯附近停止前进，巴顿在默兹河畔停止追击。第1集团军虽不隶属蒙哥马利直接指挥，但他有权协调行动。布莱德雷的命令又使蒙哥马利火冒三丈，他责备布莱德雷把汽油转给巴顿。实际上，巴顿的汽油是从德军缴获的 100 万加仑低级汽油。对此，巴顿也怒火中烧，他口出狂言，对布莱德雷说："只要你给我 40 万加仑汽油，两天内我就能把你送到德国去！"

　　同一天，艾森豪威尔正式指挥地面部队。为了不使蒙哥马利有"降级"的感觉，丘吉尔★说服国王授予蒙哥马利陆军元帅军衔。这样，又引起布莱德雷和巴顿的不满。英国陆军元帅相当于美国的四星上将，于是从军衔上，蒙哥马利与艾森豪威尔同级了。

　　对于蒙哥马利夺取安特卫普后的战略，艾森豪威尔尚未作决断，布莱德雷和蒙哥马利仍为各自的战略设想而奋争。9 月 2 日，艾森豪威尔在布莱德雷的司令部，与布莱德雷及其手下的集团军司令巴顿、霍奇斯讨论战略战术问题。布莱德雷继续主张两路突击，不等重新组织后勤保障而马上实施快速追击。艾森豪威尔深表同意，但他担心蒙哥马利的极力反对和后勤补给问题。巴顿对艾森豪威尔的犹豫很不耐烦，他表示用声誉担保，即使减少供应，他也可以凭他的能力杀到德国去。最后，艾森豪威尔除未确定进攻日期外，接受了布莱德雷的计划。9 月 4 日，他发布命令：阿登山以北的部队占领安特卫普后，即突破保护鲁尔区那段齐格菲防线，夺取鲁尔区；阿登山以南的部队突破南段齐格菲防线，然后突入萨尔区，夺取法兰克福。这项命令要求尽快实行。

　　离开布莱德雷的司令部后，艾森豪威尔的专机遭风暴袭击，迫降在沙滩上。为躲避德军埋下的地雷，拖走飞机，艾森豪威尔右腿受了伤，卧床休息，停止工作，只好由布莱德雷向蒙哥马利当面提出新的战略计划。

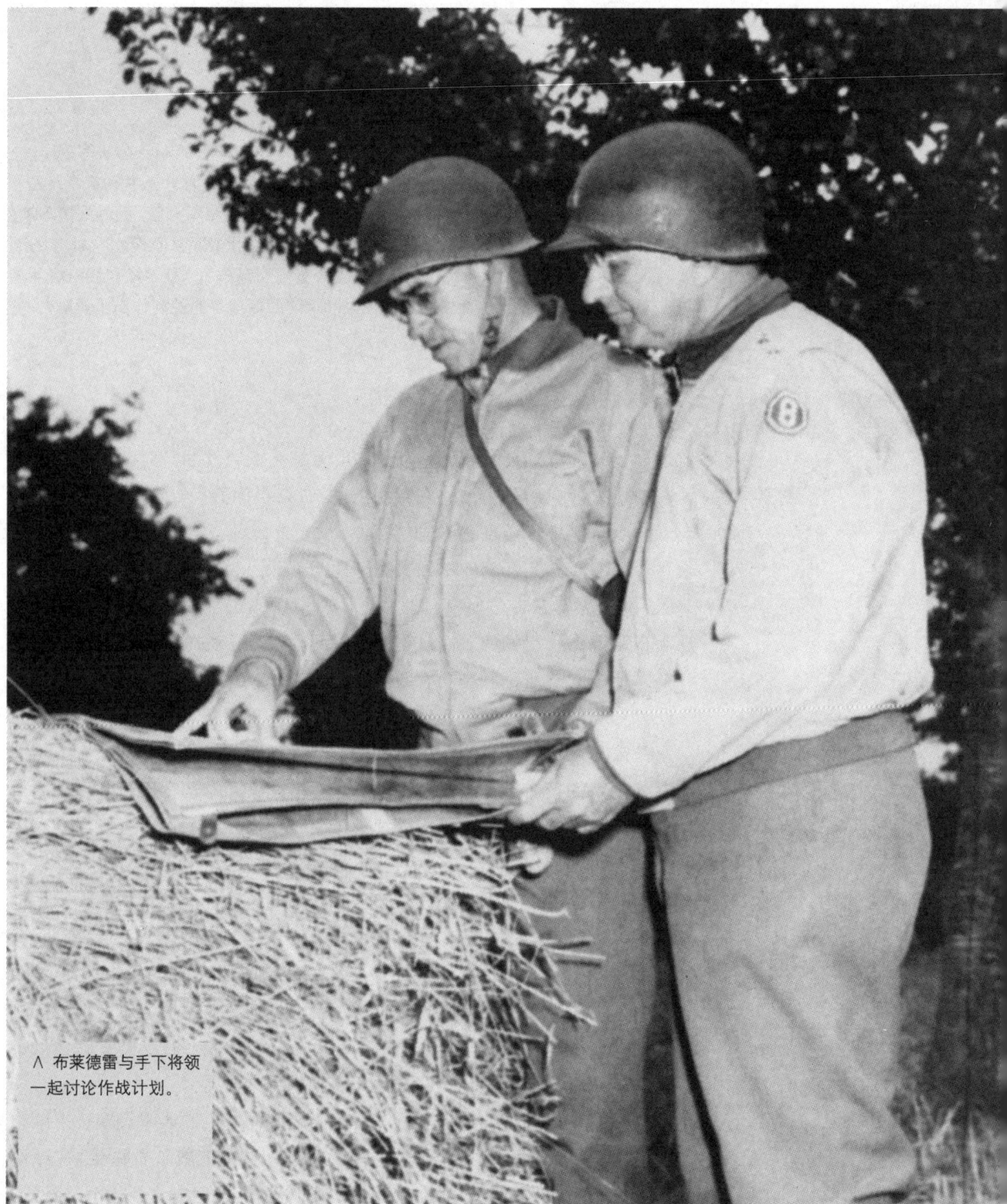

∧ 布莱德雷与手下将领
一起讨论作战计划。

9月3日，布莱德雷飞往登普西设在亚眠的司令部，同蒙哥马利和登普西晤面，传达新的战略计划。蒙哥马利心里极为不快，但他未作表露，而是表示完全同意这个计划。他们研究并划分了各个集团军的界线，之后，蒙哥马利当即向他的集团军司令和军长下达了任务。布莱德雷以为蒙哥马利完全支持他，于是高高兴兴地离开了登普西的司令部。其实并不然，蒙哥马利只是出于礼貌，得体地接待了他们，而内心却愤愤不平。

果然，第二天蒙哥马利向艾森豪威尔发出了一封怒气冲冲、蛮横无礼的电报，坚决要求支持他的一路突击战略，立即由他率军攻打柏林。他的理由是盟军后勤补给困难，不足以支持"两路突击"，所以应该集中兵力"一路突击"向德国进攻。如果实施"两路突击"，势必分散兵力，无法形成有力的突击力量。为了自己的战略能够实施，蒙哥马利甚至不顾艾森豪威尔的腿伤，要求艾森豪威尔第二天到他的司令部商讨有关问题。正遭受伤痛的艾森豪威尔被蒙哥马利的态度激怒了，他否认了蒙哥马利的主张，仍然坚持布莱德雷提出的计划，决定从多个地段上突破"西部壁垒"，以最快的速度在广阔的战线上强渡莱茵河。而对蒙哥马利攻占柏林的战略，艾森豪威尔表示要待启用包括安特卫普在内的港口和夺取鲁尔区、萨尔区后才决定。

得知艾森豪威尔的态度后，蒙哥马利仍旧不死心，他又提出了另外一个要求——给他增加兵力，并要求当面与艾森豪威尔商谈有关问题。

在9月2日，布莱德雷已命令霍奇斯和巴顿开始实施两路突击。霍奇斯在阿登山以北调动科利特的第19军进攻科隆、柯林斯的第7军攻波恩、杰罗的第5军攻科布伦茨。柯林斯和杰罗得到汽油的补给后立即开始了行动，科利特稍后也开始了行动。9月5日，第7军到达默兹河，9月7日夺取了列日。9月10日，他们到达了离齐格菲防线以西仅16公里的欧本；第5军在阿登山地和卢森堡的进展也较顺利，9月10日抵达了离齐格菲防线不到16公里的地方；第19军的第2装甲师和第30师则于9月10日渡过了阿尔贝运河。

在南路，巴顿补充汽油后于9月5日出发，率2个军共6个师先期夺取摩泽尔河畔的南希和梅斯，然后直逼法兰克福。巴顿对抵达莱茵河信心十足，他情绪饱满，洋洋得意。

但是，已经前进到齐格菲防线的霍奇斯开始谨慎起来。他不相信情报部门提供的关于德军防御力量薄弱的看法，命令部队暂停两天，等待弹药补给。

＊魁北克会议

1943年夏季，英美在意大利战场上的作战行动进展顺利。8月14日至24日，丘吉尔和罗斯福等人在加拿大魁北克举行以"四分仪"为代号的重要会议。就欧洲战场与太平洋和印度洋战场的关系问题达成多项协议。1944年9月11日至19日，英美两国首脑再次在魁北克召开重要会议。会议就如何扩大和发展第二战场问题、战后对德国的处理问题等进行了深入讨论并达成一系列协议。

< 罗斯福、丘吉尔在魁北克会议期间。
> 正准备发射的德国V-2导弹。

>> 荡寇方略三争

9月8日，德国开始向伦敦发射V-2导弹，这些导弹是从鹿特丹或阿姆斯特丹附近发射。丘吉尔和英军重要将领当时都不在英国，他们正乘坐"玛丽皇后"号去参加拿大魁北克会议＊，与罗斯福和盟军参谋长联席会议商讨太平洋战争的战略问题。于是，伦敦的官员们便以英国政府的名义连续致电蒙哥马利，敦促他迅速攻占德军发射导弹的地区。

伦敦突然遭到V-2导弹的袭击，倒成了蒙哥马利重提"一路突击"战略的大好时机。他抓住这一良机，又发动了一场推行其战略的运动，制订了代号为"市场花园"的作战计划，准备对阿纳姆实施大规模的陆空联合进攻。蒙哥马利曾表示过完全同意布莱德雷提出的战略，并准备开始执行。可是没过几天，他既不预先商量，也不事先通知，就突然提出一个完全新的战略计划，布莱德雷被弄得措手不及。当他间接地获知了有关情况后，立即对蒙哥马利违背盟约，并偷偷摸摸地请求英方批准其计划而感到愤怒、失望和震惊。

"市场花园"计划以实施大规模空降为主要作战手段。蒙哥马利打算在阿纳姆和通往阿纳姆的公路上空降3个师，另留1个师机动，待占领机场后再在阿纳姆空降；与此同时，登普西的第2集团军从安特卫普向阿纳姆挺进，与空降部队会合。在地面部队中，霍罗克斯第30军的1个半装甲师、2个半步兵师担任主攻先锋部队；第12军的1个装甲师、2个步兵师负责掩护第30军的左翼；第8军的1个装甲师、1个半步兵师保卫第30军的右翼。这些部

队，包括空降部队，共约15万人。

布莱德雷立刻明白了蒙哥马利的用心。"市场花园"计划并非他所说的是一场助攻行动，而是他处心积虑谋划已久的"一路突击"战略的翻版。他将投入这一计划的14个师兵力，与布莱德雷指挥的2个集团军16个师的兵力不相上下。如果"市场花园"计划得以实施，蒙哥马利在渡过莱茵河并建立桥头堡之后，无疑将从莱茵河继续向东突击，横穿德国北部平原，直指柏林。这样，"市场花园"计划将成为蒙哥马利独自指挥的向柏林的主攻，美军到时将被迫让出作战物资，甚至停止前进，失去攻打德军的机会。

于是，布莱德雷立即打电话给艾森豪威尔，抗议蒙哥马利的战略，指出他的战略实质上仍是以一路突击战略代替两路突击战略，迫使美军支持他一意孤行地攻打柏林。从战术上讲，蒙哥马利的战略会使美英军间的距离加大，主力调走后留下的空隙会让德军乘虚而入，招致危险。若遇德军反扑，他们可能将登普西孤立在荷兰，还可能抵北海夺回安特卫普。布莱德雷坚持要蒙哥马利扫清斯凯尔德湾，封锁德军第15集团军的逃路，控制安特卫普以保障后勤供应。

艾森豪威尔在电话里支支吾吾，说不出所以然，布莱德雷立即意识到他已同意蒙哥马利的计划。艾森豪威尔为什么要同意蒙哥马利的战略，一再改变决心，布莱德雷百思不得其解。

艾森豪威尔确实有他自己的考虑和意图。空降部队是一支强有力的突击力量，但自盟军登陆欧洲大陆以来，空降部队一直没有发挥应有的作用，为此，艾森豪威尔一直受到马歇尔和阿诺德的批评。在布莱德雷的计划中，没有使用空降部队的内容。而蒙哥马利提出的"市场花园"计划中，在夺取阿纳姆的行动中，恰好能充分利用空降部队进行突击。在艾森豪威尔看来，这是一次为空降部队正名的绝好机会。此外，德军V型导弹的威胁和在伦敦引起的恐慌，也促使他倾向于蒙哥马利的计划。V-2导弹是一种空前可怕的武器，弹头重1千磅，弹道高，速度快，还来不及发现就落下来了。皇家空军和高射炮兵能够击落速度较慢的V-1导弹，却没有办

∧ 德国B集团军群司令莫德尔。

法对付 V-2 导弹。V-2 导弹不仅能随时打击伦敦，而且也能袭击盟军的供应基地。所以，艾森豪威尔不愿否决或许能够摧毁 V-2 发射场的作战计划。

9月9日，艾森豪威尔不顾腿伤未好，特意赶到凡尔赛同布莱德雷会晤，听取他对"市场花园"计划的意见。两人会谈了一夜，布莱德雷详细陈述了他反对蒙哥马利放弃扫清斯凯尔德湾而去攻击阿纳姆的理由。此时，德军正在组织有效的抵抗，仅在阿纳姆地区即有3个德军装甲师（第2、第116、第9师）在集结，其中德国第2装甲师就驻扎在埃因霍温，摆在蒙哥马利进攻路线的当面。另外有情报显示，德国B集团军

∨ 1944年9月3日，蒙哥马利与布莱德雷等人一起讨论进攻莱茵河的计划。

群司令瓦尔特·莫德尔不仅已在阿纳姆市郊的奥斯贝克设立司令部，加强了这一地区的指挥。而且，正在将德军第9师，可能还有第10装甲师调往阿纳姆地区。蒙哥马利显然低估了德军的力量。

对于布莱德雷的意见和分析，艾森豪威尔不以为然。他认为，为了夺取莱茵河对岸的阿纳姆桥头堡，冒点险是必要的。但为了打消布莱德雷的顾虑，统一盟军的行动，艾森豪威尔还是向他保证：蒙哥马利只有在实施"市场花园"计划的过程中，才能优先得到汽油、弹药等补给品；他将发布特别命令，要求蒙哥马利一夺取莱茵河桥头堡就立即停止进攻，他决不会允许蒙哥马利向柏林实施"一路突击"；美军部队的作战行动不会纳入蒙哥马利的"市场花园"计划。在蒙哥马利实施"市场花园"计划的同时，如果后勤补给情况允许，霍奇斯和巴顿可大力向莱茵河推进；"市场花园"计划完成后，蒙哥马利的主要任务将是肃清斯凯尔德湾的残敌和控制并启用安特卫普港。

会面匆匆结束。听了布莱德雷的分析，艾森豪威尔有些放心不下。第二天一早，艾森豪威尔马不停蹄，乘飞机到布鲁塞尔会晤蒙哥马利。由于艾森豪威尔行动不便，蒙哥马利和特德赶到布鲁塞尔机场，在艾森豪威尔的飞机上举行会谈。会议刚一开始，蒙哥马利一眼看见了艾森豪威尔的首席行政长官英国将军汉弗莱·M·盖尔，他气不打一处来。蒙哥马利认为盖尔虽然是英国人，但总不替自己说话，因此他傲慢地要求盖尔不参加会谈。艾森豪威尔心里异常不快，但为了团结，答应了蒙哥马利的要求。讨论问题期间，蒙哥马利的态度蛮横无理，出言不逊，居然挥舞一叠文件，用极其强烈的语气对艾森豪威尔的战略和指示进行了谴责。

这回，艾森豪威尔再也不能忍让了。他俯过身去，用手拍一拍蒙哥马利，对他说："镇静点，蒙哥马利！你不能这样跟我说话。我是你的上司。"

蒙哥马利这时才知道自己的失态，他说："对不起，艾森豪威尔。"

在艾森豪威尔的再三询问下，蒙哥马利和盘托出了"市场花园"计划的真正目的。正像布莱德雷估计的那样，他的真正攻击目标不是阿纳姆而是柏林。蒙哥马利打算在占领阿纳姆后，让手下的第2集团军及所属的4个半空降师绕过鲁尔区北部，越过德国北部平原直扑柏林；霍奇斯的第3集团军从东路经亚琛抵达科隆，由南侧包围鲁尔区，与登普西会师后进攻柏林。这样便形成了以23个师兵力进攻柏林的态势。这是蒙哥马利真正的如意算盘。巴顿的第3集团军将失去参战机会，不得不采取守势，这是美军将领所不能容忍的。

会议气氛很不协调。蒙哥马利固执己见，艾森豪威尔的态度也变得坚决起来，明确表示不能支持一路攻打柏林的战略。他对蒙哥马利说："一路突击计划无需讨论。你的'市场花园'计划必须在夺取莱茵河对岸的桥头堡后停止下来，否则司令部就命令停止你的供应。"

私下里，艾森豪威尔认为蒙哥马利简直疯了，想把一切部队都交给他去攻打柏林。艾森豪威尔坚决要求蒙哥马利攻克阿纳姆后立即回师扫清斯凯尔德湾，迅速使安特卫普得到启用。总之，蒙哥马利不能自由行动。

按计划，蒙哥马利应于9月17日实施"市场花园"计划。但他11日给艾森豪威尔打电话，要求推迟到9月23日或26日才行动，原因是供应困难。实际上，蒙哥马利是想把登普西手下的第8军从诺曼底调来，使该军放弃负责运输物资的工作。艾森豪威尔当着布莱德雷的面怒火万丈，脸色发青。对蒙哥马利反复无常的举动，艾森豪威尔真是厌烦透了，但是又没有什么好办法制约他。最后，艾森豪威尔想出了一个两全其美的办法，12日，他派史密斯飞往布鲁塞尔，当面转达他的口信，每天再多给蒙哥马利1,000吨补给品，但作为交换条件，蒙哥马利必须如期实施"市场花园"计划。为了提供这些物资，美军新到的第26、第95、第104步兵师必须停止前进，调走他们的卡车加入"红球快车"行列，再抽掉经验丰富的人员和卡车去为蒙哥马利保障供给。史密斯还建议蒙哥马利向阿纳姆再空降一个师，据情报部门的急电，德军第9、第10师已驻扎在阿纳姆。

为了与蒙哥马利比个高低，布莱德雷在9月12日向霍奇斯和巴顿介绍完"市场花园"计划后，讨论了美军的作战和供应问题。尽管供应不如蒙哥马利，布莱德雷决定储足弹药后让两位集团军司令继续前进，突破齐格菲防线，不必停留。这个命令后来得到了艾森豪威尔的认可。

从作战行动上看，布莱德雷先于蒙哥马利开始了自己的行动。

柯林斯和杰罗的部队被霍奇斯派作侦察性部队，结果杰罗成为盟军中最先跨入德国边界的部队。柯林斯的部队也于9月12日从亚琛以南进入了德国。德军寸土不让，在毫无军事价值的地段也拼死抵抗，美军被迫停止前进。科利特的第19军仅有两个师，他奉命在亚琛以北突击齐格菲防线，但蒙哥马利把霍罗克斯的第30军从科利特的左翼调去攻打阿纳姆，也未按许诺让第8军填补缺口，甚至连招呼都不打，致使美军的左翼出现了一个90公里的大缺口，科利特一动，缺口将加大。此时，阿登山脉以南的巴顿派第20军、第12军在梅斯、南希攻击德军，也遇到猛烈抵抗。骁勇善战的巴顿这一次遇到了挫折，德军的抵抗使他不得不暂时停下来。9月15日，埃迪夺取了南希；海斯利普率两个师攻占了埃皮纳尔，2天后又攻占了吕内维尔；沃克却不顺手，未能夺取梅斯。这样，巴顿便不能向萨尔区前进了。德军沿齐格菲防线积极构筑工事，横下一条心捍卫他们的国土。从圣洛开始，盟军推进了共520公里，但到德国边境时，运动战变成了阵地战，两军的对峙形成。

布莱德雷的部队受阻了，这是他步入艰难时期的开端，更残酷的日子还在后头。那么，蒙哥马利9月17日起实施的行动又怎么样呢？实际上，蒙哥马利的进攻也失败了，德军在阿纳姆及以南集结，他们在战场上缴获了盟军关于"市场花园"计划的文本。德军集团军司令莫德尔亲自指挥，沿路反击蒙哥马利的部队。霍罗克斯的第30军在第101空降师和第82空降师★的有力支援下，向北面的内伊梅根前进，但未能跨过阿纳姆市的莱茵河大桥。伞兵死伤、被俘、投降者不计其数。整个"市场花园"计划，盟军损失17,000人，比进攻诺曼底损失的人数还多。这个计划的失败，比起布莱德雷进攻受阻来说，要严重得多。这不仅是因为它损失惨重，还因为它调走了部队，致使扫清斯凯尔德湾的时间推迟，盟军由此犯了舍近求远、欲速不达的错误。

　　这次事件后，连一直支持蒙哥马利的布鲁克、拉姆齐也站在布莱德雷一边，对蒙哥马利的表现十分失望。布鲁克在日记中写道："我认为蒙哥马利这次的战略确实错了。他应该首先保卫安特卫普，而不该进攻阿纳姆。"拉姆齐海军上将甚至认为"在这件事情上，毫无疑问应该批评蒙哥马利"。

∧　德军向实施"市场花园"计划的盟军发起了反攻。

★第82空降师

第二次世界大战时期美国军队著名的主力部队之一。该师前身是1917年8月成立的第82步兵师。第82步兵师在一战后被解散，1942年3月重建，同年8月改编为空降师，是美军的第一个空降师，由李奇微任师长。1943年7月9日，该师首次参加西西里战役。后参加意大利战役、诺曼底战役以及西欧诸战役。1946年，该师调回美国，任战略值班部队，后曾作为美军快速反应部队按照美国政府的意图，参加多次对外军事行动。

05

盟国与匈牙利停战事件

1944年5月12日，苏美英三国政府发表宣言，要求包括匈牙利在内的四个轴心仆从国退出战争，停止与法西斯德国合作。1944年9月苏军进入匈牙利境内，10月末苏军逼近布达佩斯。同年12月22日，包括匈牙利共产党在内的独立阵线各政党的代表正式组成了匈牙利临时国民政府。1945年1月20日，同盟国与匈牙利签署了《苏美英与匈牙利停战协定》。协定的签署标志着匈牙利正式退出战争。

罗斯福再次连任美国总统

1944年，罗斯福再次连任美国总统，至此，他已成为美国历史上唯一的一位连任四届的总统。1933年3月4日，罗斯福发表了"只有恐惧本身才是我们感到恐惧的东西"的著名就职演说，就任美国第32任总统。1936年，获得连任。1940年，他破例第三次当选总统，任期内使国会通过"租借法案"，与丘吉尔签署了《大西洋宪章》，决定给苏联以战时援助。在珍珠港事件后，对日宣战，使有孤立主义传统的美国成为世界反法西斯联盟的支柱之一。

> 1944年第四次连任美国总统的罗斯福。
Ⅴ 德黑兰会议期间，丘吉尔代表英王乔治向苏联赠送荣誉宝剑。

英国向苏联赠送荣誉宝剑

1943年11月29日，苏联、美国和英国三国首脑在德黑兰会议期间举行了一次隆重的赠剑仪式。英国首相丘吉尔代表英国国王在仪式上将一把荣誉宝剑赠与苏联斯大林格勒的居民，以表彰他们对德国进攻的顽强抵抗。宝剑是由英国的许多能工巧匠制造的，在剑刃上镌刻着赠言："赠给斯大林格勒公民——具有钢铁般意志的人们。"赠者署名是："英国国王乔治六世及英国国民"。

罗斯福就严惩战犯发表声明

1944年3月24日,美国总统罗斯福就严惩战争罪犯问题发表了一篇声明。在声明中,罗斯福重申了盟国对第二次世界大战的发动者及所有负有责任者进行严厉惩罚的立场。他指出,不仅法西斯主义的领袖将受到严惩,一切组织、参与迫害、镇压和掠夺被占领的民众的德国及其附庸国内的各类人员,"均将受到惩处"。

苏美英三国政府发表联合宣言

1944年5月12日,苏联、美国和英国政府就德国的仆从国停止同德国的合作、退出战争而发表的一篇联合宣言。宣言要求匈牙利、罗马尼亚、保加利亚和芬兰立即停止派遣军队继续配合德军作战,并尽速从前线撤军。宣言还呼吁这些国家放弃其与德国的联盟关系。鉴于当时欧洲战场的局势,该联合声明对上述各国起到了一定程度的威慑作用。

罗斯福就开辟第二战场问题致函斯大林

1943年6月4日,美国总统罗斯福以他本人和丘吉尔的名义,正式函告苏联政府和斯大林,"按照目前的计划,盟军将于1944年春季在英国集结重兵,以便在那时开始向欧洲大陆发动全面的进攻。"此函引起了苏联方面的严重不满。卡萨布兰卡会议以后,斯大林曾分别致函罗斯福和丘吉尔,希望获得卡萨布兰卡会议关于开辟欧洲第二战场问题讨论结果的承诺。

> 斯大林与丘吉尔在一起。

07

法西斯魔头的最后会晤

1944年7月20日，纳粹德国领导人希特勒与"意大利社会共和国"领导人墨索里尼在德国希特勒大本营"狼穴"举行会晤，这是希特勒和墨索里尼的最后一次会晤。双方讨论了欧洲战局和德意政局，但未就具体问题达成实质性的协议。会晤结束后，希特勒带领墨索里尼观看了仍在冒烟的会议室残迹。数小时之前，在此发生了一次暗杀希特勒的行动，在该暗杀行动中，希特勒险些丧命。

美国轰炸日本本土

1944年6月15日，美国B-29型"超级堡垒"轰炸机轰炸了日本，开始了对日本本土的全面空战。日本主要岛屿九州岛的工业中心遭到了美军飞机的严重轰炸。这次袭击突出表明：太平洋战争进入了一个新的阶段。美国陆军参谋长马歇尔称这次空袭为"一种新式的对敌攻势"。这次空袭对铺平进攻日本的道路、推进战争的进程起到了重大作用，就像大规模的空战削弱了德国的力量进而占领德国一样。

∧ 希特勒与墨索里尼在"狼穴"，这是两人最后一次会晤。

∧ 遭美机轰炸后的东京工业区，成了一片废墟。

retrieval

盟军进占罗马

1944年6月3日夜，德军西南线总司令凯塞林元帅因盟军对其关于宣布罗马为"不设防城市"的建议没有答复，遂下令德军第14集团军右翼开始撤离罗马。6月4日上午，美军第5集团军的部队开始顺利进入罗马。14时15分，美军到达罗马市中心。随即控制了整个罗马城并对北撤的德军发动追击战。

希特勒会晤墨索里尼

1943年9月14日，德国最高领导人希特勒与意大利前领导人墨索里尼在东普鲁士拉斯登堡德国元首大本营举行了一次会晤。9月12日，墨索里尼从其意大利阿布鲁奇山脉大萨索峰顶关押处被德国伞兵突击队营救，不久转移到东普鲁士。希特勒在会晤中竭力劝说墨索里尼重新掌握意大利国家领导权。次日，墨索里尼即着手组织"意大利社会共和党"的工作。9月23日，该党正式宣布成立。

∧ 1943 年 9 月 14 日，希特勒与墨索里尼在一起。

盟军远征军阿尔及尔登陆战

1942年11月8日晨，由英美军队组成的盟军北非远征军东部特混舰队，在英国将军赖德的指挥下，在阿尔及利亚的阿尔及尔实施登陆。由于法国维希政府的军队驻阿尔及利亚的马斯特将军等5人准备迎接盟军登陆，预先将在当地的法国军政要员逮捕，组织了一次成功的暴动，使法军防御系统陷于瘫痪，所以盟军登陆上岸非常顺利。当日傍晚，驻阿尔及尔的法军向盟军投降，盟军随即控制了阿尔及尔。

第九章

诡谲的阿登山林

1893-1981 **布莱德雷**

布莱德雷的看法与蒙哥马利的主张截然相反。他认为从各种情况来看，希特勒投入阿登战役的德军部队并不像蒙哥马利所想的那样，毫发无损，而是损失惨重，装甲部队的弹药与汽油都已消耗殆尽，攻势已成强弩之末。盟军的反击时机已经成熟……

★齐格菲防线

即"西方壁垒"。第二次世界大战前，德国军队构筑的一条重要军事防线。1935年开始修筑，1939年竣工。防线沿德国西部边界北起荷兰南至瑞士，建造了一系列永备工事配系。防线全程500公里，纵深35~100公里，共约16,000个筑城工事。第二次世界大战期间，盟军从1944年9月到1945年3月曾多次突破由德军驻防的齐格菲防线。二战结束后，该防线的地面工事被拆除。

>> 战略攻势的暂停

在欧洲大陆，除了第12集团军群以外，还有执行"龙骑兵"计划成功后组建的另一个美军集团军群，司令是杰克·德弗斯。他统领的第6集团军群，下辖参加"龙骑兵"行动的第7集团军，另一个集团军是德·塔西尼指挥的法国第1集团军。整个集团军群共有40万人，在巴顿的右翼朝东北方向挺进德国。1944年9月，在欧洲大陆的美军部队包括：德弗斯的第6集团军群、布莱德雷的第12集团军群。此外，艾森豪威尔还统帅蒙哥马利的第21集团军群。作为盟军司令，他手下已有8个集团军，共55个师，其中28个师是美军，整个盟军部队人数达250万。盟军攻到德国边境后，希特勒部署了共63个师在齐格菲防线★抵抗盟军的进攻，重新启用老将冯·伦德施泰特指挥西线作战。德军当中，有15个装甲师和15个步兵师是精锐。其余的师，或由老人和少年组成；或装备不足，人员缺额严重；或训练不足，缺乏经验。从整个实力来讲，德军不占优势，但他们可依据有利地形和补给线短的有利条件，以及恶劣的天气，阻止盟军的进攻。

1944年9月22日，艾森豪威尔在凡尔赛的司令部召开盟军高级司令会议，研究形势和制定未来战争的方针。这是自诺曼底登陆以来最重要的一次高级将领会议。蒙哥马利借口因执行"市场花园"作战行动脱不开身而回避这次会议，只派参谋长德金甘德代替他。布莱德雷在筹备会议时就用口头和书面形式向艾森豪威尔陈述了自己的意见，他认为必须启用安特卫普港；向德国纵深进攻并与德军周旋，迫使其无法集中兵力；对首要目标鲁尔区发动两路突击，南北夹击。蒙哥马利的集团军群将构成北半钳，巴顿的第3集团军将构成南半钳。后者通过萨尔直扑法兰克福向北与蒙哥马利会合，霍奇斯则向东攻击科隆。这几条建议与蒙哥马利的主张正好相反，蒙哥马利仍然坚持9月4日提出的由他率军向鲁尔区进攻并沿北路直抵柏林的战略，指定由霍奇斯担任他的援军。蒙哥马利以集中财力、人力为由，企图使右翼的整个第12集团军群停下来。

在主要司令官，特别是蒙哥马利与布莱德雷之间的争论中，艾森豪威尔又一次偏袒了蒙哥马利。他决定，蒙哥马利将在霍奇斯支援下夺取鲁尔区，安特卫普港交给加拿大部队去解决。巴顿的任务是防御而非进攻。

布莱德雷内心感到十分沮丧和无比失望。他夜里开始失眠，白天则面带愁容倦意。巴顿看到布莱德雷情绪低落，也大发牢骚。伤心的巴顿给妻子写信，表示真想一醉方休。

实际上，蒙哥马利也困难重重，他无法实施向鲁尔的攻势。"市场花园"作战行动把他拖住了，大批德军被吸引过去。蒙哥马利只好在英第8军和美第19军之间的皮尔沼泽地与德军混战。结果，霍奇斯手下借给蒙哥马利的第7装甲师伤亡惨重而一无所获，布莱德雷还解除了师长西尔维斯特的职务。

由于补给困难，天气恶劣，盟军进入10月份后已是寸步难行。布莱德雷对艾森豪威尔和蒙哥马利也很失望，他估计要到1945年春才有机会发动进攻了。

10月6日，马歇尔前来欧洲巡视战况，与艾森豪威尔、布莱德雷、霍奇斯、巴顿等人以及各位军长、身居一线的师长们交谈。马歇尔的到来，犹如一股春风吹到了美军将领中。他乐观地看待时局，并督促制定11月份的进攻计划。他甚至希望圣诞节结束战争。布莱德雷不想扫兴，但还是向马歇尔阐述了后勤问题的严重性。他认为圣诞节能打到莱茵河就算胜利了。

10月8日，马歇尔在布莱德雷陪同下，去蒙哥马利设在埃因霍温的前线司令部。蒙哥马利坚持要与马歇尔单独谈话。当他们走进密室后，蒙哥马利喋喋不休，谴责艾森豪威尔指挥不力："自从艾森豪威尔亲自指挥地面战斗以来……军队就按国籍和地区分散了。无法掌握情况，部队缺乏作战指令，失去了控制……"在蒙哥马利看来，艾森豪威尔统帅全部地面部队是不能令人满意的，应该另外任命一名地面部队司令官。

马歇尔极力克制着自己，一言不发。后来，马歇尔承认自己差点失去身份与蒙哥马利争吵起来，他认为蒙哥马利表现得太利己主义，简直不近情理。

蒙哥马利并未就此罢休，他继续与艾森豪威尔争论。10月10日，他送给史密斯一份"西欧指挥要则"，开头就说："目前西欧盟军内部的指挥机构不能令人满意。"言下之意是说自从他不再担任地面部队总司令以来事事不如意。为此，蒙哥马利建议有必要另设一名地面部队总司令来指挥夺取鲁尔区，而且要立即任命他本人来担任这一职务，或者将艾森豪威尔的战术司令部前移，由他或布莱德雷负责指挥地面部队。蒙哥马利还虚情假意地表示，若艾森豪威尔选择了布莱德雷，他愿意在"亲密朋友布莱德雷的领导下服务"。

艾森豪威尔被激怒了，他写了一封信，经过马歇尔允许，发给蒙哥马利。艾森豪威尔信中严肃地提出安特卫普港才是眼前的主要问题。马歇尔和布鲁克均有此共识，而安特卫普港根本不涉及指挥问题。艾森豪威尔尖锐指出：现在已不是诺曼底滩头，他的职责是督促各个战场，授予集团军群司令一定权力负责作战。如果蒙哥马利无力完成进攻安特卫普及鲁尔区的任务，则考虑由布莱德雷去完成，蒙哥马利本人可以提供援助。如果这样还不满意，则交给最高当局裁定。16 日，蒙哥马利意识到争论指挥问题对他来说是多么过分，表示服从艾森豪威尔指挥，首先考虑安特卫普问题。

为了扫清斯凯尔德湾，蒙哥马利派登普西手下的第 12 军支援加拿大部队。布莱德雷也抽调第 104 步兵师参与作战，该师师长是在西西里战役中被解职的特里·艾伦。这样，包括第 101、第 82 空降师和第 7 装甲师在内，蒙哥马利控制了美军 4 个师。11 月 8 日，蒙哥马利的部队奋战了 3 个星期，才肃清斯凯尔德湾，盟军共损失了 13,000 人。在回忆录中，蒙哥马利终于承认他低估了开通安特卫普港的困难，犯了错误。

布莱德雷 9 月 22 日提出的战略终于被艾森豪威尔采纳，原因是蒙哥马利 10 月初进攻鲁尔区的失利，以及马歇尔来访等一系列事件的发生。10 月 18 日，艾森豪威尔决定以布莱德雷的第 12 集团军群为主力，兵分两路突击莱茵河，蒙哥马利自诺曼底登陆以来首次担任配角。

为防止蒙哥马利再借兵，布莱德雷把辛普森的第 9 集团军从比利时和卢森堡，调往霍奇斯手下第 19 军控制的亚琛以北地区，隔断蒙哥马利和霍奇斯之间的原有接触。目的是保留第 1 集团军的人马，他们身经百战，反英情绪颇浓。而辛普森的部队不了解蒙哥马利的妄自尊大，辛普森也能较好地与蒙哥马利协调。私下里，布莱德雷舍不得柯林斯、杰罗、米德尔顿等爱将和老兵离开。

布莱德雷十分喜欢辛普森，他少言寡语，意志坚强，富有幽默感。

在阿登山脉以北的辛普森和霍奇斯面临着复杂的地形，包括罗尔河及许尔特根森林南端德国人在罗尔河上建筑的七个水坝。假如德军破坏水坝，将淹没河流下游，渡河难度加大或根本无法渡河。直到 10 月下旬，布莱德雷才意识到那些水坝所构成的威胁，直接命令诺曼·科塔率第 28 师于 11 月 2 日，在炮兵、工兵支援下进攻施密特镇，试图及早控制水坝和溢洪道。德军依仗地形进行了顽强的抵抗，加上美军的坦克无法在崎岖的地形上推进。此外，盟军因天气而不能从空中支援科塔的战斗。最后，科塔的第 28 师与德军新组建的第 116 装甲师和另两个王牌师激战，损失 6,000 人，被迫撤退。

> 蒙哥马利与美第9集团军司令辛普森在一起。

　　科塔的失利并没有影响布莱德雷的进攻决心，这是美军从参加欧洲战争以来第一次当主角，决不能放弃这样的机会。眼下，布莱德雷的第1、第3、第9集团军共有22个师，加上援军共约50万人。对美军来说，11月份是冬天来到前突破齐格菲防线的最后一次机会。艾森豪威尔已决定：假若布莱德雷1945年初还不能取得突破，第9集团军将交给蒙哥马利去北部执行新任务。

　　巴顿对即将来临的进攻劲头十足，感到自己又"年轻了40岁"，他重读了隆美尔的《步兵攻击战》★，以便更好地与德军作战。当然，巴顿也和布莱德雷、霍奇斯一样感到压力甚大。美军的成败、声誉压在他们三个主要将领身上。

　　11月8日，巴顿命令手下现有的2个军首先开始攻击。埃迪的第12军有5个师和许多附属的炮兵及特种部队；沃克的第20军也有4个师和附属部队，这2个军都扩大了规模。巴顿统辖的2个军共有9个师约22万人。布莱德雷把第83步兵师留下待命，以防万一。

　　巴顿的进攻是在恶劣的天气和几乎没有空中支援的情况下进行的，天气寒冷，大雨倾盆，洪水泛滥。德军顽强抵抗，巴顿的部队在泥泞的道路上每进一步，都要付出巨大的代价。整个部队经过3周的浴血奋战，杀开一条血路，推进了六七十公里。但是，巴顿被死死地阻挡在齐格菲防线前，寸步难进，他为此暴跳如雷。一到这个时候，巴顿就在日记中发泄对艾森豪威尔、蒙哥马利、布莱德雷的怒火。当布莱德雷拒绝动用第83师时，他大骂布莱德雷是"天生的胆怯""精神的懦夫"。残酷的战斗使巴顿的部队损失了21,000人，他无法突破齐格菲防线，这自然使他怒发冲冠，难以自制。

★《步兵攻击战》

★《步兵攻击战》

第二次世界大战前夕，德国军队将领隆美尔所著的书籍的名称。该书于1938年出版，书中概述了运动战术所具有的原则，认为在今后的战争中，步兵如果能同装甲坦克部队密切配合，定能发挥出空前的能动力和巨大的打击力量。作品语言生动，内容翔实，材料丰富。出版后立即受到舆论和战争史学界的高度重视。

∧ 在森林中向前推进的美军部队。

布莱德雷仍然冷静地处置着一切，按预定方案努力。阿登山脉以北的进攻由辛普森、霍奇斯的部队实施。辛普森手下麦克莱恩的第19军、吉勒姆的第13军和霍奇斯手下柯林斯的第7军、杰罗的第5军向科隆和波恩攻击。布莱德雷命第7军和第19军为各自集团军的先锋。在攻击前，空军实施大规模轰炸。柯林斯英勇善战，他手下有罗斯的第3装甲师、许布纳的"大红一师"、雷·巴顿的第4师、艾伦的第104师，还包括从杰罗第5军调来的第5装甲师的半个师。布莱德雷希望他像突破圣洛那样直抵莱茵河，为美军立下殊勋。

11月16日，一再因恶劣天气而推迟的攻击终于开始。盟军2,000架轰炸机在1,000架战斗机的护航下实施了大规模轰炸，在前锋部队的当面投下了共10,000吨炸弹。1,200门大炮接着向前沿德军阵地连续炮击。部队开始攻击后遇到了猛烈的抵抗。在许尔特根森林的复杂地形中，美军部队很快陷入了困境。在3个星期内，柯林斯的部队在森林中与德军展开了残

∧ 蒙哥马利与艾森豪威尔交谈。

酷的战斗，仅推进了共10公里。11月28日，麦克莱恩的部队到达罗尔河，杰罗随后跟到，柯林斯则在12月16日才到达罗尔河。但是，美军两个集团军付出了3.5万人的代价，仍然未能夺取罗尔河水坝。

布莱德雷指挥两支美军进攻莱茵河和包围鲁尔区的努力失败了。巴顿向萨尔推进了共60公里；辛普森和霍奇斯共推进11至16公里。两支部队均受到顽强抵抗，只好与德军展开消耗战，美军不得不在冬季中消耗力量。部队离莱茵河和鲁尔区还差得很远。

蒙哥马利很善于捕捉机会，他趁美军受挫，丁11月17日又给布鲁克写信攻击艾森豪威尔。他抨击艾森豪威尔在军事生涯中从未指挥过任何部队，不宜直接指挥这么大规模的作战行动，而应任命一名独立统管地面部队的司令官。除此之外，集中兵力在北路一线突击才会形成"巨大爆破力"。英国陆军大臣布鲁克支持蒙哥马利的意见，由于美军人数占绝对优势，布鲁克并不指望蒙哥马利担任地面部队总司令，反而建议用布莱德雷。蒙哥马利则主张，要是这样，进攻分成南北两路，北路由他指挥，南路由布莱德雷指挥。但是，布鲁克认为这个方案不会被美国人接受。11月24日，布鲁克向蒙哥马利建议，任命布莱德雷为地面部队总司令，蒙哥马利本人负责北集群，巴顿负责南集群。11月26日，蒙哥马利去伦敦，同意这一建议的前半部分，即由布莱德雷担任地面部队总司令。但他建议将巴顿的第3集团军调归他统辖，南路大军由德弗斯指挥。11月27日和12月4日，布鲁克两次向丘吉尔提出上述建议，有意更换艾森豪威尔。但丘吉尔认为艾森豪威尔合作精神很强，不能轻易地换人，因此明确地拒绝了布鲁克的建议。

蒙哥马利不顾丘吉尔对他的建议持怀疑态度，仍要与艾森豪威尔摊牌，把艾森豪威尔邀请到他的司令部，向他提出他的新计划。艾森豪威尔断然拒绝了蒙哥马利的建议，避而不谈他的新计划。蒙哥马利讨了个没趣，也只好就此罢手。但是很快，他就又有了一个新的想法，就是要全面控制盟军部队。11月30日，蒙哥马利致信艾森豪威尔，着重说明了美军进攻失利，主要是布莱德雷在战略上的过错。为此，需要制定一个决不能再失败的新计划。面对这一切，艾森豪威尔最终决定在马斯特里赫特辛普森的司令部召开高级将领会议，协调解决战略和指挥问题。

布莱德雷又累又气，一病不起，住进卢森堡旅馆里一连几天未能出门。12月1日，艾森豪威尔在会议前特意来看他。艾森豪威尔安慰布莱德雷，对蒙哥马利表示了极大的愤慨，他对蒙哥马利认为的自诺曼底登陆以来"事情就不那么顺利"的说法十分反感。艾森豪威尔认为，盟军取得了重大突破，横扫法国和比利时，已经抵达莱茵河，逼近德国领土。

12月7日，马斯特里赫特会议如期召开。布莱德雷拖着病体参加了会议。会上，蒙哥马利又夸夸其谈，重谈他那些陈词滥调。归纳起来，他的意见基本有三点：第一、对德国的主攻应投入盟军的全部兵力，从北面突击鲁尔区，得手后直抵柏林；第二、部署在阿登山北麓的盟军部队担任主攻，由蒙哥马利统一指挥；第三、巴顿第3集团军和德弗斯第6集团军群都应停止前进，就地组织防御。

会议的结果，蒙哥马利如愿以偿，艾森豪威尔把主攻方向定在北面，由蒙哥马利指挥，辛普森的第9集团军支援；布莱德雷率巴顿和德弗斯两个集团军继续向德国攻击，夺取波恩、法兰克福后朝北向鲁尔区进攻。这一折中方案，等于宣布了布莱德雷主攻的失败，他只能率军支援蒙哥马利了，因此布莱德雷心里很不痛快。

蒙哥马利的目的也未达到，大权仍在艾森豪威尔手中，美军仍可以进攻，不存在由他单独攻击鲁尔区、攻击柏林的计划。为此，蒙哥马利又写信给布鲁克，企图说服丘吉尔与罗斯福等召开英美参谋长联合委员会会议。罗斯福听了马歇尔的建议，拒绝召开首脑会议。

12月12日，艾森豪威尔和特德应邀参加英军全体参谋长会议。会上，布鲁克抨击了艾森豪威尔的新作战计划和两路突击计划。可是到最后，丘吉尔反而袒护艾森豪威尔，令布鲁克大吃一惊。丘吉尔私下承认，他这样做因为艾森豪威尔是他的客人。

>> 阿登山林扑出困兽

战争态势真是瞬息万变。布莱德雷11月份指挥大军攻击齐格菲防线和莱茵河受挫，盟军上下一片悲观。艾森豪威尔等决策人物都相信要在1945年四五月间才能打破僵局，发动春季攻势。

进入12月份，盟军的乐观情绪首先从情报部门复苏。他们分析，11月份的进攻，巴顿俘虏了6万德军，相当于五六个师的兵力。盟军每天不断向德军施加压力，德军一天伤亡约

9,000人，一个星期即损失5个师的兵力，这是任何国家都承受不了的巨大消耗。德军同时在东、西线作战，兵源日益枯竭。盟军飞机不断轰炸距德军前线很近的腹地和军事设施，弄得德军日益陷入困境。布莱德雷的情报副参谋长埃迪·赛伯特于12月12日的一周总结中，认为德军已比估计的薄弱，突破点随时会出现。蒙哥马利的情报副参谋长威廉斯更加乐观，他认为德军处境已很糟，无力发动大举进攻了。

11月份，布莱德雷已从情报部门获悉，冯·伦德施泰特重新担任西线司令官。但是，希特勒是否仍控制西线战略，不得而知。布莱德雷希望希特勒主持西线战略，再次命令德军进行攻击，这样，盟军便可乘机在莱茵河以西歼灭德军。伦德施泰特是职业军人，他的每一次军事行动都是按教范进行，对盟军造成的难度很大。这样，盟军就必须控制罗尔河上的水坝，然后过河向莱茵河挺进。"超级破译"情报组织的情报表明，伦德施泰特正在科隆部署强大的第6装甲集团军，第5装甲集团军也从前线后撤补充给养、进行休整。布莱德雷判断，伦德施泰特会在罗尔河和莱茵河之间适合坦克作战的地域反击盟军，第6装甲集团军可能会作为主要的反击部队。第1集团军情报副参谋长蒙克·迪克森在12月10日的报告中认为，伦德施泰特的反攻肯定在盟军渡过罗尔河以后，盟军必须控制罗尔河的水坝，不让水坝为德军利用。

但是，所有人都认为德军的反击是袭扰性的，绝不可能是大力反击。伦德施泰特不会动用他的装甲部队预备队来进行冒险。因此，最高统帅和其他高级将领都没有想到希特勒可能亲自指挥，发动歇斯底里的疯狂反击，垂死挣扎。

实际上，希特勒仍密切注视着西线的战况，伦德施泰特只是前台人物。希特勒正在策划一次孤注一掷的大规模战略反攻，用4个集团军共40万人的兵力在阿登山区实施闪电反击，拦腰切断盟军，以7个装甲师打头阵。这些集团军将把盟军分割成两半，夺占盟军后勤基地，封锁安特卫普，然后将盟军分割包围，一口一口地吃掉。

而此时，经过激烈残酷的战斗，盟军的兵力相当紧张，兵员奇缺，几乎没有一个机动师了，一些地段防守薄弱。在正面战线上，阿登山区霍奇斯和巴顿两个集团军之间的140公里宽的地域最为薄弱，由已划归第1集团军的米德尔顿的第8军防守。德军在1940年就是从这一地段进攻法国的，这是一个危险至极的地域。但布莱德雷当时没有把这个地区当作特别危险的地区，因为他从情报部门获知，这一地段的正面，德军只稀疏地部署了一些临时性的部队，主要是一些民兵师。盟军很多高级将领认为，德军利用这个地区，训练新组建的部队，然后把他们送到前线。

因此，11月8日当天，在盟军发动攻势的同时，布莱德雷陪同艾森豪威尔来到米德尔顿设在巴斯托尼的司令部视察。他们共进午餐后，布莱德雷和艾森豪威尔赶到前线，视察了几个师。随后，他们同米德尔顿一起调整了部署，决定由4个师防守这个地区。由北向南，依次为刚到的第106师、第8师、第4师和第9装甲师。他们认为，这样就可以抵挡德军的反击。

虽然这个地区的兵力单薄，但是布莱德雷并不担心。他认为万一德军在这一带发动骚扰性的进攻，他可以从北面调动霍奇斯的部队，从南面调动巴顿的部队支援米德尔顿，以强大的机动部队迅速歼灭来犯之敌。布莱德雷认为，德军不会这么做，因为德军如果在这个地区发起进攻，正中盟军下怀，为盟军提供了歼灭敌人的良机。不过乐观之中，艾森豪威尔和布莱德雷多少有些担忧，巴顿更是阴阳怪气地在日记中说："第1集团军命令第8军原地不动是极端错误的，敌人很可能就在他的东面集结。"

但此时，形势正在悄悄地发生变化。12月16日，巴顿的情报副参谋长奥斯卡·科克向指挥部提交了一份德军整编、集结情报。自11月20日以后，科克就注意到德军的反常现象，11月27日、12月11日，他连续提出敌人发动有限反击的可能性，"德军建立了庞大的装甲预备队，使得他们足以发动破坏盟国攻势的骚扰性进攻。"在12月16日通报中，科克进一步明确指出，"重新组建的德军装甲师可能会直接参战，进行大规模的反攻。"

事实上，对德军大规模集结装甲部队的情况，艾森豪威尔、布莱德雷以及其他盟军高级指挥官都知道，但是他们谁也没有把这个情况放在心上。虽然布莱德雷认为德军进攻的可能性极小，但他还是和米德尔顿制定了抗击计划。他要求米德尔顿边打边撤，甚至可以退到默兹河，但要尽量迟滞德军。布莱德雷打算用战术空军打击德军，并派第9、第3集团军的预备队第7、第10装甲师切断德军的退路，第1集团军的预备队"大红一师"也可参加战斗。非到关键时刻，布莱德雷不会轻易动用预备队。他相信，这些计划足以对付德军的骚扰性进攻，足以对付德国第6装甲集团军。

12月16日当天，布莱德雷满脑子考虑的仍然是如何解决兵员短缺的

★尼米兹（1885—1966）

美国海军五星上将。参加过第一次世界大战，当时任美国大西洋潜艇部队参谋长。1939年任美国海军航行局局长。1941年12月，被任命为美国太平洋舰队总司令，同时统帅该地区陆军。1942年6月，成功地指挥中途岛战役，扭转了太平洋战场的战局。随后，又指挥了所罗门群岛、马绍尔群岛、菲律宾群岛、硫磺岛等一系列战役，取得了太平洋战场的决定性胜利。1945年9月2日，参加了日本投降的签字仪式。

问题。几个月战斗中，各个部队伤亡重大，造成了人员危机。盟军缺少步兵师，所有部队都调动起来也不敷使用。所以，德军的反击并未使布莱德雷太烦恼，烦恼的是自己部队的人员缺乏。当天，布莱德雷派人事副参谋长雷德·奥黑尔飞回华盛顿，请求加速步兵轮换。布莱德雷陪奥黑尔去凡尔赛见艾森豪威尔，获知艾森豪威尔已晋升为陆军五星上将。这次晋升五星上将是由海军提出的，经长期酝酿，最终获得了批准。海军的莱希、金、尼米兹★和哈尔西，陆军的马歇尔、阿诺德、麦克阿瑟和艾森豪威尔，8人晋升为五星上将。这一天，艾森豪威尔称要向马歇尔建议晋升图伊·斯帕茨和布莱德雷为四星上将，这样他们就可以与蒙哥马利平级了，比巴顿和霍奇斯也要多一颗将星了。当然，这使布莱德雷十分高兴，使他暂时忘了眼前的困境。

就在当日下午接近黄昏时分，盟军最高司令部接到报告：德军于当天凌晨已向米德尔顿第8军防区的5个分散据点发起进攻。当时，霍奇斯正在进攻罗尔河水坝，巴顿正在全力攻击萨尔地区的"西部壁垒"。布莱德雷对这些支离破碎、含糊不清的报告的第一个反应是认为，冯·伦德施泰特向阿登山区发动了有限的骚扰性攻势，目的只是为了迫使霍奇斯和巴顿放慢进攻速度或撤回部队。因此，布莱德雷同其他人一样，并没有把这件事情放在心上。

到了晚上，告急文电像雪片一样飞进盟军最高统帅部。这时，艾森豪威尔和布莱德雷等人才如梦初醒，明白这不是德军的一般袭扰，而是一场有计划的大规模反击。艾森豪威尔和布莱德雷对此感到万分震惊，一时间手足无措。情况清楚地表明，冯·伦德施泰特出动了德军第5、第6装甲集团军和第7集团军共约24个师的兵力，向阿登山区发动了全面进攻。德军还出动了1,000架飞机，甚至还有V-1导弹。德军在开始反击前的隐蔽伪装和实行无线电静默是成功的，直到17日拂晓，盟军情报机构才侦听到伦德施泰特下达的

密码进攻命令："命运之钟已经敲响。强大的进攻部队冲向盟军。生死存亡在此一举。"

史密斯开玩笑地对布莱德雷说："喂，布莱德雷，你不是期望反攻吗？看来你盼望的东西终于到来了。"

布莱德雷忧郁地回答："是的。可是，我所希望的反击不是规模这样大的反攻。"

阿登战役打响了。

∨ 德军在阿登山区对盟军发起了突然反击。图为德党卫军第1装甲师部队向前推进途中。

艾森豪威尔很快判断出目前的危险，他敦促布莱德雷打电话给巴顿和自己的参谋长列夫·伦，命令第10和第7装甲师分别向北和向南接近德军突出部的根部，并命巴顿和霍奇斯停止前进，派精锐部队驰援装甲部队。可是，这回巴顿迟钝了，他藐视这种做法，勉强派了第10装甲师。巴顿的看法和布莱德雷过去的认识一样，认定这是骚扰性进攻，不必胆小怕事。

布莱德雷当晚彻夜难眠，反复思考着退敌之策。眼下，必须调整战略，不仅要击退德军的反攻，还要使希特勒付出高昂代价。打好这一战役，有可能在莱茵河以西歼灭德军。他思索着派巴顿全力向北，霍奇斯向南，形成钳形攻势，再来一个"法莱斯战役"，围歼德军于罗尔河以西。

但是，米德尔顿顶不住了。第二天上午传来的消息更令他不安。新近参战的第99、第106两个师遭德军沉重打击，仓皇溃退。本来就不满员的第28、第4师也经受不了攻击而溃退。显然，事态的发展已经不像想象的那样简单了。艾森豪威尔、史密斯和布莱德雷等紧急召开会议，磋商应对策略。他们一致认为，德军这次进攻是有备而来，目标远远不只是要推进到列日和马斯河，而是要打垮盟军。

为此，艾森豪威尔决定紧急抽调最高统帅部掌握的预备队第82和第101空降师，赶到巴斯托尼－圣维特一线，增援第7、第9和第10装甲师。另外，命令第11和第17装甲师立即从英国赶来，担任盟军最高统帅部的预备队，并加强保卫马斯河的力量。同时，鉴于德军对最南端第4师攻击最猛烈，直接威胁到布莱德雷设在卢森堡的代号为"鹰"的前线指挥司令部，在会议上艾森豪威尔建议布莱德雷撤到凡尔登大本营。布莱德雷坚决拒绝了这一建议，他说："我决不带着司令部后撤，这样做会动摇军心，影响到前线的士气。"

当天，天气阴沉沉的，飞机不能飞行。布莱德雷只好乘小汽车于12月17日傍晚赶回司令部。司令部里一片忙乱，许多人都阴沉着脸，情况地图标着许许多多表示德军装甲师进攻的箭头。布莱德雷焦急万分，他强压怒火说："哪个混蛋弄来这么多敌军？"随后，布莱德雷把情报官员狠批了一顿。

12月18日，根据布莱德雷的指示，巴顿率领参谋人员来到卢森堡。眼下，巴顿是布莱德雷能够倚重的唯一一支退敌力量了。但巴顿一向脾气暴躁，难以驾驭。因此，一见面，布莱德雷就对巴顿说："你不会喜欢我的想法，但是现在形势紧张，我们必须尽快寻找一个解决办法。"

随后，布莱德雷简要地向巴顿说明德军突入的程度，并概括说明了他的战略意图：美军不得不停止向东的进攻行动，让霍奇斯的集团军掉头向南，巴顿的集团军向北，支援阿登地区的美军。

令布莱德雷高兴的是，巴顿这次没有提出反对意见，而是答应将全力支援阿登地区作战。布莱德雷立即问道："眼下情况危急，你打算采取什么措施去支援米德尔顿。"

巴顿立即回答说："我将立即派出3个师——第4装甲师、第80和第26师，大约在24小时内开始向北进击。"

巴顿离开布莱德雷的司令部，立即率领整个第3集团军向北进军。

当天，布莱德雷本想乘飞机去霍奇斯那里，当面告诉他调整作战计划。但霍奇斯第1集团军已遭到德军第6装甲军的全力进攻，他手下的第5军、第8军受到德军第6装甲军的沉重打击，正在撤退，霍奇斯的司令部从斯帕后撤到列日郊外的乔德枫丹。前线形势一片混乱，布莱德雷坐在电话旁，多次通电话，才了解到霍奇斯的一些部队被德军打成散兵游勇分割包围，一些有组织的部队在巴斯托尼、圣维特等地顽强抵抗德军的进攻，但许多部队被分割、被包围，或在敌人的打击下纷纷溃逃。霍奇斯根本无法组织反击，他能坚持住自己的阵地就不错了。因此，反击的重任落在巴顿肩上。

12月19日，艾森豪威尔在布莱德雷的"鹰"司令部召开紧急会议。特德、平克·布尔、肯尼思·斯特朗、巴顿、德弗斯也来参加会议，所有人个个心情沉重，脸色阴沉。艾森豪威尔想用几句话扫去大家脸上的阴云，因此说道："我们应当把目前的形势看做是机会而不是灾难，在这张会议桌上只应当有笑脸。"

巴顿立即接着说："说得好，我们要鼓足勇气，大不了让那些家伙一直打到巴黎。然后，我们再回过头来收拾他们，把他们一口一口吃掉。"巴顿说话的神情引起哄堂大笑，使人感到滑稽，又觉得欣慰。

此时，德军已从很宽的正面突入盟军防线的纵深地带。尤其是霍奇斯的第1集团军处境十分困难。因此，盟军只有两种选择，要么全面撤退到马斯河一线，要么按照布莱德雷的计划，命令巴顿集团军向德军南翼突出部迅速发动大规模进攻。与会者经过反复讨论，一致同意布莱德雷的计划。但问题的关键在于：巴顿能够及时组织足够强大的兵力发起进攻，减轻霍奇斯的压力吗？

艾森豪威尔问巴顿："你什么时候才能发起进攻？"

巴顿自负地说："12月22日，3个师。"

∧ 巴顿及其手下将领。

＜ 阿登战役中，一名武装到牙齿的德国党卫军士兵。

可是，艾森豪威尔不相信巴顿3天之内就能反攻。他恼怒地对巴顿说："军中无戏言！"盟军正面临潜在的灾难，艾森豪威尔不要虚张声势，他要的是深思熟虑、富于理智的回答。巴顿的进攻事关重大，3个师显然不够。

鉴于此，布莱德雷决定，将巴顿的3个师编成新编第3军，由约翰·米利金任军长，调米德尔顿的第8军给巴顿。当时，布莱德雷等人不知道米德尔顿的第106步兵师已经被打垮了。他以为米德尔顿仍有3个步兵师，加上已派出去的第9装甲师的一部分和满员的第10装甲师，这样，巴顿可以指挥6个师的兵力反击德军了。

艾森豪威尔听完布莱德雷的详细汇报后，同意发起进攻。但他不完全信任巴顿，要求布莱德雷监督进攻，并把进攻时间定在23日或24日。12月20日，布莱德雷得知米德尔顿第8军已遭到惨重损失，几乎没有可以参战的步兵了，立即采取紧急补救措施，派埃迪第12军参战，把沃克第20军的大部分部队调来。同时，命令德弗斯把第15军调往东北方向，接管原第3集团军的大部分防线。

与此同时，美军在全线展开阻击。德军进攻当面的霍奇斯第1集团军克服惨重损失，组织了顽强的抵抗。李奇微指挥第18空降军的第82、第101空降师支援圣维特、巴斯托尼。除第7装甲师外，辛普森又把第30步兵师调给霍奇斯。得到增援的第1集团军在北面突出部的战略要地挖战壕固守。德军每推进一步，都要付出代价。

到12月20日，美军逐步恢复了元气，重整旗鼓，德军的攻势注定要被打败。

>> 突破危境大反击

德军反击前，蒙哥马利、布鲁克、丘吉尔就对艾森豪威尔的长期战略将信将疑，而且不同意他的宽正面进攻战略和预定在1945年5月1日彻底打败德军的时间表。蒙哥马利率盟军进攻鲁尔区的战略在英国人头脑中已根深蒂固，布鲁克的参谋部已起草文件，企图推翻艾森豪威尔的计划。现在，德军的反击又给英国人一次良机和新借口。当然，马歇尔有力地支持了艾森豪威尔，美军在欧洲的兵力也远比英军多，英国人不太容易利用美军暂时的挫折夺权。可是，蒙哥马利鬼迷心窍地想要大干一番。

德军切入阿登山拦腰切断南北两军，为蒙哥马利原来建议的任命他为阿登山以北的地面部队司令又提供了机会。若是这样的话，他将可以控制霍奇斯的第1集团军。

12月19日，艾森豪威尔、布莱德雷、巴顿、德弗斯正在凡尔登商讨巴顿的反攻计划。这时，蒙哥马利却给布鲁克发去电报，声称美军一片混乱，"美军战区的情况不堪提及，糟透了……乱作一团，一切都表明他们正在全面溃退。很明显，美军掌握不了也控制不住局势，更没有人知道何去何从……战线已经被分割成两半，指挥部老是不健全，实际上处于瘫痪状态。因此，在这种情况下，我认为应当由我全权指挥北线战区的所有部队。最好你能给艾森豪威尔下达这个命令，局势发展要求当机立断，否则后果难以预料。"

蒙哥马利的用意很清楚，就是通过美英参谋长联合委员会向艾森豪威尔施加压力，让蒙哥马利指挥阿登山脉以北的地面部队，包括布莱德雷的几个集团军。蒙哥马利的这些报告，加上美军前线的一些支离破碎的吓人警报，弄得盟军最高统帅部惊惶失措。

艾森豪威尔的情报助理参谋长肯尼思·斯特朗刚参加完艾森豪威尔与布莱德雷等人的会晤，盟军最高统帅部的一位灵通人士就把他拉到一边，事前透露了蒙哥马利对战局的看法以及建议，即由艾森豪威尔任命他为阿登山以北地区的地面部队司令官。随后，他们便正式把这个建议通知艾森豪威尔的参谋长史密斯★。在盟军的司令部里，史密斯以他一触即发的急性子出名，他一听到这个建议，立即火冒三丈，当即予以否定。但随后他听了有关战局的介绍后，也逐渐冷静下来。

19日深夜，已经很晚了，布莱德雷接到史密斯的电话。史密斯把盟军最高统帅部的临时决定通知他，在电话中，史密斯说："现在战局危急，现在你与霍奇斯或辛普森已经失去联系。这样做能省却我们的许多麻烦。"

布莱德雷一直没有睡觉，他正在反复考虑退敌之策。突然听到这个决定，他目瞪口呆。几个小时前，他刚离开艾森豪威尔的司令部。当时，艾森豪威尔对他与霍奇斯和辛普森之间的通信联络并没有担心，也没有给他说过蒙哥马利要去指挥这两个集团军。现在，这个问题突然摆在他的面前，布莱德雷感到难以接受，但又无可奈何。

战局的确发展到一个关键的时刻，霍奇斯率领部队已经在前线血战了4天4夜，几乎精疲力竭，仍然没能打退德军的进攻。霍奇斯一向谨小慎微，他不像巴顿那样在困难面前总是信心十足，这使得布莱德雷对战局形势也失去信心。事情来得突然，根本没有时间容许布莱德雷去理出头绪。本来他可以告诉史密斯，前线的情况并不像蒙哥马利报告的那样危急，一切都在控制之中，情况会逐渐好转起来，根本不用

★史密斯（1895 — 1961）
美国陆军上将，外交官。参加过第一次世界大战，后在美国和菲律宾服役，曾在军校任教。1942年2月被任命为参谋长联席会议秘书和盟国参谋长联席会议美国秘书，领准将衔。同年9月，任盟军欧洲司令部参谋长及艾森豪威尔的参谋长。曾代表盟国谈判并接受意大利和德国的投降。1945年返美后，任陆军参谋本部作战与计划司司长。1946 — 1949年任美国驻苏联大使。1950年任美国中央情报局局长。1951年晋升为上将。

把美军部队交给蒙哥马利指挥。

　　"史密斯，"想到这里，布莱德雷立即激动地打断他的话说，"我很难明确表示拒绝。这你知道，如果蒙哥马利是一位美国指挥官，我会毫不犹豫地同意你的意见。但情况不是这样，事情非常复杂，我只能告诉你，这样做可能会引起一系列政治问题。再则，这样安排，是否能对战局有效？希望你能与艾森豪威尔再考虑一下这个问题。"

说完这个话后，布莱德雷想放下电话。可能是史密斯听出了布莱德雷的顾虑，他没有立即放下电话，而是劝慰布莱德雷说：第1和第9集团军划归蒙哥马利指挥是暂时的，危机一过，立即归还。

次日上午9时，巴顿来到布莱德雷的司令部，讨论下一步进攻计划。这时，艾森豪威尔来了电话，正式通知让蒙哥马利负责北战区。他在电话里征求布莱德雷的意见并安慰他说，这种调整只是暂时的。布莱德雷放下电话后，巴顿在一旁不满地说："艾森豪威尔说的这些都是借口，我们与霍奇斯和辛普森的电话联系一切正常。艾森豪威尔肯定是受到了丘吉尔的压力才这样做。"

当天，艾森豪威尔正式任命蒙哥马利为北线总指挥，并给他发去了一份书面通知："请告诉我，你个人对打开北部战区局面的看法，特别是为了缩短战线、集中强大的后备力量歼灭比利时境内的敌人，必要时，是否可以放弃一部分第1集团军控制的地域。"显然，蒙哥马利前天悲观的报告已经在艾森豪威尔那里起了作用。当晚，他再次电告蒙哥马利和布莱德雷，部署军队后撤事宜。

同一天，蒙哥马利和参谋长德金甘德去霍奇斯的司令部，会见霍奇斯和辛普森。对战局进行简单的研究后，蒙哥马利认为当前的任务应该是调整战线，应该放弃一部分土地，尤其那些难以防守的突出部，如圣维特地区，把兵力集中到有利的地区。

"先生们！"蒙哥马利最后加重语气说："没有一个有条不紊的战场，我们就不能取得胜利。"

霍奇斯和辛普森一直在布莱德雷的领导下，蒙哥马利突然成为上司，他们本来就不满意。霍奇斯不同意放弃经过血战得来的土地，当面和蒙哥马利顶撞起来。蒙哥马利好说歹说，也未能说服霍奇斯和辛普森，只好打消此念，气冲冲地离开。

其实，面对危急形势，霍奇斯已经制定了作战计划。他计划柯林斯的第7军向南反击德军突出部，支援巴顿将要发起的进攻。蒙哥马利对此计划作了修改，他不让柯林斯拦腰打入德军突出部与巴顿在豪法里兹附近会师。而提出去西北方向开辟马尔凯战场。他根据情报判断德军会在马尔凯调头攻击西北方向，在那慕尔和列日之间渡过默兹河。这个计划谨小慎微，似乎是法莱斯缺口战役的翻版。蒙哥马利没有组织反攻，错过了又一次机会。另外，蒙哥马利根本没有像艾森豪威尔、史密斯、布莱德雷指望的那样，派霍罗克斯能攻善守的第30军助美军一臂之力。没有派这个军向较近的马尔凯进攻，开辟新战场。反而让柯林斯远途奔袭，失去拦腰打击德军的机会。在突出部之战中，蒙哥马利仅派了一支由第29装甲旅组成的象征性部队。对柯林斯，蒙哥马利仅派了60辆坦克支援其右翼。

蒙哥马利会见霍奇斯、辛普森商讨完战略计划后，又向布鲁克和艾森豪威尔发去电报：

战斗打响后，一直未见到集团军群司令布莱德雷的踪影，他的参谋人员也不露面……后方没有预备队,士气一落千丈……他们似乎乐于给人下达不切实际的死命令……需要一两天的时间才能整顿好美军的战线,现在已对战局失去了控制,不彻底扭转当前的局面,盟军将一败涂地。

∧ 盟军飞机向巴斯托尼镇的美军空投补给品。

蒙哥马利没有把布莱德雷放在心上,当然更瞧不起霍奇斯等人。他离开霍奇斯的司令部后,又打电话给史密斯,声称霍奇斯面容憔悴,有患心脏病的危险,建议免除他第1集团军司令的职务,送回美国养病。艾森豪威尔和史密斯对蒙哥马利的挑剔非常反感,他们冷静地拒绝了蒙哥马利的要求。为了安抚布莱德雷和霍奇斯等人,艾森豪威尔反复做工作,他一面写信鼓励霍奇斯和辛普森,还告诉布莱德雷,他已向马歇尔建议提升布莱德雷的军衔。

12月22日,巴顿按照凡尔登确定的行动计划发起攻击,由南向北打击德军突出部。他手下的第3军在米利金指挥下英勇杀敌,在发起进攻的当天,米利金指挥全军在暴风雪中向前推进了10多公里。这使巴顿兴高采烈,他在日记中对米利金大加赞扬:"米利金比我预料的干得好。我让他到前线听一听炮弹的爆炸声和子弹的呼啸声,我相信他会干得更出色。"

与此同时,第4装甲师和第26师居其左右翼进攻,第30师则攻占梅尔齐希。德军遭到反击后,更加疯狂地攻击巴斯托尼镇。德军由猛将弗里兹·拜尔林将军指挥,他轻视这个小镇,倾巢出动,正中巴顿诱敌出洞之计。23日,天空放晴。在巴顿的支援下,战斗机和轰炸机蜂拥升空,运输机空投下大量补给品。米利金又推进了3~8公里。24日,圣诞节前夜,第4装甲师遭到德军的猛烈反击,后退了数公里。

尽管前线炮声隆隆,战斗正在激烈地进行,布莱德雷和巴顿仍按照传统的习惯,出席了在卢森堡基督教堂举行的圣诞节晚会。布莱德雷心情沉重,他后来说:"这是我一生中最不愉快的时刻,不仅前线形势紧张,而且自己的第1和第9集团军又被蒙哥马利控制。一切似乎处于未知之中。"

蒙哥马利接管对第1集团军和第9集团军的指挥后,布莱德雷一直同辛普森和霍奇斯保持着密切的联系。布莱德雷从霍奇斯那里了解到蒙哥马利关于北战区的作战部署，也掌握了后来所出现的一系列情况。虽然蒙哥马利曾向艾森豪威尔保证说，经过浴血奋战得来的每一寸土地都不应放弃，而现在他却命令美军部队向后撤退了。他声称要"整顿战线"，不顾霍奇斯的强烈反对，强令李奇微将第18空降军司令部撤出圣维特；也不顾加文的反对，让第82空降师北撤。按蒙哥马利的计划，他要整顿战线，柯林斯的第7军也在马尔凯无限期防御，放弃了进攻。这样，当巴顿的部队接近罗斯托尼时，蒙哥马利没有出兵策应巴顿。

在圣诞节之日，蒙哥马利给布莱德雷打电话，建议召开紧急会议，协调南北战线的作战行动。布莱德雷应邀飞往蒙哥马利设在比利时圣特隆德附近的司令部。飞机在机场降落后，布莱德雷走出机舱，看到机场冷冷清清，空无一人，只有风卷着雪在跑道上飞舞。这显然是一种有意的侮辱，布莱德雷感到十分气愤，他对随行的副官说要立即飞回卢森堡。倒是霍奇斯派人来接布莱德雷，蒙哥马利没有派人到机场迎接，更没有给布莱德雷等人带路，他们走了许多弯路才找到蒙哥马利的司令部。接待是冷冰冰的，蒙哥马利的部下连茶点都没有给他们准备。

会议期间，蒙哥马利趾高气扬，竟像对待小学生那样训斥布莱德雷。当晚，蒙哥马利还写信给布鲁克，把布莱德雷说得一无是处，说布莱德雷"身体瘦弱""心力交瘁"，整个战役是美军的一次"血的教训"，是布莱德雷吞下的"一颗苦果"，由于布莱德雷指挥失当，才给德军以可乘之机，致使美军战线一片混乱。

布莱德雷受到如此侮辱，肺都气炸了，但他克制着自己，保持沉默，任凭蒙哥马利唠叨无礼。蒙哥马利声称此次约见布莱德雷，目的在于协调南北两线的作战行动，但两人的观点相去甚远，无法达到协调行动的目的。蒙哥马利认为霍奇斯力量太弱，只好居于守势，经3个月准备才能反攻；巴顿的力量也不足以使进攻成功，徒劳无益，最好撤到萨尔河到孚日山脉，乃至撤到摩泽尔河一线。蒙哥马利是想要盟军所有的集团军都停下来防御，以调整部署，待时机成熟时，由他率领大军实施一路突击。

布莱德雷的看法与蒙哥马利的主张截然相反。他认为，从各种情况来看，希特勒投入阿登战役的德军部队并不像蒙哥马利所想的那样，毫发无损，相反损失惨重，装甲部队的汽油和弹药都已消耗殆尽，攻势已成强弩之末。同时，风停雪消，天已转晴，便于处于压倒优势的盟军空军出动作战。反击的时机已见成熟，何须再等3个月的时间！

两人一直争吵到夜里，仍然未取得任何成果，结果是不欢而散。布莱德雷沮丧地飞回自己的司令部，与巴顿长谈，介绍了会议的简况。性情暴躁的巴顿一听说蒙哥马利主张撤退，便大为光火，厉声说："这实在令人气恼，要是命令我向后撤退，我就辞职不干了。"

经过反复思考，布莱德雷决定不能坐以待毙，必须主动出击。第二天一早，他就给艾森豪威尔打电话，阐明了自己的观点。布莱德雷告诉艾森豪威尔，蒙哥马利固执己见，坚持取守势，正在失去一次彻底击溃敌军的战机。布莱德雷直截了当地向他提出，把第1集团军和第9集团军归还给他，以便在北战区采取行动。同时，他表示要将司令部迁到那慕尔，组织美军反攻。

给艾森豪威尔打完电话后，布莱德雷又致电处于最前线的霍奇斯，详细地向他分析了当前的局势。布莱德雷分析说：当前的局势绝非像蒙哥马利所说的那样严重，因此，任何主张退却的行动计划，任何无所作为的观点，都是错误的。美军虽然遭受严重损失，但德军也遭到了惨重的损失，而且目前德军的力量比第1集团军更弱。因此，在这种情况下，"如果我们采取主动行动，希特勒就会迅速完蛋。"美军应尽量去夺取战场的主动权，要从进攻的角度考虑每一步行动。

正像布莱德雷预料的那样，经过几个昼夜的连续奋战，到12月26日，曙光终于出现。巴顿第3集团军的先遣部队打通了通向巴斯托尼的一条狭窄通道，解救了固守的美军；柯林斯违抗蒙哥马利的命令，让哈蒙的第2装甲师冲出迪纳特附近的防线阵地，袭击伦德施泰特向西移动的德军装甲先遣部队，并歼灭了德军第2装甲师，迫使德军停止向西的进攻。

美军的这两个胜利，鼓励了盟军的士气，布莱德雷立即抓住这一有利时机，建议盟军最高统帅部重新考虑未来的作战计划。12月27日，艾森豪威尔通知蒙哥马利、布莱德雷去布鲁塞尔开会。当晚，布莱德雷急匆匆地给艾森豪威尔打电话，准备进一步强调在北部战线发动强大进攻的必要性。可是不巧的是，艾森豪威尔已经登上火车启程了，布莱德雷只好向史密斯陈述自己的观点。

"该死的！史密斯！"布莱德雷顾不上礼节，开诚布公地表达心中的愤懑，"难道你不能让蒙哥马利向北推进吗？今天我可以肯定地说，其他同伴差不多都取得了辉煌的战绩，而他却要后退。要不是今晚，肯定就是在明天后退。"

布莱德雷要求立即在北部战区行动起来。

事有巧合，艾森豪威尔的火车在途中被德军飞机炸毁，布鲁塞尔的会议推迟到28日举行。这样一来，艾森豪威尔答应在盟军最高统帅部与布莱德雷见面。对于艾森豪威尔同蒙哥马利会晤之前，有机会见到他，布莱德雷自然十分高兴。这样，他便又得到一次机会，强调迅速采取果断行动的迫切性。巴顿对布莱德雷先于蒙哥马利与艾森豪威尔交谈抱了很大希望，兴奋地对别人说："如果艾森豪威尔把第1和第9集团军还给布莱德雷，那么我们就能把全部德军装进口袋。我希望艾森豪威尔能这样做。"

布莱德雷乘飞机到达巴黎，然后驱车去凡尔赛见艾森豪威尔。迪特纳和巴斯托尼的胜利捷报已传达最高司令部，艾森豪威尔热情异常，他兴致勃勃地与布莱德雷握手。布莱德雷信心十足，但只是迟疑地微笑着。艾森豪威尔、特德、史密斯、斯特朗、布尔、怀特利等人和布莱德雷一起开会讨论了盟军的战略问题，由于蒙哥马利未到会，气氛很和谐。

　　在会上，布莱德雷胸有成竹地提出了近期、长期两个作战计划。近期作战计划主要是立即向德军突出部的腰部发动一次钳形攻势。巴顿在其他部队支援下从巴斯托尼向东，直逼豪法里兹和圣维特；霍奇斯向东南反攻与巴顿会合。第1集团军以柯林斯第7军为攻击先锋，李奇微第18空降军掩护，直杀圣维特。布莱德雷认为这个战略可以将德军包围起来一举歼灭。同时，他提出将第12集团军群司令部迁到那慕尔或迪纳特，以便协调第3、第1集团军的作战。

∨　冒雪增援巴斯托尼的美军部队。

> 1944年12月，艾森豪威尔与蒙哥马利和布莱德雷会晤结束后步出会场，从照片上不难看出艾森豪威尔与布莱德雷春风满面，而蒙哥马利则表情凝重。

　　对于长期战略，布莱德雷主张利用希特勒在突出部战役中的错误，将盟军作战计划进行大的修改，被布莱德雷的下属称为"快速"进攻计划，主要优点是可以随时实施。这可以说是拦腰袭击德军突出部的近期作战的发展，向德军纵深推进。

　　艾森豪威尔在盟军最困难的时期，变得更加刚毅和指挥若定，他展示了他的雄才大略，完全支持布莱德雷的近期战略。不过，艾森豪威尔在与蒙哥马利会谈前并未作任何决定，对布莱德雷的长期战略兴趣也不大。蒙哥马利也比以前通融，倾向于布莱德雷的近期战略，他许诺发起一次有限进攻，令艾森豪威尔兴奋不已。不过，蒙哥马利在霍奇斯和巴顿合围豪法里兹之前，不愿将部队归还布莱德雷指挥。

　　艾森豪威尔对盟军的长期战略自有打算，他不愿像跨越塞纳河那样渡过易守难攻的莱茵河，也不愿冒突出部之战的险。而是主张肃清莱茵河以西之敌，并集结重兵，再由蒙哥马利率大军总攻，辛普森的第9集团军担任增援任务。当然，艾森豪威尔也承认"快速"进攻战略的优点，它可以及早攻到莱茵河。最后，艾森豪威尔有条件地支持了布莱德雷。假若布莱德雷的进攻未能实现"决定性胜利"，则中止计划以防出现消耗战。而且出现这种情况后，布莱德雷只好充当防御的将领，无权再去担任主攻的总指挥。

　　实施"快速"进攻计划，布莱德雷需要第9集团军的支援，但艾森豪威尔不愿将已归蒙哥马利指挥的部队再划归布莱德雷，他深感与蒙哥马利的斗争令人精疲力竭。12月28日，艾森豪威尔在比利时的哈塞尔特与蒙哥马利会面，他发现蒙哥马利许诺在突出部反攻原是虚晃一枪。这一回，艾森豪威尔沉不住气了，他一反常规，要蒙哥马利执行他的作战计划：3天

***美英参谋长联合委员会**

第二次世界大战时期英美军队共同对法西斯作战的军事战略策划机构。1941年12月7日，日本偷袭了美国在太平洋的海军基地珍珠港，太平洋战争爆发，美国参加了世界反法西斯战争。为协调与英国共同对轴心国作战，经两国最高军政首脑协商后，于1942年2月6日在华盛顿宣布成立美英联合参谋长委员会，成员包括美国三军参谋长和英国驻美的海陆军官员。该机构对美国总统和英国首相负责，任务是制定和指导英美联盟大战略。

之内如德军不进攻，蒙哥马利必须在1945年1月1日挥戈前进！艾森豪威尔决心不许蒙哥马利像以往那样长期集结部队，谨小慎微地行动。

当讨论到盟军的长期战略时，蒙哥马利本能地反对布莱德雷的"快速"进攻计划，而极力主张他的一路进攻计划。艾森豪威尔本人虽不赞同布莱德雷的战略，但主张总攻前要在莱茵河以西集结所有的盟军部队。蒙哥马利没有沉住气，居然像对待布莱德雷那样训斥艾森豪威尔，反复唠叨不听他的意见的后果。到最后，蒙哥马利写信给布鲁克，以为艾森豪威尔放弃了宽正面进攻计划，同意了他的想法。

艾森豪威尔与两位集团军群司令会晤后，着手拟订盟军的近期和长期作战计划的纲要，布莱德雷的近期进攻计划和加上限制条件的长期进攻计划（"快速"计划）被采纳。布莱德雷在战略上战胜了蒙哥马利，他至少要奉命执行拦腰切断德军突击部的近期计划，之后第1集团军将归还布莱德雷指挥。

这时，蒙哥马利又给艾森豪威尔发去公函提出自己的长期作战计划，建议撤销布莱德雷的"快速"进攻计划，代之由他率领所有盟军，包括布莱德雷的部队向鲁尔区以北发动大规模的一路突击的计划。另外他认为艾森豪威尔主张的总攻前将所有盟军部队集结于莱茵河以西的计划也应放弃。蒙哥马利在公函中直言不讳、狂妄自大，令艾森豪威尔十分不快。蒙哥马利直截了当地要求由他负责北部战区的"指挥、控制和协调"，以免重蹈覆辙，再吃大亏。正在此时，英国掀起了一股反美宣传高潮，肆意抨击艾森豪威尔、布莱德雷和盟军最高司令部，并把蒙哥马利捧为突出部战役的英雄，要求任命他为整个盟军的地面部队司令。反美宣传惊动了马歇尔，他电告艾森豪威尔，警告他决不能让步，决不能让蒙哥马利控制任何美军的主力部队。

12月30日，布莱德雷命令巴顿率领第8军、第3军、第12军发动了向豪法里兹的强攻。蒙哥马利未让柯林斯的第7军和李奇微的第18空降军向南推进，但他说1月3日前不能发动进攻支援巴顿。布莱德雷会见蒙哥马利的联络官托马斯·比格兰时，比格兰问有何话要说。布莱德雷极力克制着自己，但仍火药味十足地说："让他的进攻见鬼去吧，但我不会对他去说。"

蒙哥马利等待着德军向霍奇斯的大举进攻，迟迟不作行动支援巴顿。他给艾森豪威尔的信以及英国的反美宣传，弄得艾森豪威尔和史密斯气愤至极。艾森豪威尔决定解决指挥权的问题，依仗马歇尔的有力支持和美军人数的绝对优势，写信给美英参谋长联合委员会★，要求他们在自己和蒙哥马利之间作选择。毫无疑问，信一发出，蒙哥马利就要被解职。也就在12月30日，蒙哥马利的参谋长德金甘德从史密斯处了解了事态的严重地步。他急匆匆地冒着暴风雪飞往巴黎，乘车去最高司令部，请求史密斯陪他去见艾森豪威尔，平息危机。

德金甘德看到了艾森豪威尔与特德正在讨论关于"要我还是要蒙哥马利"的电报稿，他

> 蒙哥马利固执己见，与艾森豪威尔矛盾激化，使其身处被解职的境地。

极为惊恐地听艾森豪威尔说明事态的严重性。蒙哥马利一再争权，不择手段地争当盟军地面部队总司令，轻率地发表演说，弄得布莱德雷及艾森豪威尔已不堪忍受，焦头烂额，甚至日常工作都无法正常运转。德金甘德知道艾森豪威尔已考虑让亚历山大代替蒙哥马利，美英参谋长联合委员会的裁决肯定倒向艾森豪威尔一边。

惊慌失措的德金甘德一再请求艾森豪威尔和特德推迟一天发出电报，加之史密斯从中调和，艾森豪威尔才给德金甘德一次"打破僵局"的机会，挽救蒙哥马利。31日，德金甘德强忍精神打击的痛苦，飞回蒙哥马利的司令部，出示了艾森豪威尔的电报。蒙哥马利也确实未意识到他的作为已引起了职务危机，被突如其来的消息惊呆了。他窘迫而又泄气地问自己的参谋长：

"我该怎么办？"他表现得非常绝望。

德金甘德早料到这一步，他已拟好给艾森豪威尔谢罪的信，加封后写上"急件""绝密"字样，发给艾森豪威尔亲收。

蒙哥马利在信中深表歉意，表示将百分之百地执行艾森豪威尔的决定。最后署名是"您最忠实的部下，蒙哥马利"。

德金甘德的这一招很灵，事情很快平息了。德金甘德还把英国新闻界的反美宣传平息了下去，他挽救了蒙哥马利。

12月31日，艾森豪威尔向蒙哥马利和布莱德雷发出了作战纲要。并以圆滑、坚定的姿态写了一封信给蒙哥马利，强调不要破坏他们之间的信任，以免毁灭盟军的共同事业。

但此时，丘吉尔、布鲁克也正在英国向美国人的统帅地位挑战。

第十章
越天堑犁庭扫穴

1893-1981 **布莱德雷**

当天深夜，巴顿确信自己的部队已渡过莱茵河，并牢牢地站住了脚时，又给布莱德雷打来电话："布莱德雷！"声音里充满胜利的喜悦，他随即放开嗓门高喊，"务必向全世界宣布，我们已经渡过了莱茵河！我要让全世界都知道，我的第3集团军已经在蒙哥马利之前渡过了莱茵河……"

★雅尔塔会议

第二次世界大战期间苏美英反法西斯同盟国所举行的最重要的国际会议，对战争
局势和战后国际关系格局产生重大的影响。会议是在反法西斯战争处于重要关头
时举行的。苏联领导人斯大林、美国总统罗斯福和英国首相丘吉尔于1945年2月
4日至11日出席了会议的全过程。会议的主要内容和议题是：处置德国问题、波
兰问题、联合国问题以及远东问题。这些都是第二次世界大战末期迫切需要加以
解决的重大国际政治问题。

>> 拦腰斩断突出部

　　美军在突出部的反击刚刚开始，艾森豪威尔也平息了他与蒙哥马利之间的指挥权之争，
但英国首相丘吉尔和英军参谋长布鲁克又挑起了一场高层的战略争论。1945年1月初，罗斯
福、丘吉尔、斯大林等正在筹备2月初在雅尔塔★的会晤。此前，罗斯福、丘吉尔在马耳他
和美英参谋长联合委员会讨论了世界战略，包括向德国腹地发动最后总攻的西线战略问题。

　　丘吉尔和布鲁克都支持蒙哥马利的西线战略，同意蒙哥马利率大军向鲁尔区以北实施大
规模的一路进攻，其余部队在亚琛到瑞士一线居守势。他们反对布莱德雷的中部进攻计划，
也反对艾森豪威尔屯聚大军然后再进抵莱茵河的决策。为了实现蒙哥马利的战略，丘吉尔和
布鲁克都在马耳他会议上进行游说，企图让人们采纳英国的战略。

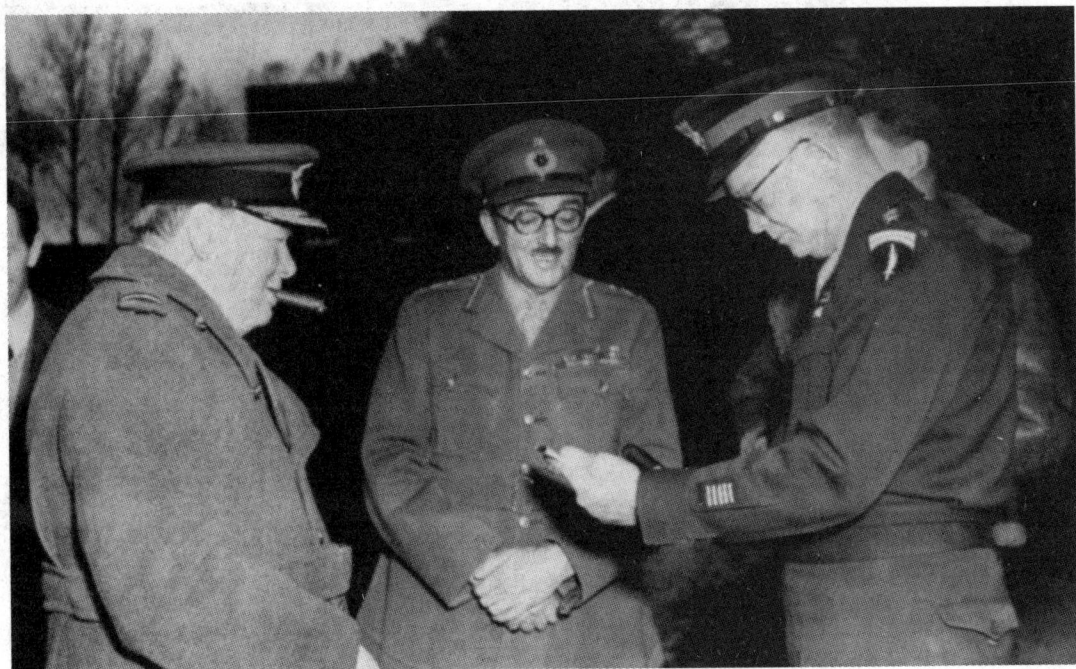

∧ 艾森豪威尔与英国首相丘吉尔（左）、英军总参谋长布鲁克（中）交谈。

　　艾森豪威尔获悉丘吉尔、布鲁克1月3日全4日要来拜访他的消息后，兴奋异常，指望利用这次机会说服丘吉尔和布鲁克同意他的战略。1月2日，艾森豪威尔飞往埃泰恩与布莱德雷会晤，他们在汽车里交谈，在地图上指指点点。艾森豪威尔自信能说服英国人，相信英国首脑不可能在马耳他会议上左右美英参谋长联合委员会和罗斯福。在这次会面中，艾森豪威尔将迫切要求迅速实施宽正面进攻计划，进抵莱茵河。

　　但在丘吉尔、布鲁克访问凡尔赛时，艾森豪威尔却碰了壁，他根本无法说服丘吉尔和布鲁克。另外，丘吉尔还节外生枝地提出了新的建议：英国空军急于提升特德为波特尔空军元帅手下的第二号人物，并希望提拔亚历山大接替特德任盟军最高副统帅。艾森豪威尔喜欢亚历山大，知道他善于指挥地面作战，便不假思索地同意了这个建议。其实，这是英国人要的花招，他们要安插一个地面部队司令在艾森豪威尔身边。精明的马歇尔一听这个建议，就来电警告艾森豪威尔，指出这是英国人安插人马抓地面部队指挥权和抵消艾森豪威尔对丘吉尔的直接影响。艾森豪威尔听了忠告，又拒绝了该建议，丘吉尔只好继续施加压力，要求数月后实施该建议。

　　"突出部"战役的临时指挥机构是绝对保密的，蒙哥马利指挥美军的第1、第9集团军以及布莱德雷指挥南线部队的分工，是严禁新闻界报道的。1月初，报刊报道了此事，盟军最高统帅部被迫在1月5日发表声明证实此事。声明说明了德军切断阿登地区的盟军，蒙哥马利和布莱德雷分别指挥北路、南路大军。由于通信中断，美军的2个集团军划归蒙哥马利指挥。但是，这个拙劣的声明未说明这些安排是临时性的，也未指出第1集团军不久仍归布莱德雷指挥。这样，蒙哥马利被抬高了，德金甘德企图调解矛盾的努力等于零。英国新闻界又开始大肆吹捧蒙哥马利，弄得原来亲英的美国人都感到愤慨。声明不幸地又制造了隔阂。

1月7日，丘吉尔写信给罗斯福企图平息来势凶猛的支持蒙哥马利的浪潮。他指出艾森豪威尔与蒙哥马利的关系，正像与布莱德雷、巴顿的关系那样良好，"破坏我们的联盟将是巨大的灾难"。对美军在1944年的战役中，特别是在巴斯托尼战斗中的非凡表现，丘吉尔表示衷心祝贺。

1月7日，蒙哥马利精心安排了记者招待会，强烈呼吁盟军团结一致，并呼吁英国报刊停止诽谤艾森豪威尔。但是，这个招待会的作用适得其反，俨然使蒙哥马利变成了盟军中最称职的指挥官。虽然蒙哥马利一再强调艾森豪威尔是盟军的最高统帅、他的最亲密的朋友和上司，但是客观上却抬高了他自己的地位。布莱德雷忍受不了英国报刊的反美宣传，第一次在参谋人员面前发火，他很少在下属面前大发雷霆，这是少见的一次。布莱德雷向手下保证，艾森豪威尔不会设新的副职，马歇尔将军也会支持最高统帅。

对于反美宣传以及蒙哥马利的招待会，布莱德雷采取了反击行动。他首先打电话给艾森豪威尔，强烈反对盟军最高统帅部和蒙哥马利关于"突出部"战役及指挥方面的报道方式。他趁机探听自己在马耳他会议后的地位问题，表示若将自己置于蒙哥马利之下，由蒙哥马利来指挥整个地面部队，他就回国。同时，布莱德雷还提到，巴顿也绝不会在蒙哥马利手下干。艾森豪威尔面对老同学的最后通牒，答应直接给丘吉尔本人打电话，澄清事实真相。其次，布莱德雷谨慎地采纳了副官汉森等人的建议，发表了一个稳妥的声明，澄清有关"突出部"战役和指挥方面的错误报道。开始时，布莱德雷担心他的声明会被德国人利用，暴露盟军的不和。但后来他为了树立美军士兵的信心，不经艾森豪威尔同意便发表了声明。

艾森豪威尔履行了对布莱德雷的诺言，给丘吉尔打了电话，告诉丘吉尔有关布莱德雷的情绪状况，并准备授予布莱德雷铜星勋章以表彰他

> 在寒冷、泥泞的道路上行进的美军部队。

在"突出部"战役的功绩。丘吉尔不顾布鲁克的反对，打来电报祝贺布莱德雷。

在记者招待会发表声明时，布莱德雷歌颂了美军将领辛普森、霍奇斯、巴顿及广大士兵的英勇作战行为，并着重指出2个集团军归蒙哥马利指挥是"临时的"，声称留一小部分部队留守阿登战线是故意冒险。布莱德雷为鼓励美军士气，故意说重新调整战略时第9集团军将归还第12集团军群。招待会后，《纽约时报》以大字标题报道"布莱德雷宣称，冒险可能获胜"。

招待会结束时，布莱德雷还让手下向记者散发他签发的嘉奖美军士兵的命令，并将自己的铜星勋章奖状、丘吉尔的贺电散发给记者。这一招很灵，英国的反美宣传浪潮退了下去，蒙哥马利也不再被新闻界所吹捧了。最妙的是，丘吉尔意识到必须澄清事实了，他在1月18日对下院发表了盛赞美军业绩的总结。

蒙哥马利终于让柯林斯的第7军和李奇微的第18空降军参加进攻了。第7军共有5个师，其中哈蒙的第2装甲师、罗斯的第3装甲师更是精锐之精锐。由于温度极低、道路结冰、雪花飞舞和雾气弥漫，加上德军顽固抵抗，美军的进展十分缓慢。布莱德雷了解到这一情况十分焦急，但又无能为力。

在南部，布莱德雷命令巴顿也发动了强攻，部队在恶劣的天气下英勇向前，同风雪、泥泞和德军搏斗。詹姆斯·范佛里特的第90师更是英勇无比，不负众望。巴顿这时十分盼望第3集团军早日与第1集团军会合，让布莱德雷重新执掌第1集团军的指挥大权，他不愿胆小怕事的蒙哥马利去控制第1集团军。

尽管为天气所阻而进展缓慢，南北两军也越来越接近了。在胜利在望之际，布莱德雷收到了蒙哥马利一封来信。在信中，蒙哥马利对美军大加赞扬：

亲爱的布莱德雷：

阿登战役已近尾声，待此战取胜，万事理顺，你的两个集团军将立即归建。在此，有两点需着重提及：

一、我能有机会指挥你的如此精锐之师，真乃三生有幸。

二、你的部下表现十分出色。霍奇斯和辛普森是两位杰出的将领，我能与他们并肩战斗，是最大的乐事。第1集团军的柯林斯和李奇微是两位杰出的军长。第1集团军可谓人才济济，这么多卓越的军长荟萃于一个集团军里，实属罕见。

战斗在北线的我全体官兵都向南线的战友致以最崇高的敬意，因为没有南线的战友坚守巴斯托尼，整个战局将不堪设想。

谨向你和乔治·巴顿致以亲切的问候和崇高的敬意。

顺致良好的祝愿

蒙哥马利

两军南北夹击，拦腰斩断了德军突出部，1月16日，南北两支部队在豪法里兹胜利会师，拦腰切断了德军的突出部，完成了包围。伦德施泰特反攻一个月后，遭到了失败。

但是，由于巴顿的宽面进攻太缓慢，蒙哥马利迟迟不作进攻的反应，德军处处抵抗，并在盟军合围之前，将大部分部队和装备撤走，向东逃脱了。

>> 兵逼莱茵河

在南北两军会师于豪法里兹的1月16日，艾森豪威尔在凡尔赛约见布莱德雷。由于在豪法里兹集结兵力大大超过了预定的日期，艾森豪威尔在会见时面带愠色。布莱德雷见状，心中忐忑不安，担心艾森豪威尔会以延误时间为由取消他的"快速"进攻计划。

然而，艾森豪威尔并没有向布莱德雷兴问罪之师，也没有对他的"快速"进攻计划开刀。他向布莱德雷简述了正在起草中的一道新命令，把"快速"进攻计划作为主要内容之一写进了命令。

这时，布莱德雷才把悬着的一颗心放了下来。命令规定："中央集团军群要充分利用德军在阿登山区的溃退，大踏步地向前推进，力争重创敌军，一举突破'西部壁垒'。如果此举成功，然后沿普吕姆－尤斯科琛一线向东北进击。但是，为了防备出现意外情况，中央集团军群必须随时准备在阿登山区转入防御，由北部集团军群发动攻势。"

命令还规定，在中部集团军群发动进攻的同时，蒙哥马利的集团军群也在北部开始实施其作战计划，此计划分为两个阶段实施，代号分别为"真实的"和"手榴弹"。

蒙哥马利原来设想在2月1日开始实施"真实的"和"手榴弹"作战计划，但由于种种原因，艾森豪威尔令他推迟实施日期，明确规定先实施布莱德雷的"快速"进攻计划。然而，艾森豪威尔的这一决定是有条件的，他补充说如果中部集团军群进攻受阻，停滞不前，"真实的"和"手榴弹"计划就要立即付诸实施。除此之外，艾森豪威尔还决定减少调配给蒙哥马利的美国部队，从蒙哥马利直接指挥下的辛普森第9集团军的16个师中，抽出4个师派作他用。为了弥补第9集团军兵力之不足，艾森豪威尔命令霍奇斯的柯林斯第7军担负支援该集团军和掩护其右翼的任务。

　　艾森豪威尔的这些决定使布莱德雷不胜欣喜。他的"快速"进攻计划被安排在"真实的"和"手榴弹"计划之前优先实施，并且艾森豪威尔对他的作战计划没定明确的时间限制，如果进展顺利，他可一直率军前进，直抵莱茵河畔。

　　布莱德雷担心夜长梦多，恐怕中途生变，决定尽快发动攻势。根据艾森豪威尔的指令，霍奇斯第1集团军将从1月17日午夜起归建，霍奇斯已在斯帕重新建立了集团军司令部。1月18日，布莱德雷到斯帕拜访了霍奇斯，并向他口头传达了艾森豪威尔的命令，要他组织部队，准备发动进攻。

　　事也凑巧。蒙哥马利为了交接第1集团军，也在同一天到了斯帕。布莱德雷以礼迎接蒙哥马利，但态度明显冷淡。除了寒暄之外，他只与蒙哥马利商谈部队交接仪式事宜，对艾森

∧　蒙哥马利与辛普森（右二）及第9集团军的高级军官们合影。

豪威尔正在起草的作战命令只字未提,因为这个命令肯定会激起蒙哥马利的怒气。

事隔一天,艾森豪威尔的作战命令下达到蒙哥马利的司令部,果然不出所料,蒙哥马利大动肝火。他当即致电布鲁克,抱怨布莱德雷又"自作主张,擅自采取行动",企图以草率的不负责任的行动来代替他深思熟虑的作战计划。他还激烈地抨击艾森豪威尔允许布莱德雷在他的"真实的"和"手榴弹"计划之前,实施"快速"进攻计划。

艾森豪威尔十分担心德弗斯的南部战区的战局,如果那里受到威胁,必将牵动北部战区的新的作战计划。在南部战区的是德弗斯指挥的第5集团军群,下辖两个集团军,即美国桑迪·帕奇第7集团军和法国德塔西尼第1集团军。法军在11月攻占斯特拉斯堡之后,在科耳马尔一带形成一个长90公里、宽190公里的口袋,装入约5万名德军。但由于指挥不力,部队行动缓慢,德塔西尼未能歼灭"科耳马尔口袋"中的德军。此事使艾森豪威尔寝食不安。

艾森豪威尔要求德弗斯坚决歼灭"科耳马尔口袋"地区之德军。但德弗斯同布莱德雷等人一样,手中兵力有限,心有余而力不足。德弗斯根据艾森豪威尔的要求,命令法国德塔西尼第1集团军由北向南,沿莱茵河肃清"科耳马尔口袋"里的德军,但法军开始行动不久就陷入了困境,于是,德弗斯请求艾森豪威尔再给他一些兵力。艾森豪威尔经过一番考虑,决定再调拨给德弗斯5个美军师,外加1.2万名勤务部队,增援法国第1集团军歼灭"科耳马尔口袋"中的敌人。

那么,这5个美军师从何处抽调呢?其中的第35师是从巴顿第3集团军抽调的。1月23日,布莱德雷接到盟军最高统帅部抽调兵力的命令,不禁大为光火,巴顿得知此事更是大发雷霆。调走第35师,必将影响"快速"进攻计划的实施。事情还不止于此,盟军最高统帅部坚持要再从第12集团军群抽调4个师的兵力。布莱德雷认为,这样抽调兵力还不如让蒙哥马利暂时接管辛普森第9集团军的战线,把该集团军调往南部战区。但布莱德雷清楚地知道,盟军最高统帅部不会采取这种措施,所以他压根儿就未提出

∧ 在严寒中行进的美军部队。

这一建议。布莱德雷当时的心情是可想而知的。他愤愤地坐下来，用最激烈的措词写了一份备忘录，说艾森豪威尔处处迁就蒙哥马利，不敢动他的一兵一卒。

蒙哥马利获知此事，也对艾森豪威尔怨声载道。他致信布鲁克，抱怨说："艾森豪威尔对南部科耳马尔和斯特拉斯堡的战局忧虑重重，他抽调大批兵力南下，这样，'真实的'和'手榴弹'两个行动计划必将延期实施。我们一再要求把大量精锐部队投入'手榴弹'计划，但我们的愿望正在化为泡影……我认为，一切问题的症结，在于没有集中的统一指挥，3个集团军群都是各行其是，缺乏协调。近来，我学会了自我安慰，保持一点幽默感，否则气不死也会气疯。"

布莱德雷打电话给艾森豪威尔，抗议盟军最高统帅部从中部战线抽调兵力增援德弗斯的决定。他说调走5个师，就等于去掉一个整军，这将大大削弱他实施"快速"进攻计划的力量。布莱德雷以为这样就能促使盟军最高统帅改变原来的决定，但到第二天，正当他与巴顿和霍奇斯讨论"快速"进攻计划的最后一些细节时，盟军最高统帅部的人打来电话，坚持要布莱德雷调出4个师去增援德弗斯。布莱德雷知道木已成舟，发火也无济于事，于是他要平克·布尔接电话，反复说明他的观点，又说这不仅涉及战术原则问题，而且关系到美军的声誉。

在场的人都极为赞赏布莱德雷的态度，说他同盟军最高统帅部的争论有理、有利、有节。巴顿的参谋长巴特·盖伊当时恰好在场，他在日记里比较生动地记录了当时的情景："在场的人都激动地站了起来，报以热烈掌声和欢呼声。巴顿的嗓门最高，连电话另一端的说话人都能听得清清楚楚。巴顿大声喊道：'让他们见鬼去吧！我们都辞职不干了，我来带头。'"

盟军最高统帅部终于让步了，没有再从第12集团军群调走兵力，而是从统帅部的战略预备队中调出4个师，去增援南部战区的德弗斯。这几个师编为一个军，配属德塔西尼第1集团军。一个星期后，得到增援的德塔西尼集团军发动攻势，很快楔入"科耳马尔口袋"地区，然而，口袋里已空空如也，斯特拉斯堡以南、莱茵河以西的5万名德军全部逃之夭夭。

鉴于德弗斯南部战区的局势，艾森豪威尔把布莱德雷从中部突破德军防线的"快速"进攻计划，摆到了很高的地位。按照艾森豪威尔的要求，布莱德雷于1月26日把第12集团军群司令部移到马斯河畔的那慕尔，这样，他便能更好地协调霍奇斯第1集团军和巴顿第3集团军的作战行动，并与蒙哥马利保持不间断的联系。布莱德雷的副官选择一座豪华的建筑物作为司令部的驻地，从外表看，这座建筑物像王室的宫殿，内部装饰富丽堂皇。布莱德雷觉得司令部不宜设在这里，但由于他忙于拟定进攻计划，只好暂时安顿下来，待以后有时间再另寻他处。

李奇微第18空降军于1月28日首先发起攻击，米德尔顿第8军和许布纳第5军分别于29日和30日发起进攻。这次进攻行动又遇到了恶劣天气。进攻的第一天，鹅毛大雪纷纷扬扬，一直下到深夜，紧接着出现百年不遇的严寒，积雪普遍厚达半米，有的地方深及腰胸。冰雪覆盖着群山，堵塞了进攻所经由的山谷和道路，湮没了德军埋设的地雷。尽管有冰雪的障碍，有地雷的危险，在前面打先锋的第82空降师和"大红一师"仍然猛打猛冲，在雪中辟路前进。这两个师的勇敢行为和英雄气概，使李奇微十分满意，他后来曾写道：

"作为一个指挥员，我还从未见过这样壮观动人的战斗场面。这两支久经战火考验的队伍以高昂的斗志和英勇顽强的姿态，并肩冲锋陷阵，其情景令人欢欣鼓舞，就好像看到两匹威风凛凛的赛马，并驾齐驱地向终点冲去，人人都会情不自禁地为之欢呼叫好。"

然而，进攻速度不可避免地渐渐慢了下来。到2月1日止，美军沿整个40公里长的战线平均每天仅向前推进9公里，抵达"西部壁垒"附近。由于天气恶劣，美军无法大踏步地实施突击，柯林斯第7军根本无法投入战斗来扩大战果。

罗斯福★、丘吉尔和斯大林三巨头决定于1945年2月初在雅尔塔会晤。为筹备这次会议，罗斯福和丘吉尔决定在马耳他与盟军参谋长联席会议碰头，就世界战略和盟军西线战略统一

∧ 1945年2月，马歇尔在意大利与美军将领交谈。

思想，以便把英美的统一意见拿到雅尔塔会议上去。

丘吉尔和布鲁克积极拥护蒙哥马利关于西线战略的观点，这在盟军内部已是公开的秘密。

在马耳他举行的盟军参谋长联席会议上，美英两方争论十分激烈。马歇尔后来曾回忆说，这是"一次争论非常激烈的会议"，起初还争论西线战略计划问题，很快竟开始进行诽谤他人和进行人身攻击了。布鲁克在会上曾说："艾森豪威尔受布莱德雷的左右，英军参谋部对此深感忧虑。"

马歇尔当即冷冷地反驳："布鲁克先生，我们都应感到忧虑的不是这一点，而是丘吉尔先生对艾森豪威尔将军所施加的压力。"

马歇尔还当场指出，罗斯福总统在他的建议下从未会见过艾森豪威尔，因为艾森豪威尔不仅仅是一名美军将领，更重要的是他现任盟军总司令。马歇尔知道布鲁克之所以反对艾森豪威尔及其战略计划，是因为蒙哥马利从中作祟，所以他借会议之机"表示他对蒙哥马利的反感"，决不接受蒙哥马利或别的什么人担任盟军地面部队总司令。

布鲁克见到马歇尔态度坚决，并有几分动怒之意，最后只好做出让步。他放弃了坚持任命一名英国将领为盟军地面总司令的立场，并完全接受了艾森豪威尔的战略计划。然而，布鲁克也得到了艾森豪威尔的书面保证，即彻底肃清莱茵河以西的德军之前就渡河作战；在兵力和物资装备上优先保障蒙哥马利在北部发动的攻势；布莱德雷在中部发动的辅助突击必须名副其实，不能悄悄地变成主攻。

马歇尔以非凡的手腕驾驭了马耳他会议上的急骤风云，使艾森豪威尔及其战略计划获得了确定无疑的胜利。英国方面在艾森豪威尔面前玩弄的闹剧终于收场了。然而对布莱德雷来说，更重要的是马歇尔拒绝了布鲁克等人要中部集团军群全部转入防御的主张。虽然蒙哥马利仍将率盟军主力在北部发动大规模进攻，但布莱德雷所部从中部突破莱茵河天险，向法兰克福-卡塞尔方向推进的作战计划，也作为辅助攻势被盟军参谋长联席会议批准了。这样，蒙哥马利将不可能独享向柏林进军的殊荣。

当然，马耳他会议上的激烈争论和紧张气氛，直接影响了布莱德雷所部已于1月28日开始的中部作战行动。为了表示美国方面的诚意，并使蒙哥马利所部在2月1日开始行动，艾森豪威尔命令布莱德雷暂时停止进攻，他说最重要的是要封锁杜塞尔多夫以北的莱茵河。蒙哥马利进攻战役的第一阶段，即"真实的"行动计划，应及早付诸实施，最迟不能

超过 2 月 8 日。"手榴弹"行动计划也要尽快开始执行，最迟不能晚于 2 月 10 日。因此，艾森豪威尔要从布莱德雷中部集团军群抽调若干美军师，去支援辛普森第 9 集团军，使他指挥的总兵力达到 11 个师。同时，为了直接支援辛普森的作战行动，他还令布莱德雷派出部队攻占罗尔河水坝，因为德军在走投无路时会炸坝放水，阻止辛普森集团军向前推进。

布莱德雷在罗尔河水坝以南的战区内是否要尽快开始行动，艾森豪威尔含糊其辞，没有明确的指示，只是要求布莱德雷摆出积极防御的态势，这使布莱德雷颇为费解。经过一番揣摸之后，布莱德雷对这一道命令的理解是，既要不断向莱茵河推进，又要偃旗息鼓，不为外人所知。

巴顿对艾森豪威尔这一含糊其辞的命令，自然又是牢骚满腹。他说："这又是令人生厌的政治战略。较之在 2 月 10 日以后重新发动进攻，我们目前的攻势若保持下去，会更利于我们首先到达莱茵河畔。"

>> 衔枚疾进的挺进

盟军进抵莱茵河的战役即将打响，各路大军都在积极筹备，蒙哥马利在进军中唱主角，最高统帅批准他执行"真实的"和"手榴弹"计划。这些计划的目标是全歼莱茵河以西的德军，为大举进攻德国腹地造成有利的态势。

为了保证蒙哥马利的"真实的"和"手榴弹"行动计划的顺利实施，艾森豪威尔命令布莱德雷派兵攻占罗尔河水坝。布莱德雷和霍奇斯把这一任务交给许布纳第 5 军。由于许多美军师北调支援辛普森第 9 集团军，许布纳把任务分配给缺乏作战经验的第 78 师，由第 5 装甲师担任支援。战斗于 2 月 7 日打响，但由于计划不周和组织指挥不力，进攻很快便陷入僵局，许布纳不得不命令富有经验的步兵去支援。在"真实的"和"手榴弹"行动计划付诸实施之前，艾森豪威尔于 2 月 4 到了布莱德雷设在那慕尔的集团军群司令部，2 月 5 日约见了蒙哥马利。到这时，布莱德雷开始执行"快速"进攻计划已逾一周，进展还算顺利，但无辉煌战

∧ 在前线作战的加拿大士兵。
< 蒙哥马利前往英军部队视察。

绩可言。在他的集团军群里,有15个师直接受蒙哥马利的控制指挥,这使他心情十分不快。然而,布莱德雷不能不承认,从军事角度来看,"真实的"和"手榴弹"作战计划是当时最佳的方案,不过他还是向艾森豪威尔表示了自己的忧虑:如今蒙哥马利指挥着数量众多的美军部队,如果蒙哥马利再次权欲膨胀,弄不好会再次掀起吹捧蒙哥马利、贬低美军将领的宣传。

艾森豪威尔安慰他说:"这种担心是大可不必的,因为总司令部对蒙哥马利曾明确说过,要是第21集团军群再有人鼓舌,煽动反美宣传,蒙哥马利指挥下的美军部队将立即全部调回第12集团军群。"

2月6日,蒙哥马利来到布莱德雷的司令部,他所看到的都是冷冰冰的面孔和目光。午餐时,布莱德雷对蒙哥马利以礼相待,但表情远不热烈。然而,蒙哥马利对这种明显的冷遇似乎毫不在意,反而更加谈笑风生,话声更加高亢。

午餐用过,约见也告结束。艾森豪威尔和布莱德雷按事先安排的计划要去视察前线,临行之前,艾森豪威尔再次提醒蒙哥马利,要用他的全部影响去防止英国新闻界再次掀起反美宣传。之后,他们匆匆离开布莱德雷的司令部,驱车到了巴斯托尼,巴顿已从卢森堡赶到这里迎候。艾森豪威尔于2月1日发布的命令要求巴顿第3集团军摆出"积极防御"的姿态,巴顿似乎理解这一命令的含意,因而他率部一刻不停地向莱茵河推进。艾森豪威尔和布莱德雷对巴顿的作战行动了如指掌,并没有责怪他,但一再告诫他在蒙哥马利实施"真实的"和"手榴弹"行动计划期间,切不可喧宾夺主,把外界的注意力吸引到自己身上来。

艾森豪威尔和布莱德雷离开巴斯托尼后,又到斯帕与霍奇斯会晤。他们了解到,霍奇斯对许布纳在进攻罗尔河水坝战斗的指挥不甚满意。霍奇斯得知第78师在水坝地区遇到德军顽强抵抗后,立刻从李奇微第18空降军调来第82空降师前去增援,随后又派出了克雷格第9师。

他们在霍奇斯的司令部过了一夜,第二天又去看望辛普森以及即将参加"真实的"和"手榴弹"作战行动的许布纳、

∧ 1945年3月1日，艾森豪威尔、布莱德雷、蒙哥马利与美英将领合影。

柯林斯、安德森、吉勒姆和麦克莱恩等各位军长。之后，他们都回到各自的指挥位置，等待即将开始执行的"真实的"和"手榴弹"行动计划。

执行"真实的"作战计划的战斗，于2月8日如期打响。霍罗克斯指挥第30军，用1,400门大炮猛轰德军防线，而后步兵和装甲部队发起冲击。但是，恶劣的天气给进攻部队带来了极大的困难。当时天上雨雪交加，寒风刺骨，道路异常泥泞，再加上德军在必经之路上遍设地雷，进攻部队几乎寸步难行。天上不停地飘洒着雨雪，道路上的泥浆越来越多，发起进攻一个小时之后，坦克大都深深地陷进泥潭里，只有步兵挣扎着慢慢地向前移动。而德军则不顾恶劣的天气，进行着顽强的抵抗，随着冯·伦德施泰特不断地调兵遣将，德军防线上的兵力越来越多。霍罗克斯在回忆录中写道："这是我参加过的最残酷的一次战役。"

艾森豪威尔也说："这次战役地形条件之艰难困苦，是欧洲战场任何其他战役都无法比拟的。"

然而，恶劣的天气还远没有罗尔河水坝的威胁更令人可怖。第9师师长克雷格亲临第一线指挥作战，部队冲进了水坝地区，但德军已抢在他们之前炸毁了水坝。洪水冲开被炸毁的闸门，像瀑布一样倾泻而下。洪水既使罗尔河暴涨，又灌满了罗尔山山谷，辛普森第9集团军在洪水和泥沼中挣扎了两个星期，也未能越过罗尔河。

执行"真实的"行动计划的加拿大克里勒第1集团军，发起进攻几天后也陷入了困境。德军进行殊死抵抗。经过两个星期的浴血奋战，加拿大部队只向前推进了43公里，离预定的目标还相距甚远。美军部队由于为罗尔河洪水所阻，无法支援他们，15个美军师都面临着艰难的考验。

美军在原地停留了两个星期之后，终于在2月23日又发起进攻，渡过了罗尔河。

辛普森集团军在柯林斯第7军的支援下，打了一个漂亮仗。第9集团军渡过罗尔河之后，仅两个星期就向前推进了85公里，抵达莱茵河畔的韦塞尔。辛普森部队一举肃清了从杜塞尔多夫至韦塞尔的莱茵河西岸55公里范围内的残敌，约俘获德军3万余人。辛普森的强大攻势动摇了克里勒当面的德军防线，加拿大部队乘德军惊慌失措之机，向前突进了37公里，与辛普森的部队在韦塞尔会师，又活捉德军 2.3 万余人。

3月1日，艾森豪威尔和布莱德雷到了马斯特里赫特的辛普森司令部。辛普森和他的参谋长穆尔以及第9集团军参谋人员都表示，他们对控制战局充满了信心。他们保证能尽快攻占莱茵河的一座大桥，或派出舟桥部队架设浮桥强渡莱茵河。艾森豪威尔对辛普森集团军的渡河方案颇感兴趣，布莱德雷也认为这一计划甚佳，在蒙哥马利的战役计划中根本就没有渡河方案。如果第9集团军能以较小的代价渡过莱茵河，这对美国将是一个巨大的鼓舞；若能占领一个桥头堡，或许将成为从根本上改变战局的关键一步，亦未可料之。

辛普森及其军长们误认为艾森豪威尔已批准他们强渡莱茵河，他们对在杜塞尔多夫和芒德兰之间强渡莱茵河的可能性，进行了仔细研究，制定了周密的渡河计划，确定了渡河后的攻击目标——向哈姆推进，占领鲁尔区的铁路枢纽和交通要道。可是，当辛普森把这一计划呈报蒙哥马利时，蒙哥马利断然否决了他强渡莱茵河的计划。当时，蒙哥马利正在研究强渡莱茵河的计划，初步决定了渡河的时间和地点，并且他将亲临河畔指挥部队渡河。辛普森及其军长们对自己的计划被否大为失望，他们认为如果第9集团军按他们的计划于3月初强渡莱茵河，那将大出德军所料，必能大获全胜。

柯林斯第7军也取得了令人满意的战果。该军渡过罗尔河，完成掩护辛普森集团军进抵埃尔富特河和运河的任务之后，一刻未停地抢渡埃尔富特河，向东疾进，逼近莱茵河畔的科隆。这样，柯林斯对科隆形成四面包围态势。

>> 最重要的命令之一

按照艾森豪威尔2月1日的命令，第1集团军和第3集团军在实施"真实的"和"手榴弹"行动计划期间，都摆出了"积极防御"的架势。德军炸毁罗尔河水坝之后，这两个集团军确实就地防御了2个星期。

在此期间，布莱德雷同霍奇斯、巴顿详尽商讨，最后拟制了一个代号为"伐木工"的作战计划，准备紧接在"真实的"和"手榴弹"行动计划之后实施。根据"伐木工"作战计划，霍奇斯和巴顿两个集团军从当前地带向莱茵河进攻，彻底歼灭摩泽尔河以北和莱茵河以西的科隆－科布伦茨－特里尔这一三角地带内的全部德军。如果这一计划能圆满实现，它将有力地推动战局的发展，在蒙哥马利率领盟军主力强渡莱茵河之前，盟军部队将全部集结于莱茵河一线。布莱德雷后来说，"伐木工"作战计划不是他别出心裁，而是艾森豪威尔于2月20日授权他制定的。这一计划完全可行，绝对不会干扰蒙哥马利强渡莱茵河的计划。3月1日，艾森豪威尔召蒙哥马利和布莱德雷到埃因霍温会晤，口头批准了"伐木工"作战计划。

3月3日，"伐木工"作战计划开始付诸实施。布莱德雷以2个集团军5个军的兵力，按预定计划向前推进。德军起初还企图抵抗，但很快就被打得七零八落，溃不成军。惊恐万状的士兵乱作一团，四散奔逃。至3月7日，在仅仅4天的时间里，美军的先遣装甲部队就到达了科隆至科布伦茨之间的莱茵河沿岸。

3月2日，丘吉尔和布鲁克★前往欧洲战区，向蒙哥马利、克里勒和辛普森祝贺"真实的"和"手榴弹"作战计划的胜利，并准备同艾森豪威尔、蒙哥马利和布莱德雷商讨最后击败德国的战略计划。

3月3日，他们在视察马斯待里赫特和亚琛之间的美军辛普森部队时，部队正向齐格菲防线的部队地段推进。丘吉尔兴趣大发，他立即命令车队停止前进，随后他走到一个德军碉堡前，下了车，微笑着对周围的人说："我们都到西部壁垒里小便去。"

3月5日，丘吉尔和布鲁克到了艾森豪威尔设在兰斯的司令部，同艾森豪威尔、布莱德雷等人共进午餐。下午，共商战略大计。丘吉尔身穿陆军上校制服，嘴里叼着大雪茄，亲切地向艾森豪威尔和布莱德雷打招呼。他还赞扬了布莱德雷在诺曼底战役中的突出表现。

到此时，盟军的5个集团军已进抵奈梅根和科布伦茨之间的莱茵河沿岸。这次战略会商的主要目的，是确定强渡莱茵河向德国纵深推进的战略问题，以及在南部战区的德弗斯集团军推进到莱茵河一线，肃清萨尔地区摩泽尔河以南德军残部的辅助作战行动。

★**布鲁克**（1883—1963）
英国陆军元帅。参加过第一次世界大战。第二次世界大战初期，领导英国的防空工作，后任驻法国步兵第2军军长。曾参与组织盟军从敦刻尔克撤退。1940年任英本土军队司令。1941年12月至1946年6月任陆军总参谋长。主持拟定英国陆军行动计划和指挥实施。在战争期间，是盟国军政会议的参加者。1946年退役。

233

∧ 丘吉尔、布鲁克、蒙哥马利与辛普森合影。

∧ 蒙哥马利陪同丘吉尔、布鲁克前往美第9集团军视察。

蒙哥马利大规模强渡莱茵河作战计划的代号为"强盗"，定于3月24日开始实施。"强盗"作战计划，无论从规模还是重要性上看，都可以与诺曼底登陆的"霸王"计划相比拟。投入这一作战计划的总兵力为32个师，其中有12个美军师、12个英军师和8个加军师。按照蒙哥马利的渡河计划，美军实际上是被排除在主攻任务之外的。他打算只让辛普森集团军的安德森第16军两个师的兵力参加渡河作战，而把其他两个军和第9集团军的9个师留作预备队，这样，在这次渡河作战中，辛普森实际上不指挥任何部队。他得知上述安排后，大为震怒，立即找到登普西，和他的参谋长穆尔据理力争，最后说服蒙哥马利改变原来的想法，让第9集团军在莱茵贝格独立作战。

　　除此之外，蒙哥马利还打算把霍奇斯第1集团军的大部分兵力纳入"强盗"作战计划。按照艾森豪威尔的要求，霍奇斯第1集团军以22个师的兵力，守住莱茵河西岸的科隆－波恩－雷马一线。在制定渡河作战计划时，蒙哥马利要求第1集团军至少拨出10个师归他指挥，作为"强盗"作战计划的预备队，以备在渡河受挫时进行增援，或在渡河成功之后扩大战果。加上第1集团军的这10个师，蒙哥马利直接指挥的部队可达42个师，而布莱德雷除了巴顿第3集团军之外，手中再无一兵一卒了。

　　艾森豪威尔没有明确否定蒙哥马利的建议。他对蒙哥马利说，如果想把第1集团军的主力留作预备队，就应当把整个集团军建制全部接过去，布莱德雷第12集团军群司令部也去参加"强盗"作战计划，负责指挥第1和第9集团军。艾森豪威尔的建议把蒙哥马利弄得哑口无言，最后还是不了了之。

　　最高统帅部给布莱德雷下达的正式命令是，随时准备以第1集团军不少于10个师的兵力，在鲁尔区以北建立桥头堡。

　　南线作战计划的代号为"低音"，主要任务是肃清萨尔地区的德军，使德弗斯第6集团军群进抵莱茵河。按原计划，帕奇第7集团军是主力，德塔西尼指挥的法军第1集团军担任支援任务。帕奇将挑起这次进攻的重担，他现在手中有3个军共14个师的兵力，其中4个师是从第12集团军群借调来的，他的主要目的是首先在萨尔突破"西部壁垒"，而后向莱茵河推进。巴顿担任佯攻，将渡过摩泽尔河南下，拖住德军，以减轻帕奇的压力。"低音"计划将继"伐木工"计划之后，约在3月15日开始实施，但无论如何，应赶在"强盗"计划之前。

　　布莱德雷对"低音"作战计划信心不足。由于受"科尔马口袋"战役的影响，布莱德雷对德弗斯的指挥能力产生怀疑，当然他更不相信法国第1集团军的司令官德塔西尼。布莱德雷预料，由于希特勒下令寸土必争，德军必将死守"西部壁垒"这一防线，德弗斯集团军会遇到残酷的战斗。因此，他建议把巴顿渡摩泽尔河南下的佯动变成主攻，把德军引诱到巴顿和帕奇之间，肃清"西部壁垒"后方的残敌。尽管德弗斯表示反对，担心巴顿和帕奇两个集

∧ 位于雷马根的鲁登道夫铁路桥遭到了德军毁坏。

> 美军占领了雷马根的鲁登道夫铁路桥。

团军之间发生冲突，但艾森豪威尔还是同意了布莱德雷的建议。

布莱德雷立即调整计划：埃迪第12军和沃克第20军担任南下战役的主攻，与此同时，米德尔顿第8军要围歼科布伦茨之敌，建立立足点，伺机渡过莱茵河。

布莱德雷没有把这一计划通告蒙哥马利。经过这么一番调整，此时他对"低音"作战计划又建立起了信心。如果"低音"作战行动顺利地发展，他的主力部队就可通过法兰克福和卡塞尔，向德国的纵深推进。一旦巴顿和帕奇肃清萨尔－帕拉蒂纳特的德军，布莱德雷就打算把第3集团军和第7集团军合兵一处，以全部的26个美军师和1个法国集团军向法兰克福地区全力出击。这样一来，势必动摇霍奇斯当面的德军防御，使霍奇斯能够渡过莱茵河，与布莱德雷指挥的第12集团军群会师。如果艾森豪威尔再把霍奇斯第1集团军交给他指挥，这样，布莱德雷手中的兵力将增加12个师，达到4个集团军约40个师。如果蒙哥马利的渡河战役受挫，布莱德雷向卡塞尔的大规模进攻，将有利于蒙哥马利打破僵局，顺利渡河。

然而，这只不过是布莱德雷的如意算盘。3月7日傍晚，平克·布尔带着紧急任务来到那慕尔。最高统帅部再次决定，第12集团军应增援德弗斯第6集团军群。这一次是冲着"低音"作战计划来的。布尔提出的增援兵力是：1个装甲师、2个步兵师、7个炮兵营和其他各种部队。布尔知道，辛普森第9集团军已抽调给蒙哥马利，执行"强盗"作战计划；巴顿第3集团军要执行"低音"作战计划，因此，这些增援部队只能从霍奇斯第1集团军中抽调。根据统帅部的指示，第1集团军应把"不少于10个师的兵力"留下来作为"强盗"作战计划的预备队。布尔要求将第 1 集团军的其余部队全部作为德弗斯的增援部队。

　　布莱德雷对这个安排很生气。自诺曼底战役以来，霍奇斯第 1 集团军在艰苦的硬仗中，一直是打头阵的。在欧洲战场，从每一名士兵到每一个分队，第 1 集团军比任何部队都强。在紧急关头，如在莫泰恩和阿登山的阻击战役中，他们表现得异常出色。所以，现在让第 1 集团军担任增援任务，简直是大材小用。布莱德雷的肺都气炸了，与布尔争了起来。

　　正当布莱德雷为此事愤愤不平时，他接到霍奇斯的电话。霍奇斯在电话中告诉布莱德雷，他的第 9 装甲师占领了雷马根的鲁登道夫铁路桥。

　　听到这个消息后，布莱德雷真是欣喜若狂，"好极了！"他在电话里高兴地喊起来，"这一下会惊得他目瞪口呆，你们在做渡河准备吗？"

　　"我们正在抓紧准备。"霍奇斯平静地答道。他早就命令把横渡莱茵河的英国海军登陆艇准备好。陆军工程兵也已调来，准备架设浮桥。

　　"你要尽最大努力，把一切装备都运过河去。"布莱德雷说，"要牢牢地固守住桥头堡。"

　　布莱德雷放下电话，转过身来笑着对平克·布尔说："玩你的球去吧！平克，霍奇斯已经控制了横渡莱茵河的大桥。"

安排完这一切，布莱德雷感到微微有些激动。几个星期以来，蒙哥马利一直在为他的大规模"强盗"作战计划做准备，在发起进攻之前，还需要两个星期。与此同时，美军不甘心落后，现在终于抢在蒙哥马利之前控制了莱茵河的一座大桥。这样一来，美军面临十分有利的时机。如果能顺利地渡过莱茵河，就等于从右翼将钢钎戳进德国，实现布莱德雷早先提出的"两路突击"计划。

雷马根对岸的地形很不理想，不利于军事行动。那边有座韦斯特沃德山，森林密布，易守难攻。美军必须绕过这座山。幸而在莱茵河那边有一段南北走向长约 10 公里的公路。如果霍奇斯能在雷马根对岸建立起坚不可摧的桥头堡，抵御敌人不可避免的反击，抢占这段公路，布莱德雷就有办法让美军部队南进林堡，然后沿拉恩河东进德国腹地。

在"低音"作战行动中，巴顿的任务是向东南推进到莱茵河畔的美因茨和沃尔姆斯。霍奇斯则向拉恩河推进，打破莱茵河东岸德军在美因茨的防御，使巴顿在遭到顽强抵抗的情况下，顺利渡过莱茵河。一旦渡过莱茵河，巴顿就调头向北，突破法兰克福，进抵吉森，与霍奇斯会师。接着，巴顿和霍奇斯一起，在右翼形成一把坚强的铁锤，向卡塞尔砸去。

这个计划要获得批准是非常困难的。虽然艾森豪威尔对通过法兰克福从右翼砸进一把铁锤，一直很赞赏。但目前他正在北面坚定不移地实施主攻计划，而不是在中部和南部实施"积极防御"的计划。况且，蒙哥马利一直反对这样做。如果艾森豪威尔现在批准这个计划，毫无疑问，蒙哥马利肯定要发难。

但现在情况已经不一样了，布莱德雷有一个十分有利的条件。霍奇斯已经渡过了莱茵河，这是一次千载难逢的好机会，布莱德雷必须充分利用这一有利条件，才能争取主动。否则，将是不可饶恕的疏忽。于是，布莱德雷决定命令霍奇斯以重兵固守雷马根大桥，决不能后退，以增加总部批准他计划的筹码。

布莱德雷决定亲自给艾森豪威尔打个电话。艾森豪威尔当时正与李奇微、加文、泰勒和其他空降部队的将领们一起用餐。当布莱德雷把霍奇斯占领雷马根大桥，以及自己下一步的打算告诉艾森豪威尔时，他欣喜若狂，掩饰不住自己的激动，开口便大声地说："布莱德雷，好极了！"

布莱德雷告诉艾森豪威尔，自己想立即就派 4 个师做渡河准备。没有料到，艾森豪威尔不仅痛快地答应，而且还在电话里大声地说："行！必须立即做好一切渡河准备，它是我们得到的最佳突破口！"

艾森豪威尔授权布莱德雷，完全支持他的计划和想法，并嘱咐说："你要保证守住这座桥头堡。就这样干，布莱德雷，我将全力支援你，坚决守住桥头堡。"

艾森豪威尔下达这道命令时，并不了解布莱德雷的真实意图，起初，他只把雷马根桥头堡当作对蒙哥马利"强盗"计划的支援，当作是吸引蒙哥马利当面德军的一种有限进攻。第二天，他打电话给美英参谋长联合委员会，通报了这个消息，并补充说："布莱德雷正在紧急调遣部队,以便建立有足够空间的桥头堡,对敌军构成最强大的威胁,支援北面的主攻。"

3月9日,法国阿方斯·朱安将军来到布莱德雷设在那慕尔的司令部,向布莱德雷、霍奇斯、辛普森、巴顿、杰罗以及部分空军将领授勋。授勋以后,布莱德雷私下会见了4位美国集团军司令,这是布莱德雷第一次有机会同他们会晤。

布莱德雷要求他们保守秘密后,把个人对下一步作战的打算说了出来,即从雷马根桥头堡出发,向卡塞尔右翼发起全面进攻。

巴顿等人听后都非常高兴。

但布莱德雷提醒他们,这个计划虽然已经向统帅部提出,但还没有被批准,蒙哥马利在北部是主攻,第1集团军仍要留10个左右的师作为战略预备队。布莱德雷最后告诉大家:"你们只管前进,不能后退,其余的事情我来处理。"

∧ 一名美军军官在莱茵河东岸俯瞰鲁登道夫桥。

当天傍晚,平克·布尔从统帅部给布莱德雷打来电话,告诉他:艾森豪威尔已批准他的计划。布尔在电话里大声说:"艾森豪威尔要我告诉你,你必须死守雷马根桥头堡,同时争取扩大战果,力争尽早开始向前推进。艾森豪威尔命令你立即动用5个师的兵力,投入作战。"

布莱德雷深受鼓舞，他立即说："我马上执行任务，5个师不行，我就再增加1个师，争取把这个桥头堡从大桥向前推进10公里，到达前面的公路。"

4天后，3月13日，艾森豪威尔正式下达书面命令，"占领莱茵河东岸的雷马根桥头堡作为立足点，以支援'强盗'和'低音'作战行动，第12集团军群必须固守这一桥头堡，而后由此出发，向法兰克福挺进。"

这个命令，是第二次世界大战中最重要的命令之一。这个命令表明，艾森豪威尔没有跟美英参谋长联合委员会商量，就对既定战略方针作了重大修改。无疑，艾森豪威尔的命令将使布莱德雷的作战行动也变成了主攻。

>> 千军竞发渡大河

为了巩固雷马根桥头堡，并扩大布莱德雷右翼攻势的战果，艾森豪威尔计划对卡塞尔地区进行一次大规模空袭。同时，艾森豪威尔还打算把美军第82和第101空降师，以及英军1个空降师集中起来进攻卡塞尔，占领一个空降着陆场，以便再运去4至7个正规师。这次空降和空运行动的主要目的是阻止德军在卡塞尔地区建立防线，以便霍奇斯和巴顿两个集团军能顺利向卡塞尔推进。

然而，布莱德雷却反对在卡塞尔地区使用空降部队。由于在莱茵河上架起的浮桥数量有限，大批部队过河后会再次遇到后勤补给的问题，布莱德雷希望把用于空投部队的飞机转用于运输汽油和其他补给品，而且地面部队可迅速突进，能在空降部队着陆之前就到达卡塞尔。

由于布莱德雷的反对，艾森豪威尔只好搁置了这个计划。

3月9日至16日，布莱德雷的部队逐渐扩大了雷马根桥头堡，准备向东南突击。根据形势的变化，布莱德雷又调整了部署，让许布纳第5军在莱茵河担任预备队，柯林斯第7军和范佛里特第3军担任主攻。

由于调整部队耽误了几天时间，布莱德雷和艾森豪威尔都受到了批评，被说成行动太慢，过于谨小慎微。但布莱德雷知道，这是一次重要的作战行动，失败了，美军就可能丧失分享最后胜利的机会，决不能仓促行事。向雷马根突击必须与巴顿的"低音"作战行动配合起来，在巴顿扫荡东南，出击美因茨，渡过莱茵河之前，布莱德雷决不能冒险从雷马根出击，否则第1集团军会走得太远，把翼侧暴露给德军，容易遭到挫折。除此之外，蒙哥马利发起"强盗"作战行动之后，希特勒★必然要全力以赴地对付他，那时再从雷马根桥头堡向外突击，则更为合适。

显然，第1集团军部队的行动在一定程度上取决于巴顿第3集团军的行动。3月13日，巴顿命令拥有6师之众的沃克第20军开始实施"低音"作战计划。一天后，加强到6个师的

→

★希特勒（1889—1945）

纳粹德国元首，发动第二次世界大战的首要战犯。第一次世界大战时，是一个普通的上等兵。1919年组织纳粹党，自任党魁。1923年组织了"啤酒馆暴动"。1933年出任德国总理。1934年兴登堡死后集党政大权于一身，实行法西斯独裁。同时积极准备发动对外侵略战争。1939年发动对波兰的入侵，挑起了第二次世界大战。1945年4月30日，在苏军攻克柏林的情况下，自杀毙命。

∧ 二战期间，德军攻占法国后希特勒在巴黎埃菲尔铁塔前留影。

埃迪第12军渡过了摩泽尔河。沃克逼近"西部壁垒"时，首先遇到了德军的顽强抵抗。但远在北部的埃迪只遇到微弱的抵抗，他的部队——休·加菲指挥的第4装甲师势如破竹，向美因兹和沃尔姆斯迅速推进。至3月20日，巴顿的部队就到达了这两座城市的郊外，德军"西部壁垒"的防线动摇了。

帕奇第7集团军共辖3个军14个师。3月15日，这一路大军也发起进攻，起初，德军抵抗相当强烈，美军每前进一步都要付出高昂代价。但当巴顿的部队推进到"西部壁垒"的后面时，德军意识到被包围了，凯塞林立即下令撤退。因此，帕奇的部队进攻才开始顺利，迅速通过了"西部壁垒"和萨尔。在巴顿和帕奇这两支美军部队之间，有9万多德军曾一度被包围，但德军又巧妙地溜走，撤退到了莱茵河东岸。

战事全面展开，艾森豪威尔肩负重任，操劳过度，一下子病倒了。参谋长史密斯要求艾森豪威尔休息一下，他放心不下前线的战事，又没有人可以说话，因此就请布莱德雷过来陪陪他。自上次见面以来，布莱德雷已经有近半个月的时间没有见过艾森豪威尔了。他觉得有必要就一些情况当面和艾森豪威尔交流一下。3月18日，布莱德雷飞往兰斯与艾森豪威尔见面。

布莱德雷有备而来，他在闲谈时，要求进一步扩大美军在雷马根一带攻势的规模。当时，布莱德雷已经把作战行动命名为"航行"作战计划。艾森豪威尔同意布莱德雷让许布纳第5

军渡过莱茵河，使雷马根桥头堡的兵力由5个师增加到10个师。由于巴顿集团军的进展已经大大超出了布莱德雷原来的估计，所以艾森豪威尔同意布莱德雷让巴顿也渡过莱茵河，推进到美因兹附近，而后继续向北推进，与霍奇斯第1集团军在吉森附近会师。然后，两个集团军由此出发，向卡塞尔合力并进。这样一来，布莱德雷显然也就不能为蒙哥马利预留10个师的预备队了。

布莱德雷对艾森豪威尔坦率地谈了这个问题。艾森豪威尔很为难，他说："如果明确取消这道命令，那么蒙哥马利必然会找麻烦。"因此，他要求布莱德雷再想一想办法。

布莱德雷最后表示，如果蒙哥马利提出要这10个师，他不准备从霍奇斯第1集团军中抽调，而是从巴顿或德弗斯集团军抽调。艾森豪威尔对此安排表示同意。

3月21日，艾森豪威尔正式同意了布莱德雷的"航行"作战计划，并命令："'低音'和'航行'作战行动要猛打猛冲，渡过莱茵河，在法兰克福地区建立起坚强的桥头堡，而后全

∨ 美军装甲部队势如破竹向前挺进。

力向东推进，直指卡塞尔。"

此时，布莱德雷心里才踏实下来。他陪艾森豪威尔说了一天话后，起程赶到卢森堡巴顿的司令部。巴顿、霍奇斯都在那里等他，他们一起再次讨论了"航行"作战计划的最后实施方案。布莱德雷告诉霍奇斯，让许布纳渡过莱茵河，把他的兵力增加到10个师，继续扩大雷马根桥头堡。从3月23日起，开始实施战役计划。

布莱德雷要巴顿继续前进，在奥彭海姆附近渡过莱茵河。他了解巴顿的个性，开玩笑地对他说："要跑步前进，首先到达吉森，与霍奇斯会师。如果你在莱茵河受阻，那么，作为蒙哥马利的预备队的10个师就从你的集团军抽调。"

巴顿知道布莱德雷不只是在开玩笑，他的性格中从来就是不甘落后，因此更铁了心要打好这一仗。

布莱德雷安排完这一切，第二天按照与艾森豪威尔的约定，赶到戛纳与他会合。头两天艾森豪威尔的精神很不好，总是睡觉，但稍微休息后，他的精神开始恢复。布莱德雷也不再与他谈论严肃的战事，而是陪他打打桥牌。看到艾森豪威尔已无大碍，布莱德雷心里挂念着"航行"作战计划，于3月22日返回那慕尔。

第二天早晨，布莱德雷正在用早餐，就接到巴顿的电话，在电话中，巴顿有些神秘地告诉他："布莱德雷，不要告诉任何人，我已经过河了。"

布莱德雷听到这个消息，感到有些不相信，他抑制住感情说："唉，我的天！你是说渡过莱茵河了吗？"

"当然，昨天晚上，我的一个师悄悄地渡过去了，附近的德国佬很少，他们还蒙在鼓里。所以不要公开宣扬，在我们弄清战局发展前景之前，一定要保密。"巴顿在电话那头说。

巴顿说的是实话。埃迪第12军的第5步兵师正在奥彭海姆附近渡过莱茵河，接着，加菲第4装甲师随后跟紧。根据"航行"作战计划的规定，布莱德雷当即命令巴顿向奥彭海姆桥头堡调去10个师的兵力。

当天深夜，当巴顿确信自己的部队已渡过莱茵河，牢牢地站住了脚时，又给布莱德雷打来电话："布莱德雷！"声

∧ 1945年3月17日，艾森豪威尔与巴顿等一起研究作战方案。

★柯林斯

美国陆军将领。1940 年起在帕奇将军部下任美国第 25 步兵师师长。1941 年 12
月，日本偷袭了美军在珍珠港的海军基地，太平洋战争全面爆发。1942 年 8 月柯
林斯参加攻击太平洋与瓜达尔卡纳尔岛的战斗。1943 年率部驻守瓜岛。1944 年
任陆军第 7 军军长。同年 6 月，率部参加诺曼底登陆战役。10 月初占领科隆，曾
参加全部攻占法国本土的战斗。1945 年 4 月，与东线苏联军队在易北河会师。

音里充满了胜利的喜悦，他随即放开嗓门高喊，"务必向全世界宣布，我们已经渡过了莱茵
河……我要让全世界都知道，我的第 3 集团军已经在蒙哥马利之前渡过了莱茵河。"

　　布莱德雷当即把这个消息告诉艾森豪威尔，他非常高兴，指示举行一次记者招待会，把
情况介绍一下。当天，布莱德雷就在他的司令部举行记者招待会，仔细回顾了"伐木者"和
"低音"作战行动，接着介绍了雷马根桥头堡的战斗，最后公布了巴顿在奥彭海姆渡过莱茵
河的特大新闻。

　　的确，美军这一仗打得干净利落，在没有空中轰炸和缺乏空降部队支援的情况下，能够
渡过莱茵河，这是了不起的成就。

　　在美军渡河之后，蒙哥马利的部队开始大规模强渡莱茵河，展开了与德军的最后决战。
大部队渡河前，艾森豪威尔在休养了一段时间之后，直接飞往辛普森的司令部，视察美军部
队。他和辛普森向前移至莱茵河贝格的安德森第 16 军司令部，观察渡河战役的开始。丘吉
尔和布鲁克从伦敦飞抵蒙哥马利设在文洛的司令部，视察英军部队，他们登上登普西第 2 集
团军的阵地，观看莱茵河上的战斗。蒙哥马利指挥的部队开始实施渡河作战计划后，很快就
过了河。德军起初进行抵抗，但很快溃不成军，狼狈逃窜了，辛普森第 9 集团军几乎不费吹
灰之力就渡过了莱茵河。在蒙哥马利发起"强盗"作战行动的当天傍晚，艾森豪威尔离开前
线，飞往那慕尔会见布莱德雷。他虽然缺乏睡眠，但精神饱满，对战争的进程十分乐观。布
莱德雷把"航行"作战计划有关情况进行了简要介绍，请他确定开始实施的日期，霍奇斯和
巴顿都在整装待发。

　　艾森豪威尔批准了"航行"作战计划。于是，布莱德雷立即命令霍奇斯于 3 月 25 日从雷

马根桥头堡出击，命令巴顿向法兰克福推进。

　　同一天，艾森豪威尔致电盟军参谋长联席会议，通报了"航行"作战计划。他在电报中说："由于第1和第3集团军英勇顽强地冲锋陷阵，使我们以极低的代价赢得了两个桥头堡。这样就可以迅速地扩大战果，便于支援主攻，有助于北部作战行动，从而更有效地扩大战果……在北部，所有兵力都已部署就绪，要不了几个星期，他们就能确保占领莱茵河东岸。我正在指挥各条战线展开最强有力的攻势。我打算以最快的速度，巩固每一点胜利成果。"

　　布莱德雷向卡塞尔推进的"航行"计划，进行得异乎寻常的顺利。霍奇斯第1集团军以柯林斯★第7军和范佛里特第3军为先锋部队，从雷马根桥头堡向外出击，以惊人的速度向拉恩山谷全力推进。罗斯第3装甲师在3天之内抵达吉森，风驰电掣地直指马堡。巴顿第3集团军打先锋的是埃迪第12军，发起攻击的当天抵达吉森，按计划与第1集团军的人马会师。沃克第20军快速跟进，会师后加入埃迪进攻的行列，两个军协力向卡塞尔进攻。

∨ 1945年3月25日，艾森豪威尔、布莱德雷、蒙哥马利在一起。

第十一章
胜利的光荣属于士兵

1893-1981 布莱德雷

布莱德雷住在福斯托诺夫饭店他的"鹰"司令部里，立即把这一振奋人心的消息通知了他的4位集团军司令巴顿、霍奇斯、辛普森和杰罗。战争终于结束了，所有的人都欢呼起来。布莱德雷克制住激动的情绪说："德国投降书从5月9日零点起生效。你们要坚守岗位，提高警惕，不要冒险，以免造成不必要的伤亡……"

★斯大林（1879 — 1953）

苏联党和国家领袖，国际共产主义运动领导人，苏联大元帅。参加了十月革命的准备和发动工作。国内战争结束后，于1922年4月在中央全会上当选为中央总书记。1941年5月被任命为苏联人民委员会主席。卫国战争开始后，历任国防委员会主席、总统帅部大本营主席、国防人民委员等职。领导制定了方面军的战略战役任务，拟定战略性战役计划、分配预备队和物资，为世界反法西斯战争的胜利作出了巨大的贡献。

>> 将柏林让给苏军

最后打败纳粹德国的计划，后来被很多军事历史学家称为"布莱德雷计划"，主要是布莱德雷对制定最后击败德国的计划作出了重要贡献。早在3月26日，布莱德雷、霍奇斯和巴顿在雷马根同艾森豪威尔会晤时，就提出了最后击败德国的计划。

在制定计划的过程中，必须考虑各方面的因素。首先是苏军在东线的进展问题。1945年1月12日，苏军已推进到波兰华沙附近的维斯杜拉河东岸，正准备发起全面进攻，长驱直入，渡过奥得河，一举拿下德国法西斯的老巢柏林。为了实现这一宏伟计划，斯大林★已经集结了10个集团军，共70个师的兵力，外加两个航空兵集团军。在这10个集团军中，有大量摩托化步兵旅，装备了美式卡车，机动性很强。经过波兰进入德国，到达奥得河，沿途地形平坦开阔，机动作战非常有利。

苏军的攻势是令人生畏的，从1月12日至2月24日的6个星期内，他们就从奥得河抵达尼斯河。由于气候转暖，冰冻融化，道路泥泞，加上德军的拼死抵抗，苏军暂时放慢了进攻速度。朱可夫的部队在强渡奥得河之后，在离柏林只有56公里左右的地区停了下来。

而英美盟军距柏林还有160多公里，随着战线的东移，补给线拉长，补给问题会再度紧张。布莱德雷和艾森豪威尔估计，在盟军抵达柏林之前，它早已落入俄国人的手中了。在这种情况下去拼死抢占柏林，显然是不明智的。此外，他们还考虑到，盟国已经商定，战争胜利后，德国将分别由美、英、法、苏占领。苏占区将包括直到易北河以西144公里范围内的德国东部。布莱德雷不愿意牺牲美国士兵的生命，去换取必须交给俄国人的德国领土，因此他对越过易北河以后的战略，包括占领柏林，并不热心。

其次是防止希特勒可能退到德国南部深山负隅顽抗的问题。根据情报，许多人认为纳粹政府将撤到奥地利境内的阿尔卑斯山区固守，在贝希特斯加登建立指挥部。所以布莱德雷坚信，盟军必将在德国南部深山里与德国人决一死战。此外，他还担心纳粹分子在德国北部建立堡垒，希特勒可能指挥在荷兰和德国的部队，撤到丹麦、瑞典，直至挪威在北欧，血战到底。

基于这些原因，艾森豪威尔和布莱德雷在制订夺取最后胜利的作战计划时，主要考虑的是军事目标。他们认为柏林是政治目标，把它放在很次要的地位。

这个计划的基本出发点是，要以最快的速度和最低的代价，全部、干净、彻底地全歼法西斯德国的武装力量。在夺取欧洲战场上的决定性胜利之后，再调兵遣将对日作战，全面打败德日意轴心国。计划的主要内容是命辛普森第9集团军向南推进，霍奇斯第1集团军向北推进，形成南北夹击之势，完成对鲁尔区的德军的围歼，最后在帕德博恩－卡塞尔地区会师。之后，辛普森第9集团军立即交还给布莱德雷指挥，他将指挥第1、第3和第9集团军，从卡塞尔地区发动大规模全面进攻，穿过德国中部，直抵易北河，与苏军隔岸相对。蒙哥马利将率英国第2集团军和加拿大第1集团军，掩护布莱德雷的北侧，向北挺进，渡过易北河，直抵丹麦边境。德弗斯第6集团军群将掩护布莱德雷的右翼，同时向东南推进，直抵奥地利。

这个计划把美军安排在中间，作为主力，而把北部的蒙哥马利部队降到辅助地位，与在南部的德弗斯部队一样。布莱德雷很清楚，无论是伦敦方面，还是蒙哥马利本人，对这个计划都不会感到满意。

3月27日，正当布莱德雷和艾森豪威尔最后审定这份作战计划时，马歇尔来电，建议他们用几个强大的纵队，沿卡尔斯鲁厄－慕尼黑或纽伦

∧ 1945年，布莱德雷与巴顿合影。

∧ 艾森豪威尔与布鲁克、蒙哥马利、布莱德雷等在德国境内。

堡－林茨一线，以宽正面突击向东推进。这是一个侧重于向东南推进的作战行动，与最后计划有些不同。但是，从马歇尔的来电中看出，他已经同意了最后作战计划，只是对一些细小问题有所改动。因此，布莱德雷和艾森豪威尔都很高兴。

布莱德雷命令在3月28日上午开始实施该计划的第一步，攻占鲁尔区，到那时，柯林斯第7军在马尔堡，范佛里特第3军在他的右翼向前推进。布莱德雷告诉霍奇斯，让柯林斯掉头向北，全力以赴向帕德博恩推进。打先锋的是罗斯第3装甲师，他的部队在一昼夜中急行军144公里，是这场战争中一天行程最远的一次，创造了辉煌战绩。4月1日，罗斯的部队占领了帕德博恩。不幸的是，罗斯在这次战斗中丧生，使得这场光辉的胜利黯然失色。

3月28日，正当布莱德雷命令霍奇斯掉头向北，突击帕德博恩时，艾森豪威尔收到了蒙哥马利的一封信。蒙哥马利在信中概述了他的作战计划，即以最快的速度，全力以赴地向易北河一线推进，并夺取通向柏林的高速公路。艾森豪威尔在复信中，把布莱德雷的作战计划告诉了他，艾森豪威尔信中写道：

"你与布莱德雷在卡塞尔－帕德博恩地区一会师，第9集团军就将交还布莱德雷指挥。布莱德雷将负责攻占鲁尔区，并肃清那里的残敌，紧接着沿埃尔富特－莱比锡－德累斯顿一线发起总攻，直至与苏联红军会师。你的集团军群的任务将是掩护布莱德雷的北翼……德弗斯将掩护布莱德雷的南翼，并准备在战局许可时继续前进，与苏联红军在多瑙河会师。"

为了协同与苏联的行动，同一天，艾森豪威尔通过美国驻莫斯科军事使团,给斯大林捎去了一封私人信件,把计划通知了斯大林,并要求了解苏联的作战计划。艾森豪威尔还将此信抄送盟军美英参谋长联合委员会,这是艾森豪威尔第一次把他与布莱德雷制定的新的战略正式公布出来。

不出所料,新战略刚一公布,立即在伦敦引起强烈反响。在艾伦·布鲁克指使下,英军参谋长们联名致电马歇尔,首先指责艾森豪威尔直接与斯大林打交道,而后从军事上对新战略提出指责,说这个作战计划贬低了占领德国北部海港的必要性。丘吉尔也认为这个作战计划有两大缺点:一是如果该计划实行,那么蒙哥马利第21集团军群在北部的作用,就被降到无足轻重的地位。二是丘吉尔认为在柏林问题上,不能光从军事上考虑,而要从政治上认识到这座城市的重要性,让俄国人单独占领柏林是完全错误的。

但艾森豪威尔坚持要从军事上考虑最后的作战计划,他据理力争,逐条解释。关于把柏林留给俄国人的决定,艾森豪威尔毫不含糊地表明了他的观点,他写信给马歇尔说:

"柏林本身再也不是一个特别重要的目标了,现在最重要的是要大量地歼灭德军。"

艾森豪威尔对蒙哥马利说的更直接:"在我看来,柏林除了它的地理位置之外,已无任何意义。我对它一点都不感兴趣。"

关于把第9集团军交还给布莱德雷和在中部向莱比锡发起主攻的理由,艾森豪威尔指出:这样做并没有忽视蒙哥马利在北部战线的作用,其实,蒙哥马利的任务还是很艰巨的,他不仅要攻占德国北部的港口,而且还要渡过易北河下游,占领卢卑克,并在基尔运河一线封锁丹麦。

最后,罗斯福也出面调解这场争论。4月1日,罗斯福给丘吉尔写信,说:"马歇尔全面衡量了这个作战计划,认为它是适当的、正确的。他本人完全支持艾森豪威尔。我们就不要在这个问题上争论不休了。"

罗斯福的话一锤定音,英国人终于让步,争论宣告收场。

>> 胜利之日的浮想

辛普森在韦塞尔渡过莱茵河之后,没有及时扩大桥头堡地盘,因此部队在对岸桥头堡挤作一团,后来才逐渐展开。麦克莱恩第19军以第2装甲师为先锋,首先发起攻击,沿利珀河北岸东进,直指帕德博恩。柯林斯已经花了好几天的时间,在那里巩固阵地。4月1日下午4点,第2装甲师的先头部队与柯林斯的第3装甲师会师,完成了对鲁尔区的包围。

两天后,即4月4日夜里12点刚过,艾森豪威尔按作战计划命令辛普森第9集团军归布莱德雷指挥。这是布莱德雷十分高兴的一天。这样一来,第12集团军群共有4个集团军,约130万兵力,是第二次世界大战期间、也是美军史上最大的一个集团军群。布莱德雷立即把司令部从那慕尔迁回卢森堡，以就近指挥自己的部队。

布莱德雷的当务之急是扫荡鲁尔区。据情报估计，在鲁尔区被包围的德军约有15万人，由沃尔特·莫德尔指挥。布莱德雷命令辛普森和霍奇斯派3个加强军执行这一扫荡任务，余下的部队积极准备向易北河和穆尔德河前进。

在美军的强大攻势下，被围困在鲁尔区的德军很快就崩溃了。4月18日，德军不战而降，约有32万德军被俘虏。德军总指挥沃尔特·莫德尔★看到大势已去，跑进一片树林里，开枪自杀了。

布莱德雷分秒必争，继续挥戈东进，从卡塞尔到易北河，共推进了190公里。他把第1、第3和第9三个集团军部署在南北长达230公里的战线上。霍奇斯第1集团军在这次攻势中担任主攻，目标是位于穆尔德河以东19公里的莱比锡。辛普森向易北河挺进，占领对岸的桥头堡，并准备向柏林或东北方向继续挺进。巴顿的主攻目标是克姆尼茨地区的穆尔德河。

按照计划，新的进攻应于4月14日前后开始实施，即鲁尔区的德军已经完全被歼灭，不再对后方构成威胁。但布莱德雷已经等不及了，早在歼灭鲁尔区口袋中的德军之前，他就派出许多小部队，马不停蹄地轻装向东挺进，实际上已经正式发动了进攻。因此，到4月6日至7日，担负新的作战任务的各个部队，大多数都开始行动，并且大都没有遇到什么抵抗，进展顺利，只有少数部队遇到小股决心死战的德军的反抗。柯林斯第7军在哈尔茨脉，遇到了大约7万名德军的顽强抵抗，经过整整一个星期的激战，德军才被迫投降。到4月13日，3个集团军的先遣部队都已抵达易北河或穆尔德河一线。4月11日晚8点左右，辛普森的第2装甲师首先抵达易北河畔的马格德堡南部的舍内内克。次日，吉勒姆第13军也抵达易北河畔的维藤贝格和唐格明德，离柏林不足100公里。

4月12日，辛普森抢占易北河对岸的一个桥头堡，第2装甲师首先渡过易北河。4月13日，第30步兵师的部分部队也渡过易北河，加强已占领的桥头堡。同一天，第83步

↑

★莫德尔（1891—1945）

德国陆军元帅。参加过第一次世界大战。第二次世界大战初期，曾任德国驻波兰和法国占领军参谋长。1940年任坦克第3师师长，1941年参加对苏联作战，10月，任坦克第41军军长，1942—1944年出任第9集团军司令，之后任北乌克兰集团军群司令和中央集团军群司令。1944年8月调任西线德军司令，9月任驻德B集团军群司令，抗击诺曼底登陆后盟军的进攻。1945年4月在鲁尔战役中被围，开枪自杀。

∧ 蒙哥马利与辛普森在一起交谈。

兵师的先头部队在偏南几公里的巴比渡过了易北河,牢牢地守住并扩大了桥头堡。至此,德军在易北河的防线已被全线突破。

抵达易北河后,布莱德雷立即准备开始实施东进作战计划的第二阶段,阻止德军向阿尔卑斯山和挪威溃逃。4月1日,艾森豪威尔来到布莱德雷的司令部,对这些计划作最后复审。

由于蒙哥马利对这一作战计划缺乏热情,他虽然把20个英国师和加拿大师,以及1,500辆坦克集结在莱茵河桥头堡,沿韦塞尔－汉堡一线向东北方向进攻,但进展速度慢得出奇。到4月11日,当辛普森的先头部队已经抵达易北河畔时,登普西的先头部队才到策勒,离易北河尚有96公里。显然,蒙哥马利对放弃柏林和失去第9集团军耿耿于怀,因此对战斗行动没有兴趣,缺乏紧迫感。

4月10日,艾森豪威尔和布莱德雷乘飞机前往看望了蒙哥马利，希望他能立即行动起来。

当天，蒙哥马利、登普西、辛普森和布莱德雷举行会晤，协商最后作战行动。蒙哥马利再次对作战计划提出意见，他认为把攻克柏林的光荣让给俄国人，而盟军向莱比锡进军的决策是错误的。蒙哥马利还说，他抵达卢卑克后，转向东南去攻打柏林是非常容易的事，但不知道为什么就不允许他这样做。

布莱德雷认为，蒙哥马利的一通牢骚，其实是对他所担负任务的不满。蒙哥马利不愿意在最后胜利之际，只担任封锁丹麦边境的任务。

布莱德雷当即指出："攻占柏林的计划早就被取消了，并征求过你的意见。现在的问题是，我们应如何完成既定的作战计划。"

蒙哥马利哑口无言。为了给他一个台阶下，布莱德雷提出，蒙哥马利可以不再担任掩护第12集团军群北翼的任务，同时，如果蒙哥马利在渡河时有困难，辛普森的第9集团军可以随时调拨给他使用。

蒙哥马利知道继续纠缠这个问题已经没有任何意义了。他当即拒绝了布莱德雷的意见，而是说："如果你们不同意我的意见，那么索性把辛普森在易北河的战线往北推一点，我们就可以节省出兵力，完成其他任务。"

布莱德雷考虑了一下，征求辛普森等人的意见后，当即表示同意。

随着战局的发展，攻克柏林的问题再次列入了盟军的议事日程。到4月11日，苏军并没有按照预定时间对柏林发起总攻。而此时，盟军已经接近了柏林，辛普森的部队已经抵进到距离柏林不足100公里的地方，他的3个军13个师共计33万大军随时可以向柏林进发。辛普森本人对柏林也跃跃欲试，他多次请示布莱德雷，并说，如果命令下达，他马上可以派麦克莱恩和吉勒姆的2个军，立即向柏林发起进攻。

这显然是一种很强的诱惑，布莱德雷努力克制着自己。尽管辛普森已逼近柏林，但问题仍然很多，不容有半点忽视。各个部队从莱茵河起，已经向前推进了362公里，补给问题日益突出，尤其是汽油更为缺乏。布莱德雷估计，攻打柏林还得付出10万美军士兵的生命，这一切美军并没有准备好。

艾森豪威尔也赞同布莱德雷的分析。他下了最后决心，让俄国人去攻打柏林，只有在苏军无力攻克时，盟军才去直接进攻柏林。

基本的战略确定下来后，布莱德雷把注意力转向南部战线，以摧毁希特勒在阿尔卑斯山的防御阵地。本来，布莱德雷打算让霍奇斯第1集团军去执行这项任务，但巴顿第3集团军已抵达莫德尔河一线，距离阿尔卑斯山很近，布莱德雷决定让他继续向东南推进，直抵林茨和多瑙河。德弗斯掩护巴顿的右翼，通过纽伦堡和慕尼黑向东挺进。

第二天，4月12日，艾森豪威尔和布莱德雷飞往巴顿设在赫斯费尔德的司令部，把作战任务当面传达给他。当天晚上，他们在巴顿的司令部住下。巴顿渴望率领部队进攻柏林，他在很多场合发过牢骚，说一旦允许，他将要进军柏林。借此机会，艾森豪威尔反复劝说他，攻打柏林没有什么战术和战略价值。但艾森豪威尔的话犹如对牛弹琴，巴顿根本听不进去。他当面对艾森豪威尔说："艾森豪威尔，我不理解你是怎样想的。我们最好攻占柏林，再迅速东进，打到奥得河。"

当晚，艾森豪威尔、布莱德雷和巴顿就很多问题一直谈到深夜，直到午夜时分，才各自回房睡觉。巴顿回到他的指挥室，打开收音机，调到英国广播公司的频道，收听定时节目。一位播音员正播送一份惊人的新闻公报：罗斯福总统去世了。巴顿急忙跑到布莱德雷的房间，告诉他这个消息。布莱德雷睡意全无，立即穿好衣服，两个人一起来到艾森豪威尔的房间。

罗斯福总统是一位有影响的政治家，尤其深受美国军人的爱戴，三人都很悲痛。他们接着交谈了两个小时，对罗斯福未能亲眼看到这场大战结束感到痛心。他们对继承罗斯福担任总统的杜鲁门都不太信任，都认为他缺乏同丘吉尔和斯大林这些老牌政治家打交道的经验。他们三个人谁也不认识他，对他很不了解。说起来，杜鲁门与布莱德雷还是同乡，出生在密苏里州，但布莱德雷只大致了解他的情况。不过，杜鲁门担任总统不久，就启用马歇尔担任高级军事顾问。同时，他还批准了马歇尔的建议，将霍奇斯和巴顿晋升为四星上将，接着又着手把几位军长晋升为三星将军，他们是沃克、海斯利普、柯林斯、吉勒姆和米德尔顿。

4月15日，美军发起最后总攻。蒙哥马利在北部继续向易北河挺进，渡河之后，向基尔－卢卑克一线突击；在中部，布莱德雷命令第1和第9集团军扼守易北河与穆尔德河，建立牢固的桥头堡；在南面，布莱德雷命令巴顿"奋力向前推进"，在多瑙河谷与萨尔斯堡同苏军会师。德弗斯亦将向南进攻，以掩护巴顿的右翼。只是扼守在易北河的辛普森感到灰心丧气，他已经离柏林咫尺之遥，却一直不允许发动进攻。

就在第二天，4月16日，苏军开始向柏林发动了最后总攻。朱可夫从奥得河发起攻势，科涅夫强渡尼斯河。这两个方面军把柏林围得像铁

∧　1945年4月，布莱德雷晋升为四星上将，其手下正为其佩带将星。

桶一般，这座城市隔断了同外界的一切联系。苏军以雷霆万钧之势的炮火猛烈轰击城市，地面部队一步一步地向市中心突击。无情的炮弹把柏林夷为平地。这时，纳粹政府的大多数部长级官员都已向南逃跑，希特勒留在柏林地下室里，还企图在4月20日庆祝他56岁寿辰，然后撤到贝希特斯加登继续顽抗。4月20日，希特勒命令在阿尔卑斯山区建立一个内部要塞，作为进行负隅顽抗的最后堡垒。可是为时太晚，命令已经无法执行，也没有人愿意去认真执行。希特勒彻底绝望了，4月30日下午，当苏军进抵柏林市中心时，希特勒和他的新婚妻子爱娃·勃劳恩自尽。第二次世界大战的元凶终于罪有应得，命丧黄泉。

　　这样一来，在盟军的战场上，布莱德雷的注意力主要集中在巴顿的多瑙河战役上，这是美军在欧洲战场上的最后一次大战。布莱德雷对兵力部署作了调整。由于米德尔顿的左膝受到关节炎的折磨，布莱德雷决定把米德尔顿第8军调到霍奇斯第1集团军，把范佛里特第3军从鲁尔区调到巴顿第3集团军。

　　巴顿集团军飞速向东南挺进，一个星期之内，到4月26日，3个军已全部抵达多瑙河畔。沃克和范佛里特率领的2个军渡过多瑙河后，分别向林茨和萨尔斯堡进军，只有欧文第12军仍留在多瑙河北岸。

　　在巴顿的右翼，德弗斯第6集团军群向东南推进，穿过纽伦堡，直指奥地利边境。帕奇第7集团军在纳粹党徒的老巢纽伦堡打了一场硬仗，

*马克·克拉克（1896—1984）

美国陆军上将，毕业于西点军校。参加过第一次世界大战，曾在美军总参谋部任职。
1942年7月起任驻欧洲美军司令，是年10月到达阿尔及利亚，为盟军在北非登陆
做准备。登陆时，任艾森豪威尔的副手。1943年至1944年底，任驻北非和意大利
的美国第5集团军司令，此后至大战结束任驻意大利盟军第15集团军群司令。战
后任驻奥地利美军司令。朝鲜战争期间曾任"联合国军"总司令。1953年退役。

这座城市在4月20日落入盟军之手。帕奇的右翼是法国德塔西尼第1集
团军，他从黑森林发起攻击，通过斯图加特，直逼瑞士和奥地利边境。

帕奇的部队首先抵达萨尔斯堡以西的奥地利边境。布莱德雷调整部
署，让海斯利普第15军担任范弗里特第3军的任务，攻击萨尔斯堡和贝
希特斯加登附近的希特勒秘密隐蔽所。几天后，马克·克拉克★第15集团
军群的部队从意大利向北进军，在布伦内罗山口与布莱德雷的部队会师。

在对德最后的决战中，布莱德雷所部进展迅速，行动果断，伤亡很
小，全歼了德国南部的敌人，并攻占了慕尼黑、斯图加特和纳粹党的两
个重要圣地——纽伦堡和贝希特斯加登，扩大了美军占领区，进一步巩
固了战线。

现在，盟军最关心的是与苏军会师的问题，因为同德军的彻底崩溃
一样，盟军同苏军会师，同样是人们非常关心的问题，也是最后胜利的
主要象征。每一支部队都迫切希望先与苏军会师，因为这是具有历史意
义的事件。抢得头功的是霍奇斯第1集团军。4月23日，符尔岑市长与
埃米尔·莱因哈特第69步兵师举行了投降谈判。符尔岑在穆尔德河东岸
的莱比锡正东面，第二天，该师的第273步兵团渡过穆尔德河，接管了
这座城市。

易北河与穆尔德河的汇合处是德绍，南距符尔岑60多公里。在盟军
与苏军初步商谈时，决定以易北河为分界线，后来考虑到穆尔德河较易

< 在德国境内向前开进的美军部队。

< 美军部队在意大利胜利会师。

北河的正南正北方向更为明显，因此，盟军便提出在德绍以南以穆尔德河为分界线。这个小小的变动，苏军没有立即通知他们的前线部队。

第273步兵团在向符尔岑推进中，没有发现苏军，该团团长查尔斯·亚当斯感到十分迷惑不解。4月24日下午，他专门派出一支巡逻队，由艾伯特·科茨布带领，从符尔岑向东寻找苏军。当天因为时间已晚，没有走多久，天就黑下来，巡逻队只好回来过夜，准备第二天继续寻找。4月25日，巡逻队继续寻找，上午11点半，大约走了10多公里，巡逻队发现一名骑在马上的苏军骑兵，他正被几个外国劳工包围着。科茨布马上带着俄语翻译走过去，问他的指挥官在哪里。那位苏军骑兵向东挥了挥手，示意其中的一位波兰劳工可以当向导，接着他就疾驰而去。

在那位波兰劳工的带领下，科茨布向易北河畔的斯特雷拉走去。他从望远镜里看见河对岸有许多苏军士兵，于是，他打了几发绿色信号弹，然后带着他的 5 个人，登上一只抢来的帆船，渡过易北河。在易北河东岸，一名苏军少校和另外两名俄国人会见了科茨布，这是苏军和美军首次正式见面。此后，该团的另外几个巡逻队也先后与苏军在易北河畔接触。4 月

∨ 科涅夫向布莱德雷赠送哥萨克良马。

26日，莱茵哈特与苏军第58步兵警卫师师长弗拉基米尔·鲁萨科夫将军在托尔高正式晤面。

布莱德雷对霍奇斯第1集团军首先与苏军会师，感到由衷高兴。

美军和苏军在托尔高正式会师后的第二天，为了在该地区与苏军广泛接触，布莱德雷命令许布纳第5军从卡尔斯巴德－比尔森一线，向南推进，直到捷克斯洛伐克边境地区。

在北部，蒙哥马利缓慢地前进。登普西的第12军于4月27日攻占了不莱梅，因弹药消耗量过大，蒙哥马利推迟了横渡易北河攻占卢卑克的计划。直到艾森豪威尔派李奇微增援蒙哥马利，加上柏林陷落，希特勒丧命，蒙哥马利才重新开始行动。登普西迅速拿下卢卑克，逼近基尔。

对德作战既然已经胜利，5月5日，苏军的科涅夫邀布莱德雷参加他们举行的一次庆贺胜利的宴会。出于友好的目的和好奇心，布莱德雷接受了邀请，还带去一辆崭新的吉普车作为礼物。宴会在易北河东岸托尔高附近的科涅夫方面军司令部举行，身材魁梧的科涅夫用丰盛的食品、伏特加和葡萄酒盛情款待盟军高级指挥官员，还有一个芭蕾舞剧团助兴。宴会后，科涅夫赠给布莱德雷一匹哥萨克良马和一支枪柄雕刻精美的俄式手枪。布莱德雷把吉普车作为回赠的礼物。

当时，第三帝国的政府已由希特勒的前任潜艇司令卡尔·邓尼茨接管。德国人还在拖延时间，他们设法尽可能把德军和平民百姓从苏占区转移到盟军占领区。艾森豪威尔拒绝拖延，于是邓尼茨只好派出代表到盟军司令部谈判签署投降事宜。兰斯时间1945年5月7日凌晨2点41分，德国政府代表在盟军最高统帅部作战室，签署了无条件投降书。

当天早晨5点左右，艾森豪威尔用电话通知布莱德雷："布莱德雷，一切都已顺利完成，德国已经签署了投降书，我们正在打印传真公报。"

当时，布莱德雷住在福斯特诺夫饭店他的"鹰"战术司令部里，他立即把这一令人振奋的消息通知了他的4位集团军司令巴顿、霍奇斯、辛普森和杰罗。战争终于结束了，所有人都欢呼起来。布莱德雷克制住激动的情绪说："德国投降书从5月9日零点起生效，你们要坚守岗位，提高警惕，不要冒险，以免造成不必要的伤亡。"

对德作战结束了，第三帝国彻底崩溃了，一场旷古未有、惨绝人寰的人类大浩劫终于结束。此时，布莱德雷思绪万千，心潮难平。自诺曼底登陆以来，"犹他"海滩、"奥马哈"海滩、阿弗朗什、圣洛、莫泰恩、阿尔让当、法莱斯、巴斯托尼、圣维特、亚琛、罗尔河水坝、梅斯、科

∧ 布莱德雷与苏军科涅夫元帅互相敬酒。

隆、雷马根……

　　在大半个欧洲用鲜血染红的土地上，都留下了美国军人的足迹。美军一共损失 586,628 人，其中阵亡 135，576 人。这个残忍的数字时刻在他的脑际回荡，伤员的惨叫声似乎还在他的耳边回荡，尸体的恶臭正在一阵阵扑鼻而来。他浮想联翩，辗转反侧，夜不能寐。

　　最终，布莱德雷垂下眼睑，默默地感谢上苍，胜利的一天总算来到了。

> 美苏官兵在托尔高地区易北河的一座断架上会师，双方握手致意。

第十二章
冷战暮霭遮夕照

1893-1981 布莱德雷

会议由副总统理查德·尼克松主持。国家安全委员会的每个成员都发表了讲话,高度评价和赞扬了布莱德雷为国家做出的杰出贡献,布莱德雷感动得热泪盈眶。当他离开会场时,国家安全委员会的全体成员都起立表示敬意……

★科涅夫 （1897 — 1973）

苏联元帅。1918年参加苏军。参加过第一次世界大战。1934
年毕业于伏龙芝军事学院。国内战争时期，在东线参加了
对日本干涉军的作战。卫国战争初期，任西方方面军第19
集团军司令。后历任西方方面军司令、加里宁方面军司
令、西北方面军司令、草原方面军司令、乌克兰第二方面
军司令和乌克兰第一方面军司令。参加指挥了卫国战争的
多次战役。因战功卓著，两次被授予"苏联英雄"称号。

>> 战争的善后事务

　　对德作战胜利后的一段时间，布莱德雷事务繁忙，整天忙于应酬。作为一种军事礼节，
5月17日，布莱德雷邀请科涅夫前来卡塞尔参加聚会，以答谢几天前的盛情款待。为了活跃
聚会的气氛，布莱德雷专门邀请陆军专业演出队参加演出，为会议助兴。布莱德雷感到这些
节目都不能与苏联芭蕾舞剧团媲美，于是又临时增加了一个吉特巴舞。这种舞由5名护士和
陆军妇女队员及5名士兵表演，有点贴近俄罗斯民族舞，科涅夫看得津津有味。

　　招待会结束后，按照外交礼节，科涅夫宣读了斯大林的指示，并将一枚苏联一级苏沃格
夫勋章别在布莱德雷的胸前。

　　在招待会接近尾声时，艾森豪威尔突然从他的司令部兰斯打来电话，他说："布莱德雷，
我知道你今天正忙于接待科涅夫，但他一离开，你就到我这里来，在我这里过夜，我有事要
同你商量。"

　　布莱德雷一时搞不清楚发生了什么事情，但从艾森豪威尔的口气中，他感觉事情非同一般。

　　等科涅夫★一走，他立即飞往兰斯。到了艾森豪威尔的司令部，布莱德雷看见艾森豪威

< 战争胜利了,将军们的脸上洋溢着欢笑。
< 自欧洲战场返回美国家乡的布莱德雷
受到了热情欢迎。

尔正坐在安乐椅上,悠闲地同他的部下喝酒。见到布莱德雷后,艾森豪威尔把一份电报向他
挥了挥说:"布莱德雷,你最好先把这杯烈性酒干了,再看看这份电报。"

布莱德雷顾不上多说,端起一杯威士忌一饮而尽,就坐下看电报。这是马歇尔给艾森豪
威尔"亲启"的一份密电,里面净是令人震惊的消息。

最重要消息是,马歇尔说他打算"催促"杜鲁门总统在两个月内免去他的职务。由于布
莱德雷和艾森豪威尔一直都以为在打败日本之前,马歇尔不会退职,所以这个消息很突然。
这意味着艾森豪威尔将从欧洲被召回国内,接替马歇尔任陆军参谋长。这对于艾森豪威尔来
说,也是意外的消息,因为艾森豪威尔早就明确表示过,他不想沾陆军参谋长这个职务的边,
没有多大兴趣。

第二条消息是关于布莱德雷本人的。马歇尔已在他的头脑中给布莱德雷安排了新的工作。他在电报中说，杜鲁门正在着手退伍军人管理局的问题，希望一位资历和威望相当的人来领导这个单位，时间可能是一至两年。杜鲁门指名布莱德雷去，马歇尔对此已经同意。

6月2日，布莱德雷乘飞机从巴黎出发，经亚速尔和百慕大群岛，到达纽约。玛丽专门从华盛顿赶到纽约去迎接他，他们驱车前往沃尔多夫阿斯多里饭店。随后，他们又赶到西点军校，参加1915届毕业生的30周年校友聚会活动。6月4日，他们乘飞机到费城，参加那里隆重的庆祝胜利的游行活动。游行结束后，他们回到西点军校，出席了6月5日举行的学员毕业典礼。布莱德雷应邀发表演说，并给852名毕业生颁发了毕业文凭。6月7日，布莱德雷乘飞机到华盛顿，拜访马歇尔和杜鲁门总统，以便当面了解新任务。

原来，1945年初，《太平洋市场报》《世界报》上连续刊载多篇文章，对退伍军人管理局的工作提出尖锐批评，说退伍军人管理局是一个不人道的官僚机构，管理人员都是些平庸之辈，官样文章一大堆，缺乏民主，独断专行，根本不关心老弱病残的退伍军人。国会为此组成了调查组，通过调查，发现该局确实存在许多缺点，必须加以改造。迫于舆论压力，6月7日，退伍军人管理局局长海因斯向杜鲁门递交了辞呈。杜鲁门在记者招待会上，宣布由布莱德雷接替海因斯的职务。当天下午，布莱德雷拜访马歇尔，然后他们同往白宫，晋见杜鲁门总统。

杜鲁门大概看出了布莱德雷的担心，在会谈中，他多次含蓄地向布莱德雷保证说，他在退伍军人管理局的任期不超过两年，而且保留四星上将军衔。

在离开白宫的路上，马歇尔也鼓励说，只要布莱德雷把退伍军人管理局的工作干好，他不用担心自己的事业和前途。

有了总统的谈话和马歇尔的保证，布莱德雷的心情稍微好了一些。

6月8日，陆军部长斯廷森专门为布莱德雷安排了一次记者招待会。布莱德雷引起了新闻记者的极大兴趣，人们纷纷向他发问，提出各种各样的问题。

布莱德雷每问必答，详细地介绍了战争情况。在谈到美军士兵时，他自豪而夸张地说："美国陆军是世界历史上举世无双的精锐部队，一两名美军士兵足以抵挡50~100名德军士兵，是他们赢得了战争的胜利。"

布莱德雷的讲话引来一片掌声。

第二天是星期六，布莱德雷和妻子玛丽应邀乘飞机回到自己的家乡密苏里州，参加胜利庆典。为了表示对这位老兵的尊敬，马歇尔特意批准布莱德雷的女婿哈尔·比尤克马放假，随同他参加有关活动。

布莱德雷已经12年没有回过家乡了。这12年中，世界大战突然爆发，人类在刀光血影中痛苦挣扎，成千上万的青年死在战场上。布莱德雷由一名默默无闻的普通军人，变成了家喻户晓的传奇英雄。当布莱德雷乘坐的飞机在机场着陆时，全城男女老少倾巢出动，前来欢迎他们。当地政府特意将这天称为"布莱德雷将军日",迎接的场面热烈,动人心弦。密苏里州长菲尔·唐纳利率领一批有身份的各方面人士,陪同布莱德雷前往莫伯利。

他们一行人到达莫伯利后,欢迎的场面达到高潮,亲朋好友都像迎候久别重逢的儿子似的前来欢迎他。布莱德雷应邀发表演说,他简要地回顾了战争,然后说:"我们虽然取得了胜利,但战争是残酷的,它给人类造成空前浩劫,我们决不能让悲剧重演。"

当晚,莫伯利中学1910届毕业生为了表达对布莱德雷的敬意,在马索尼克教堂举行校友聚会,布莱德雷的亲友和其他有关人士应邀参加。这是一次别开生面的烧鸡晚宴。在这次聚会上,布莱德雷见到了好多同学,他们相互介绍情况。最后大家得知,1910届毕业生竟然全都健在。大家开玩笑说,这大概是由于密苏里人都具有健壮的血统。布莱德雷的一个老伙伴库克·希克森曾经同他打过猎,知道布莱德雷有一手吹口哨的绝活,因此就提议请他学鹌鹑叫。盛情难却,布莱德雷当场表演,顿时全场喝彩。

6月21日,布莱德雷又到圣路易斯,参加了那里的庆祝游行活动。整个城市也是倾巢出动,学校也因此宣布放假。

次日,布莱德雷返回华盛顿,礼节性地拜访了杜鲁门总统、前任局长海因斯和退伍军人委员会主席约翰·兰金等人。杜鲁门对布莱德雷如此快地接手工作,为政府分忧解愁表示感谢。他说:"退伍军人管理局的工作十分繁重,事情千头万绪,你放心干就是了,政府保证会全力支持你的工作。"

美国自建国以来,对退伍军人的政策是给予一定福利待遇。军人如果伤残,国家会免费提供医疗服务,并根据残废等级,酌情发给抚恤金。残废军人死后,由其遗孀或子女享受。但这些政策已经远远不能满足现实情况,随着第二次世界大战这场人类历史上最大规模战争的结束,如何妥善安置退伍军人成为美国政府最头疼的问题。布莱德雷上任前不久,国会刚刚通过了一项《士兵权利法》,规定参加过第二次世界大战的退伍军人可以享受一系列福利待遇。

战前,全美国约有近500万退伍军人,其中绝大部分是第一次世界大战时期的退伍军人。战局的发展大大出人意料,对日战争提前结束,国防部原来精心制定的三年退伍计划成了一张废纸。退伍工作从1945年10月就仓促开始,到翌年6月,退出现役的男女军人超过1,709万人。

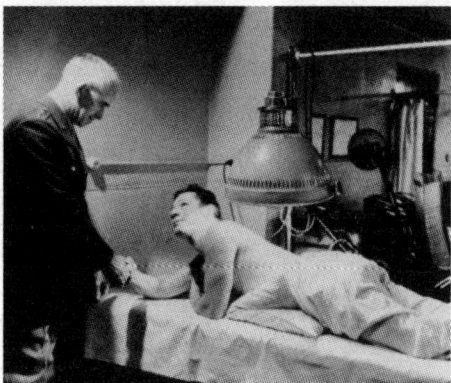

　　如何安排处理这一大批人员，退伍军人管理局毫无准备。该局6.5万名工作人员虽然紧张工作，但仍然人手不够，被压得喘不过气来。退伍军人及其家属要求解决的问题成千上万，来信像雪片似的飞来。管理局每天最多只能处理7.5万封信件，但有时的信件四倍于这个数字，邮包一直堆到天花板，无法处理，有的已经积压了几个月。退伍军人管理局还负责管理在45个州和哥伦比亚特区设立的用来安置伤病员的97所医院。此外，领取抚恤金的退伍军人、遗属及其赡养的子女约有150万人，每年要付出71.4亿美元，其中第一次世界大战时期的退伍军人占1/3，第二次世界大战时期的占1/3，更早些时候历次战争中的伤残人员占1/3。士兵保险金的数额也十分惊人，总数约1,350亿美元，保险人数达1,800万。

　　退伍军人管理局的工作不仅繁重、杂乱，而且牵涉面广，每办一件事或做出一个决定，都会遇到不同程度的阻力，有人提出批评，有人甚至公开反对。真是一个费力不讨好的职位，几乎事事从头开始。

　　上任之初，布莱德雷思前想后，连续几个夜晚都没能睡好觉。但随着退伍军人的增多，他已经没有多少时间来考虑其他问题了。为了顺利开展工作，布莱德雷决定加强管理局人手，他说服12集团军群司令部中的十几名老部下，到退伍军人管理局协助他工作。其中有亨列·刘易斯准将、埃德温·赖特上校、埃尔夫·布则森中校和切斯特·汉森中校。汉森继续当他的副官兼任管理局的公共关系非官方负责人。杜鲁门总统也大力支持，把B-47型"玛丽皇后"号飞机留给布莱德雷使用。

　　针对退伍军人过多，工作量太大的情况，布莱德雷决定实行分散管理，把权力完全下放。1945年9月15日，他宣布成立13个分局，每一个分局由一位总局的副局长兼任局长。这些分局设在纽约、费城、亚特兰大、丹佛、西雅图等大小城市的商业区附近，就地招收职员，优先录用退伍军人。每个分局都建立了地区性的办事机构网，分散在一些较小的城镇里。两年当中，整个管理局的工作人员就由6万多人增加到20万人。这样，有退伍军人的地方就有相应的管理机构，从而办事效率大为提高。与此同时，布莱德雷凭借自己的威望，积极地为退伍军人争取各种福利费用。在他的努力下，联邦政府拨给退伍军人管理局的费用逐年增加，1946财年为45亿美元，1947财年为63亿美元，相当于当时48个州的总预算，约占联邦政府总预算的1/3。利用这些经费，退伍军人的生活得到细致周到的照顾。

凡在第二次世界大战期间服役的伤残退伍军人都能享受一定数额的抚恤金，但具体的人数却难以精确计算。管理局原来估计享受抚恤金的人约占退伍军人总数的10%，但实际申请抚恤金的人数达到25%。部分原因是第二次世界大战时期的军人服役时间长，伤残比率高。但也有许多人误解了享受抚恤金的标准，致使一些不够条件的人也来申请抚恤金。怎样严格把关成为一个非常棘手的问题。布莱德雷和部下研究决定，管理局扩招一批训练有素、精通业务的医务人员，组成500多个评审委员会，对那些提出申请的人进行逐个审查。最终的结果是，递交申请的人数多达400万人，但经评审委员会批准的只一半左右。

给退伍军人提供福利补助只能起到一时的作用，要根本解决退伍军人的生活，必须靠他们自己。为此，布莱德雷千方百计地为退伍军人创造机遇，在第二次世界大战的1,500万退伍军人中，约有一半人没有职业或没有什么正经职业。为了帮助他们就业和对社会作出有益的贡献，经管理局争取，美国政府做出决定，要求全国大学向退伍军人敞开大门，让他们享受教育。国会原来规定退伍军人的最大入学年龄不超过25岁，但绝大多数军人退伍后都超过了这个年龄。为此布莱德雷向政府提出建议，要求放宽年龄限制。这样，美国高等院校在校学生由战前不足130万人，到1947年就猛增到230万人，其中有125万是退伍军人。哈佛、斯坦福等名牌大学一改不招军人的制度，率先大量招收退伍军人，为其他大学树立了榜样。这样一来，退伍军人受教育的问题得到基本解决。

为了解决退伍军人在找到工作以前的生活问题，管理局设立失业补助金，每星期20美元，领取补助金的时间，最多不超过8个星期。过后，必须自谋生路。为了鼓励退伍军人购买住宅、农场或做买卖，布莱德雷指示管理局，向退伍军人提供一定数额的贷款。为了保证贷款给需要贷款的退伍军人，申请贷款的形式不是将实物直接贷给本人，而是面对能为需要借贷的退伍军人直接提供物质保证的有关方面，管理局把钱付给他们。比如住房，管理局把钱付给建筑公司，由这些公司向退伍军人提供住房，然后这些退伍军人将贷款逐步偿还管理局。这样，不仅在很大程度上解决了退伍军人的住房问题，也大大促进了建筑业的发展。

设立保险金也是一件十分复杂的工作，当时没有计算机，全用手工作业。1,000多万退伍军人的保险卡片要仔细查找分别归档。问题是有许多同名同姓的人，又没有写清他们的籍贯、年龄和职业，更增加了工作的复杂性。还有些未婚青年退伍军人，放弃了他们的保险，布莱德雷曾呼吁他们恢复保险，仍然收效甚微。但随着退伍军人年龄的增长，成家立业，负担加重，退伍军人逐步恢复了保险，并一直保持下去。

关于提高退伍军人的医疗保障水平，把管理局的医院附属于医学院的问题，情况更要复杂一些。因为管理局的医院大多分散在穷乡僻壤，远离大中城市，无法与医学院建立联系。经过同各方面人员和各个部门协商，管理局采取措施，新建医院尽量在医学院附近，酌情把一些老医院从偏僻地区迁出来。这样，管理局的70所新建医院和扩建的大多数医院都分布在比较适当的地方，他们同全国77所著名医学院中的63所建立了附属关系。管理局医院治愈788万多名伤病员，其中2/3是第二次世界大战的退伍军人。另外，他们还通过向私人医生付酬的方式，治愈了600万轻伤员。这样，需要治疗的伤病员都得到了必要的医疗护理，极大地缓解了社会压力。

除此之外，退伍军人管理局还设立了名医顾问委员会，对于提高医疗技术，医治重伤员，起了很大的作用。为了使伤病员尽量做到生活自理和恢复工作能力，管理局还在恢复伤残退伍军人健康的基础上，鼓励私人行业训练和雇用残废退伍军人。这一尝试获得了巨大的成功，许多残废军人通过训练，都能担负一定的工作。如约瑟夫·布格瓦钟表制造学校1946年第一届毕业生，就有20人获得了合格证书。这些学习成绩突出的人，不仅能胜任一定的工作，增加自己的经济收入，也增强了他们生活的信心和勇气。

退伍军人管理局的工作是繁重的、琐碎的，布莱德雷担任局长期间，解决了许多棘手的问题，尽了他最大的努力。正如他自己所说的："由于我在第二次世界大战期间在陆军中所处的地位，我不得不把成千上万的青壮年送上战场。我曾在战场上听到过伤员们的悲鸣号叫，在战地医院里看见过重伤员经受着难以忍受的痛苦。我为他们重返家园已经尽到了最大的努力，为他们提供了各种方便。在我的终身事业中，我感到再也没有比这更使我心满意足的事了。"

★冷战

二战结束初期，西方资本主义国家将其与东方社会主义国家之间除直接武装冲突以外的一切对立和敌视，统称为"冷战"。1947 年，美国总统杜鲁门提出国情咨文，被认为是战后西方国家开始实行"冷战政策"的标志。自从 20 世纪 40 年代起，随着反法西斯同盟主要成员国家的逐渐对立、德国分治、北大西洋公约组织和华沙条约组织两大军事集团形成，"冷战"已成为一种政治现实存在于东西方国际关系之中。

>> 冷战危机

马歇尔应杜鲁门的要求，延长了 4 个月任期，直到 1945 年 11 月 26 日才离开陆军参谋部。12 月 3 日，艾森豪威尔正式就任陆军参谋长。他本想立即辞职让布莱德雷接替他。但杜鲁门要布莱德雷至少在退伍军人管理局干两年，所以他也决定任两年陆军参谋长，届时再由布莱德雷接替他。

从 1947 年 4 月起，艾森豪威尔就积极活动，采取种种措施，为布莱德雷接替他的职务做准备工作。首先，他极力鼓动杜鲁门向国会建议，将布莱德雷升为四星上将，国会很快通过了这项提案。不久，艾森豪威尔又授予布莱德雷第三枚功勋勋章，表彰他在欧洲战场上的功绩。其次，艾森豪威尔还征得杜鲁门同意，把布莱德雷召回陆军。尤其令他高兴的是，在艾森豪威尔的安排下，他获准去驻欧美军部队视察，以熟悉一下部队情况。

1947 年 8 月 15 日，布莱德雷携妻子玛丽乘陆军的一艘运输舰从纽约启程，于 26 日到达德国不莱梅港。当时，驻欧美军总司令是卢修斯·克莱四星上将，他还兼任驻德美占区军事总督。布莱德雷行将接替艾森豪威尔出任参谋长，已经是人所共知的事情，因此，克莱亲自陪同布莱德雷视察部队。

此时，冷战★危机已经初步显现，驻扎在欧洲的美军部队处于前沿地区，有很多事情必须谨慎处理。布莱德雷在柏林了解了军事动向，检阅了驻德美军部队。随后，他访问了奥地

∧ 接替布鲁克出任英军
总参谋长的蒙哥马利。

∧ 美国总统杜鲁门战后鼓吹〝冷战〞。

利、意大利、西西里岛、瑞士、法国和英国。当时，蒙哥马利已接替布鲁克任英国陆军参谋长。在欧洲战场上，布莱德雷与蒙哥马利一直纷争不断，几次当面争吵。但现在战争已经结束，所有的争执和隔阂都随着时间的流逝而消失。蒙哥马利对再次见到布莱德雷非常高兴，他盛情款待了布莱德雷夫妇。

9月25日，布莱德雷乘克莱的专机，经亚速尔和百慕大群岛回国，等待新的任命。1947年11月21日，杜鲁门任命布莱德雷为陆军参谋长，退伍军人管理局的工作由小卡尔·格雷继任。

布莱德雷原想任一届陆军参谋长，到1951年底就退休。但实际上，他担任了18个月陆军参谋长就提升了，成为美国陆军史上最短的一任参谋长。从这方面来讲，他是幸运的。然而，在短短的一年半中，布莱德雷却遇到了前几任参谋长从未遇见的挑战：三次战争危机。

布莱德雷就任陆军参谋长时，美苏关系已经开始恶化。昔日彼此配合、共同抗击德国法西斯的那种盟友关系烟消云散了。美苏都把对方当做自己的主要敌人，展开了另外一场战争，这就是现代历史上著名的冷战。面对苏联的挑战，美国终于逐渐形成了一种新的方针，即后来所谓的"遏制"战略。美国出钱出枪，支持各国的反共政府或反共势力，防止共产党掌握政权。1947年3月，美国出台了"杜鲁门主义"，首次公布了有关政策。当时，马歇尔是国务卿，他和他的谋士们制定了对西欧实施大规模经济援助的战略，目的之一是把西欧各国扶植起来，作为对抗苏联的劲敌。根据这一战略，美国要在4年内向西欧提供170亿美元的援助。这就是世界现代历史上著名的"马歇尔计划"。

对马歇尔提出的"遏制"战略，布莱德雷并不是不同意，而是感觉有些悬乎。他认为问题远非如此简单。对俄国人采取强硬态度，在世界范围内抑制苏联，即以其人之道还治其人身，布莱德雷认为，"遏制"战略显然应当以实力为基础。但到布莱德雷任陆军参谋长时，陆军的实际兵力只有55万余人，而且还在继续削减。说不好听一些，陆军现在只是一支勤务部队而已，根本不是一支作战部队，毫无战斗力可言。55万陆军官兵中，一半驻在海外，履行军事占领任务；一半驻在国内，执行各种公差勤务。另有2个多一点陆军预备队师，只能勉强执行作战任务。在这种情况下，布莱德雷的屁股还没有在陆军参谋长位置上坐热，就一连遇到希腊危机、朝鲜危机和柏林危机等一系列事件的挑战。

先说说希腊危机。希腊先是惨遭意大利法西斯的蹂躏，继而受德国的践踏。跟一切获得解放的国家一样，战后希腊的主要任务就是恢复和建立一个稳定的政府。但情况远非如此简单，战争结束后不久，希腊爆发了内战，共产党领导的游击队不承认美英扶持的政府，因此发动了游击战争，并不断获胜。英国立即派出部队援助希腊政府，企图扑灭游击队。但英国没有能够迅速地解决问题，不久更是陷入既无经费，也没有部队和武器装备的尴尬境地。1947年8月，英军在屡战屡败的情况下，被迫开始从希腊逐步撤出军队。这个消息在华盛顿激起了轩然大波，参众两院都有人强烈主张直接出兵希腊。这些人认为，"希腊一旦被共产党控制，总有一天，整个东地中海，也可能整个中东，都将是共产党的天下。"

此时，正是布莱德雷准备与艾森豪威尔交接参谋长职务之际。参谋长联席会议举行专门会议对此问题进行研究认为，即使美国派出一定数量的地面部队到希腊去，如果不在全国范围内起码的部分动员国民警卫队和陆军预备役，也从根本上解决不了问题。关于希腊危机的决策一直拖了好久，到1948年2月布莱德雷正式任职时，官方也没能拿出一个两全其美的决策。希腊危机是布莱德雷遇到的第一个头疼问题，他对派兵一事十分为难。因为陆军兵力本来就很有限，几乎无兵可派。但是如果听任希腊问题不管，美国威信就会受到削弱。

无奈之际，布莱德雷只好征询已经担任国务卿的老上级马歇尔的意见。马歇尔寓意深刻地说："虽然我们手中没有消防设施，但我们必须玩火，没有其他的办法。"

马歇尔意思就是美国必须对希腊危机进行干预，决不能袖手旁观。布莱德雷思前想后，最终想出了一个两全其美的解决办法，向希腊派一个庞大的军事顾问团，帮助希腊政府加快训练7个师的陆军，在较短时间达到实战水平，并紧急向希腊部队运送大批美式装备。为了加强军事指导，布莱德雷亲点曾经担任过第3军军长的范佛里特领导美军顾问团。通过这一系列措施，希腊政府果然很快就控制住了局面。

刚刚安定了希腊危机，朝鲜半岛又发生问题。朝鲜原来被日本占领，在第二次世界大战行将结束之际，苏联对日宣战，挥师进入朝鲜，与美军以"三八"线为界，朝鲜从此被一分为二。朝鲜半岛多山，冬天十分寒冷，那里人口稀少，土地贫瘠。但朝鲜与苏联和中国两个大国相连，隔海与日本相望，战略地位极其重要，成为二战后美苏两个军事大国斗争的焦点。

从1947年开始，美军不断增加在韩国的驻军。布莱德雷担任参谋长后，根据驻韩国美军司令霍奇的要求，从驻日美军中抽调1万人前往韩国，控制韩国。在强大武力的保卫下，美国一手导演了韩国选举，1948年5月10日，由美国扶植的傀儡李承晚当选为总统。朝鲜半岛问题暂时平静下来，但实质矛盾并没有得到根本解决。

在布莱德雷忙于调兵遣将控制韩国之际，1948年3月30日，苏军突然完全控制了地面通道，通过苏占区进入柏林的西方汽车、火车和驳船都必须在检查后才能放行。美军驻欧洲总司令克莱感到这是一种莫大的侮辱，3月31日，他给参谋部发来电报，气急败坏地声称："如果苏联士兵敢于踏上我们的火车，我就下令卫兵开枪。"

布莱德雷立即意识到事态的严重性。在这个敏感时刻，稍微不谨慎，都有可能挑起与苏军的全面战争，这是美国政府竭力避免的。因此，布莱德雷当即给克莱发出一封措词强硬的信，告诉他要谨慎行事。布莱德雷指出：就现在的局势而言，与苏联打一场全面战争，我们还没有做好准备。

在布莱德雷要求下，国家安全委员会召集有关人员，举行了一系列非正式会议，就柏林危机进行研究讨论，最终决定采取克制态度。

随后，布莱德雷正式给克莱发出命令：必须采取克制态度；设法使火车继续运行，但不要增加卫兵或武装，以免刺激苏联人；除非苏联人首先开枪，千万不要向他们开枪。克莱满腔怒火，但不得不依照指示行事。第二天克莱就小心地发出了一列火车，但在通过苏占区时，苏军没有放行。争执的结果是苏军使火车脱轨，停留了好几天。

∧ 美国一手导演了韩国的选举。

美国立即连续对苏联提出强硬的外交照会，进行抗议。经过外交接触，苏联终于放松了一些限制，美军发往柏林的火车又开动了。事情似乎到此结束。

但是，布莱德雷没有想到的是，几天后柏林危机起了戏剧性的变化，几乎引起战争。

事情的是这样的，美国在其占领的柏林地区实行货币改革，苏联对此提出强烈抗议，双方矛盾再次激化。6月18日，柏林危机进入新的阶段。当天，苏军采取报复措施，禁止美英等国的一切车船通过地面通道进入柏林。此外，苏联还切断了输往西柏林的电源，完全封锁了美英占领军。情况万分危机，西柏林只有30天存粮和煤炭，几乎成为一座死城。

苏军全面封锁柏林时，适逢1948年美国总统大选。杜鲁门正忙于大选，成天风尘仆仆地在全国各地穿梭往来，进行竞选，根本无暇顾及。解决柏林危机的担子压在布莱德雷身上。他连续主持召开多次紧急会议，研究有关对策。6月27日，柏林危机达到高潮。下午2点45分，福雷斯特尔、格维持、罗亚尔、布莱德雷和来自五角大楼及国务院的其他6人，在陆军部长罗亚尔的办公室举行了一次极为重要的会议，就柏林问题进行了专门讨论。会议要求与会者都要发表

∧ 布莱德雷在国会听证会上发言。

意见，以便制订对策。从当时的形势看，美军面临的选择有三个：一是撤出柏林，二是同苏联人打仗，三是通过外交途径解决。

与会者意见不一，有人主张采取强硬对策，实行武装押运，用武力迫使俄国人屈服。

布莱德雷不同意这种做法，他认为武装押运是不得已的最后一招，只有美国做好应付全面战争准备时，才能那样做。如果武装押运导致美军和苏军交火，即使美军取胜，苏联人决不会善罢甘休，他们必定增加部队，实施反击，直至获胜。反之，要是美军初战失利，美国也不会甘心失败，同样会增加部队。布莱德雷最后反问："那样会发生怎样的情况呢？显然，我们迟早要面临全面战争的危险。"

会议一直开到晚上7点，但因为没有总统的指示，所以会议最终什么也没有定下来。第二天，布莱德雷等人将讨论情况向杜鲁门作了汇报。总统详细听取了柏林危机的有关情况，以及6月27日会议所制定的几种应对方案。因为事关重大，杜鲁门当时没有明确表态。

事情到了几乎令人烫手的地步。美国采取了最坏打算，已经着手在英国和德国建立B-29轰炸机基地，准备一旦与苏联开战，就动用核武器。与此同时，布莱德雷等人连夜协商，找寻其他可能的解决办法。显而易见，如果美军继续留在柏林，还有最后一种办法，那就是从空中向柏林运送各类物资。

6月28日，福雷斯特尔、格维特和罗亚尔晋见杜鲁门总统，希望得到最后的答复。情况已经发展到关键时刻，必须立即拿出主意，否则后果不堪设想。美军到底是撤出？战斗？还是……

杜鲁门也被这件事情搞得焦头烂额。在听取情况介绍后，他突然说："不要再纠缠和讨论这个问题了，我们要留在柏林，停留一个时期。"

陆军部长罗亚尔当即反问："这样做的危险很大，如果苏联人继续扩大事态，我们是否要打进柏林，用武力解决。"

杜鲁门先是没有吱声，他环顾了周围一下，说："要尽量避免战争，看看事态发展再说吧。"为防备万一，杜鲁门还批准迅速增派两个B-29轰炸机中队到德国，以做好最坏的准备。

与此同时，美军加大从空中运送物资的规模，柏林的天空一时间热闹非凡，各种大型运输机你来我往，穿梭不断。在布莱德雷的协调和指挥下，从美国本土抽调了部分大型运输机，并成立一个专门的空运组织，负责柏林的空运。

苏联人知道，再继续纠缠下去，对自己也没有什么好处，因而没有阻止空运。美军飞机于是昼夜不停地向柏林运送物资，最多一天向柏林运进了约5,600吨食品和燃料。

空前的柏林危机逐渐解除。

>> 首任参谋长联席会议主席

1949年春，美国国会颁布的几个法律，对1947年的国家安全法作了修改，其中一个内容是把国家军事机构改为国防部，另一个就是正式设立参谋长联席会议主席职务。

当时，与国防部长约翰逊关系最为密切的要数麦克纳尼，人们都认为他将出任首任参谋长联席会议主席。但麦克纳尼是一位空军上将，若他在此刻担任这一职务，将会有加强空军而削弱海军的嫌疑，在政治上不利。另外，空军还是一个年轻的军种，由空军率先担任这一荣誉职务，似乎不太合适。最适合的还是由陆军担任，艾森豪威尔当然是最理想的人选，但他断然拒绝了。而布莱德雷也曾向艾森豪威尔表示过，他不愿担任此职。

∧ 在杜鲁门主持下，布莱德雷就任美国参谋长联席会议主席。

∧ 布莱德雷与参联会成员们在一起。其右侧为克拉克上将。

可是，艾森豪威尔最终还是向约翰逊推荐了布莱德雷。布莱德雷确实对这一职务有重重顾虑，他认为参谋长联席会议是一个是非之地，有些事情不好处理。特别是军费分配中削减了海军计划建造的超级航空母舰，海军可能会闹事。而担任国防部长的约翰逊处事鲁莽，容易闯祸，没有应付这类事件的经验和能力。海军部长软弱无能，如果海军一旦起来闹事，他可能压不住阵脚。但是在约翰逊的一再要求下，布莱德雷最终改变了主意，答应任一届。

1949年8月12日，杜鲁门把约翰逊和布莱德雷召到白宫，宣布了布莱德雷任参谋长联席会议主席的命令，参议院立即批准这项任命。8月16日上午9时，布莱德雷在约翰逊的办公室举行了宣誓就职仪式。

布莱德雷就任参谋联席会议主席之后，由柯林斯接任陆军参谋长。现在，参谋长联席会议的成员是4人，布莱德雷、登菲尔德、范登堡和柯休斯，但主席没有投票权，每届任期2年。

布莱德雷带去的几名助手是威利斯·马修斯、切特·汉森和秘书玛丽·皮凯思。为了组成一个联合形式的工作班子，照顾到各个军种，布莱德雷接收了海军部长登菲尔德推荐的一位海军助手爱德华·比奇，以及一名空军助手。这样一来，布莱德雷的办公室成为三军联合办公室。

与此同时，布莱德雷还身兼另外两种重要职务。经过北约盟国协商同意，决定成立由"北约"成员国的参谋长组成的"北约"军事委员会，这是一个超级参谋长联合委员会，由布莱德雷担任这个委员会的主席，定期开会，讨论战略问题。另外，还决定在这个军事委员会内部设立一个由美、英、法三国军事代表组成的常务委员会，机构设在华盛顿，仍由布莱德雷担任主席，每星期开一次会，根据北约的军事战略，负责处理日常事务。这样一来，布莱德雷又增加了两个头衔，他的办公室也就成了研究世界军事问题和制定作战计划的中心，办公桌上堆满参谋长联席会议和北大西洋公约组织的各种文件。

布莱德雷的工作立即繁忙起来。通常，他每天与国防部长约翰逊碰头一次，相互了解情况。每当需要参谋长联席会议解决问题，约翰逊总要事先征求一下布莱德雷的意见。因为工作需要，陆、海、空军的三位部长，常来同布莱德雷商谈军机大事。因为原子能委员会负责生产和贮存核武器，布莱德雷也同他们保持着密切的联系，了解和掌握有关情况。参议员和众议员对各种大大小小的军事问题都很关心，经常邀请布莱德雷到国会作证。访问华盛顿的外国高级军事头目也总是首先拜访他。布莱德雷每天的工作时间很长，也很枯燥，经常有白天处理不完的事，需要晚上把文件包带回家，抽空批阅。正悠闲休息的艾森豪威尔风趣地说："布莱德雷，你挑起了华盛顿的一副最重的担子，我对你表示同情。"

就在布莱德雷上任之际，世界发生了两件重大事情。这两件事件影响巨大，使参谋长联席会议不得不转移精力，重新评价刚刚制定的军事战略。

第一件事情是大约在布莱德雷任参谋长联席会议主席两星期之后，即1949年8月29日，苏联成功地爆炸了第一颗原子弹，结束了美国保持了4年的核垄断地位。

此事在美国上下引起了剧烈的震荡，因为参谋长联席会议曾在1948年3月22日邀请有关方面的权威人士，对苏联最早爆炸第一颗原子弹的日期进行过猜测。当时估计这个最早日期是在1950年中期，最大可能则是要到1953年左右。因此，参谋长联席会议两次制定的军事战略都是以此为基础的。现在，情况发生了变化，苏联仅仅用了4年多时间，就打破了美国的核垄断，比美国估计的提前了整整4年。

另外一件事情是中国共产党在中国取得的节节胜利，迫使美国不得不重新考虑它的对华政策。美国政府立场的核心是马歇尔计划★，即美国向蒋介石提供经济援助和武器装备，改善国民党政府的困难，以便赢得时间，卷土重来。

★马歇尔计划

正式名称为《欧洲复兴方案》，1947年6月5日，由美国国务卿马歇尔在哈佛大学发表演说时正式提出。其正式的法律形式是美国国会于1948年4月通过的《经济合作法案》。主要内容是，美国对西欧各国进行财政援助，用以复兴战后经济；受援国必须购买一定的美国产品，尽快撤除关税壁垒并取消或放松外汇限制等。马歇尔计划于1948年4月开始实施。这一计划在很大程度上加速了西欧重建的进程。

布莱德雷唯恐卷入亚洲大陆的地面战争，到时候拔不出腿来。早在他担任陆军参谋长期间，就有人提出过援助国民党政府的几个方案，其中包括军事援助。布莱德雷十分欣赏马歇尔计划，主张在经济上和武器装备方面援助蒋介石，国会中的亲蒋分子对此深为不满，他们企图修改1948年援华法案。结果，国会坚持从经援款项中拨出约1/4的经费——1.25亿美元，作为军援款项。为了监督武器装备分配方案的实施，参谋长联席会议把驻中国的军事顾问团加强到1,000人左右。但是，军事顾问团还来不及工作，甚至连武器装备都来不及分配，蒋介石的部队就土崩瓦解了。1948年10月中旬，长春和锦州解放，11月2日，人民解放军攻克沈阳。至此，整个东北全部解放，蒋介石损失约30万人。1949年10月1日，毛泽东在北京宣布了中华人民共和国的成立。12月，国民党反动派在遭到一系列可耻失败和众叛亲离之后，残兵败将逃到台湾去了。

中国的辽沈战役一结束，布莱德雷就意识到，国民党反动派彻底崩溃的大局已定，美国干预中国的一切希望都已化为泡影。无奈之余，布莱德雷只好下命令取消军事顾问团，将他们从中国撤回来。

苏联爆炸原子弹和中国共产党在中国的节节胜利这两件大事，使美国政府感到了空前的威胁。1949年至1950年冬，美国政府对自己的外交和军事战略重新作了全面的审查。布莱德雷领导参谋长联席会议也把主要精力放在这方面。通过一系列的讨论，1950年4月，美国政府根据参谋长联席会议的建议，出台了《第68号国家安全法》，作为应付时局的基本依据。《第68号国家安全法》综合了世界以及美国在政治、经济和军事方面的情况，并提出了在安全方面的相应政策。它强调"武力对抗武力"，要求美国必须进一步加强武装力量建设，以避免出现二战结束后一度顾此失彼的现象。

美国在冷战时期的一个基本政策就这样出笼了。事后证明，它导致了世界形势的全面紧张。

>> 朝鲜半岛战端

鉴于美国面临的军事形势日益严峻，布莱德雷决定亲自到远东进行考察。去远东，自然将面对远东战区总司令麦克阿瑟。布莱德雷不太熟悉麦克阿瑟，没有什么交往。1922年麦克阿瑟担任西点军校校长时，布莱德雷作为西点军校的一名默默无闻的教员，曾就职于他的手下。如今30多年过去了，布莱德雷已经登上参谋长联席会议主席的宝座。此前，他曾致函远东战区总司令麦克阿瑟，颂扬他为美国作出了宝贵的贡献，并对自己任陆军参谋长期间未能出访东京表示歉意。麦克阿瑟回信表示：他一直对此感到失望，希望布莱德雷在就任参谋长联席会议主席后能光临东京。

1950年1月29日至2月10日，以布莱德雷为首的参谋长联席会议全体成员访问了东京。

∧ 1950 年，布莱德雷与麦克阿瑟阔别 28 年后在东京见面。

从1922年在西点军校共事以后，这是布莱德雷第一次见到麦克阿瑟，两人已阔别28年。此时麦克阿瑟已是70高龄，但仍精神抖擞，思想敏锐，风姿优雅，举止得体。布莱德雷第一次有机会亲自观察这个人，觉得他是一位超群出众的军人。但作为领袖，他的致命弱点是热衷于自我炫耀，很少替与他共事的人着想，他妄自尊大，目中无人，是巴顿和蒙哥马利式的人物。

此时，麦克阿瑟在日本的主要地面部队是美军第8集团军，下辖4个师：第7、24和25步兵师及第1骑兵师，这些师大都编制不足。

访问期间，布莱德雷同麦克阿瑟交换了关于远东事务的意见，其中也包括了朝鲜问题。当时，参谋长联席会议和国家安全委员会在战略上对朝鲜并不太感兴趣。从1948年韩国的选举到1949年中，美国部队除留下少数军事顾问外，全部撤走了。但参谋长联席会议和麦克阿瑟支持李承晚建立韩国军队，以便同日益壮大的朝鲜势力抗衡。到布莱德雷一行访问东京之时，韩国部队已经发展到10万人，编成8个师。美国仅向这支部队提供了最低限度的军事援助。因此，这支队伍装备奇缺，也没有进行过正规训练。然而，美国军事顾问却在那里打肿脸充胖子，不自量力地宣称，韩国军队不仅有能力维持国内秩序，而且有能力击败朝鲜发动的任何攻击。

台湾问题也是布莱德雷关注的事情之一。参谋长联席会议在制定全球战略时，没有制定关于"保卫台湾"的具体条款。但当蒋介石撤退到台湾后，美国就担心中国共产党可能会解放台湾。麦克阿瑟形象地把台湾比做一艘"永不沉没的航空母舰"。在地理位置上，它是美国从日本到菲律宾防御圈中的重要环节。台湾拥有日本人在第二次世界大战时期修建的一个庞大的机场网，从那里起飞，可以威胁到菲律宾和日本冲绳地区。1949年3月1日，麦克阿瑟在同英国记者沃德·普赖斯的一次公开谈话中说：美国在远东的防线沿亚洲大陆的沿海岛屿形成一条锁链，南起菲律宾，通过琉球群岛，包括其中的主要堡垒冲绳，再沿日本和阿留申群岛北上直至阿拉斯加。这说明美国当时的远东防线是划到朝鲜半岛以东的。美国的基本政策是保持"不插手"台湾。

最后一个问题是印度支那。参谋长联席会议也早有考虑，并宣称："如果印度支那形势进一步恶化，弱小泰国和缅甸政府可能会很快倒向共产主义。如果发生这种情况，共产党人下一步进攻的目标将是马来西亚、印度尼西亚和印度。"这就是后来盛传的"多米诺骨牌理论"。参谋长联席会议还一致认为，如果印度支那落入共产党手中，美国将被迫加强在日本和冲绳的军事力量，这样菲律宾就成为一个前进基地，而不是后方基地。根据这种认识和判断，参谋长联席会议于1949年12月22日主张向法属印度支那提供援助。

布莱德雷的东京之行收益匪浅，通过讨论和协商，参谋长联席会议和麦克阿瑟统一了在远东问题上的立场，形成一致意见：朝鲜的战略地位并不重要，一旦出现麻烦，韩国军队是能够应付得了的；"台湾一旦落入共产党之手"，这对美国的远东的战略地位将是毁灭性的打击，应努力促使美国政府改变对国民党的政策，向它提供援助；印度支那倒向哪一边的影响非同小可，应继续全力援助在印度支那的法国人。唯一的分歧是关于日本和平条约，由于麦克阿瑟提出将保证驻日美军基地的所有权和日本的军事安全，因此，参谋长联席会议成员也没有多少意见。

首次视察远东后，6月11日至24日，布莱德雷在路易斯·约翰逊的陪同下，再次出访远东，同行的还有他的妻子玛丽和约翰逊夫人。这次访问中，布莱德雷与麦克阿瑟探讨了签订对日和平条约细节问题，并就援助台湾的国民党军队听取情况介绍。

6月24日（美国时间），布莱德雷匆匆回到华盛顿。连日的奔波，他感到非常疲劳，早早就上床休息。但他刚躺在床上，还没有来得及合眼，秘书推门而进，给他送来一份加急电报，报告说：

朝鲜军队已开始进攻韩国。

布莱德雷被这个消息惊得目瞪口呆，几乎一整夜都没有睡觉。第二天天刚刚亮，布莱德雷顾不上长途跋涉的劳累，一到办公室就同空军助理部长约翰·麦科恩和陆军参谋长柯林斯就朝鲜半岛问题交换了意见。他们都认为，在未得到更确切的情报之前，应相信韩国军队能够应付局势。

9点30分，海军上将谢尔曼从办公室里打来电话询问，参谋长联席会议当天是否要碰头讨论朝鲜半岛问题。布莱德雷坚持认为，在得到进一步的情报前，参谋长联席会议开会不会有任何结果。

直到此时，布莱德雷仍没把朝鲜战争当回事，他考虑的主要问题是与美军基地相近的台湾。通过对远东的两次访问，布莱德雷认识到台湾对美国在远东利益的"重要性"。较早前，麦克阿瑟已经说服国家安全委员会，决定援助台湾。受国家安全委员会的影响，参谋长联席会议也转变态度，布莱德雷起草了一份给范登堡、柯林斯和谢尔曼的报告，派人将文件打印出来，连同麦克阿瑟关于台湾问题的报告副本一起装入公文包。下午6点，布莱德雷与约翰逊、谢尔曼等人在参加完一次军事会议后，准备当晚同总统会晤。

布莱德雷顾不上休息，直接前往五角大楼的办公室，了解前线的最新情况。19时45分，

∧　1950 年，美国总统杜鲁门与其内阁主要成员在一起。

布莱德雷准时赶到白宫，同刚从密苏里州飞回来的杜鲁门会晤。白宫当时正进行大规模的内部整修，会议在布莱尔宫举行。包括杜鲁门总统在内，共有 14 人出席了这次会议。

这是一次在美国历史上影响深远的会议。约翰逊首先发言，他简要地介绍了情况，然后让布莱德雷宣读了麦克阿瑟关于台湾问题的备忘录，以及参谋长联席会议就此问题的意见，提出美国必须刻不容缓地制定"保卫台湾"的措施。布莱德雷代表的军方一直认为，在朝鲜半岛，美国可以依靠韩国军队，但台湾几乎是赤手空拳。一旦台湾被解放将会严重影响美国在日本、冲绳和菲律宾的地位。

布莱德雷念完后，天色已近傍晚。会议暂时休会，晚饭一结束，会议就开始具体讨论朝鲜半岛问题。此时，来自朝鲜半岛的情况仍然不明，但是已有迹象表明，韩国军队并非像国防部所想象的那样坚强有力，局势很可能极其严重甚至难以收拾。早在会议开始前，美军已经拟定了紧急行动方案：向朝鲜半岛运送军事装备，用美国空军飞机掩护美国侨民撤退；在台湾海峡部署第 7 舰队，以阻击人民解放军解放台湾，同时也不让蒋介石向大陆发动反攻。美国不支持蒋介石参与台湾以外的军事行动；命令当时对朝鲜半岛不拥有指挥权或

行动权的麦克阿瑟向韩国派出一个调查组，以详细了解事态的发展及所需的东西；增加对印度支那的援助，阻止越南落入共产党手中；继续在联合国等场所进行外交调解。会议具体讨论了朝鲜半岛的形势。很多人认为："如不采取行动保卫韩国，美国可能会重犯绥靖主义*的错误。""今天我们不在朝鲜半岛施加干预，明天其他地方也会像朝鲜半岛一样，出现麻烦。"

---

*绥靖主义

为第二次世界大战前，以英国首相张伯伦和法国总统达拉第为代表的西方大国统治集团对德、意、日法西斯所采取的姑息、退让、妥协、纵容的政策。20 世纪 30 年代以后，德、意、日三国对外侵略扩张，严重威胁和侵犯了英、法、美的既得利益和霸权地位。自身力量并不弱于侵略者的英法等国为了维持现状，苟安一时，总是企图牺牲中小国家的利益与侵略者妥协，而不敢与侵略者正面对抗。幻想在妥协中达到欧洲问题的"总解决"，并妄图推动德国法西斯进攻苏联，祸水东引，坐收渔利。

布莱德雷说得更直接，他说："我们必须在某个地方划出一条与共产主义的分界线，那么朝鲜半岛就是理想的时机的地点。"

会议讨论了派出地面部队到朝鲜半岛，布莱德雷对此表示反对。他认为，美军部署在远东的军事力量足够应付朝鲜半岛危机。

6月26日，朝鲜半岛形势更加危急，杜鲁门召集了第二次会议。布莱德雷由于连日奔波，加上朝鲜半岛突然出现意想不到的情况，他神情憔悴，身体一下垮掉了。接近傍晚时，杜鲁门专门派医生为布莱德雷检查了身体，随后布莱德雷强打精神，赶到白宫参加会议。与会者除腊斯克因事未到之外，都是原班人马。此时，情况已经很明朗，韩国军队已全面溃退，朝鲜的坦克已开到了韩国首都汉城（即首尔）的郊区。形势越来越危急，艾奇逊建议应加强军事行动，美军驻扎在远东的海陆空军部队应全面动员，向韩国军队提供最大限度的支援；明确命令第7舰队立即进驻台湾海峡，遏制解放军解放台湾，同时增加对美国远东防线南翼菲律宾的援助。

与会者同意这些措施。

一脸疲惫的杜鲁门接着说："5年来，我尽力防止出现这种情况，现在这种情况既然已经出现，我们必须竭尽全力支援韩国。"

杜鲁门的意思已经很明确：朝鲜半岛形势已经恶化，美军将派出地面部队。

布莱德雷和与会的军方人士对这种做法没有把握，不赞成在没有充分准备的情况下就投入地面部队。

他当即说："如果我们向朝鲜半岛派出地面部队，就必须进行动员，至少要把一些国民警卫队召入现役。"

布莱德雷建议等几天再采取这一重大行动。

杜鲁门也知道自己的想法过于匆忙，他立即说："我不想打仗，但必须对此问题有所考虑。"

会议结束后，布莱德雷急忙返回五角大楼，用电传打字方式向麦克阿瑟传达了会议做出的决定：在朝鲜半岛暂时只运用美国的海空力量，看情况再做下一步决定。

6月27日上午，布莱德雷感到身体异常不适，医生给他作了全面检查，并劝告他必须卧床休息。但这天有许多紧急情况，杜鲁门要向国会和公众发表讲话，因此，他要求布莱德雷前往白宫。当天上午，布莱德雷两次到白宫就杜鲁门的讲话提出意见，并参加了他对国会领导人的情况介绍会。

中午时分，布莱德雷感到病情加重，医生坚决要求他卧床休息。布莱德雷只好返回家中，在床上躺了48个小时，直到6月29日下午，当布莱德雷返回五角大楼时，参谋长联席会议已经决定向韩国投入有限的美军地面部队。新派遣的地面部队的主要任务是：为作战和勤务部队确保通信联络畅通，守住半岛南端的釜山港及空军基地。

当天下午 4 点 45 分至 6 点 16 分，在白宫的一次会议上，杜鲁门批准了这些决定。接着，参谋长联席会议成员又回五角大楼开会，拟订向朝鲜派遣美军的详细计划，并及时给麦克阿瑟发布了命令。这些命令包括授权麦克阿瑟对三八线以北的军事目标进行空袭，但要求他"切勿接近中国和苏联边境"。

与此同时，麦克阿瑟亲临韩国进行调查，他冒险驱车北上，直抵混乱的前线。当天深夜，麦克阿瑟向五角大楼发回电报，要求"向朝鲜战区投入美军地面部队是守住目前防线的唯一办法，并能夺回失去的地盘。"

麦克阿瑟打算立即派去一个团级战斗队，然后再派两个齐装满员的师，"以便尽早发动反攻"。

柯林斯接到电报后，对不断恶化的朝鲜半岛局势和麦克阿瑟的大胆建议深表不安。6 月 30 日凌晨 3 点，柯林斯急忙赶往五角大楼，给麦克阿瑟通了电话，告诉他："你的建议需要总统最后定夺。"

同时，柯林斯再次强调指出，派出的团级战斗队只能部署在釜山一带，而不能被派往前线。

麦克阿瑟对此很不满意。"时间就是关键，"他在电话那头说，"必须毫不含糊，当机立断。"

柯林斯听到这些，当即擅自做出了一个十分重大的军事决定。他把参谋长联席会议关于慎重对待朝鲜半岛局势的建议扔得一干二净，认为麦克阿瑟说得有理，美军应立即派往前线，于是告诉麦克阿瑟，他将立即行动，按照指挥程序，通过陆军部长，得到总统批准。

柯林斯放下电话，立即要通了陆军部长佩斯的电话，向他报告了有关朝鲜的局势，建议向朝鲜前线派出战斗部队。佩斯犹豫了一下，答应立即请示总统。

这时，已经是早晨 5 点了，杜鲁门刚刚起床，正在刮脸。接到佩斯的电话，杜鲁门仔细询问有关情况，批准了向朝鲜半岛前线派出一个团级战斗队。

柯林斯接着给麦克阿瑟发去了一份具有历史意义的电报：

你向作战区域派一团级战斗队的建议已被批准。至于进一步增兵问题，以后另行通知。

采取这些行动后，5 点 30 分，柯林斯打电话给布莱德雷、范登

堡和谢尔曼，告诉他们美军已经向朝鲜半岛投入了地面作战部队。

布莱德雷得知有关消息后，长久没有说话，他的反应是矛盾的。形势发展到如此地步，美军不这样做已经不行，但这样做了，后果又会怎样呢？如果这些部队不能控制局势，麦克阿瑟肯定会再要求增派部队，照此一直发展下去，美国将不得不进行战争动员。

想到这里，布莱德雷打了一个激灵。他不敢再想下去了。

木已成舟，自布莱德雷参军以来，这是美国第4次参加真枪实弹的战争。

随着美军投入朝鲜战争兵力的增加，麦克阿瑟被任命为"联合国军"司令和远东美军总司令。但在杜鲁门的心目中，麦克阿瑟是个"爱慕虚荣，夜郎自大，追求高官厚禄"的五星将军，是个不值得信赖的战区指挥官。杜鲁门对国防部长约翰逊也无好感，把他视为"病态"的人，早就想解除他的职务。所以，朝鲜战争一开始，杜鲁门就本能地把目光转向他最信赖的几位将军：马歇尔、艾森豪威尔和布莱德雷。

马歇尔当时任美国红十字会主席，住在弗吉尼亚州麦斯堡，过着一种乡绅式的简朴生活。7月5日，杜鲁门邀请马歇尔和艾森豪威尔共进午餐，布莱德雷和谢尔曼应邀出席，这是总统劝马歇尔和艾森豪威尔重返军界的第一步。杜鲁门的意图是，让马歇尔取代约翰逊担任国防部长，要艾森豪威尔出任北约部队最高司令。布莱德雷是杜鲁门最信任的主要军事顾问，他经常往返于五角大楼和白宫之间。虽然话没有挑明，但总统早已打算在必要时，由布莱德雷接替麦克阿瑟的职务。

在此期间，半岛的战局对美军十分不利。美军零散投入的部队先后遭到打击，被逐步向南赶到了釜山的一个环形防御地带。杜鲁门批准增派两个师后，美军第24师和第25师仓促上阵，结果先后败下阵来，几乎溃不成军。麦克阿瑟不得不投入第3个师，即著名的美军第1骑兵师。但这样也未能阻止朝鲜人民军的强大攻势，美军及韩国军队被迫节节后退。

< 美国参谋长联席会议主要成员：陆军参谋长柯林斯、海军作战部长谢尔曼、参联会主席布莱德雷、空军参谋长范登堡(左起)。

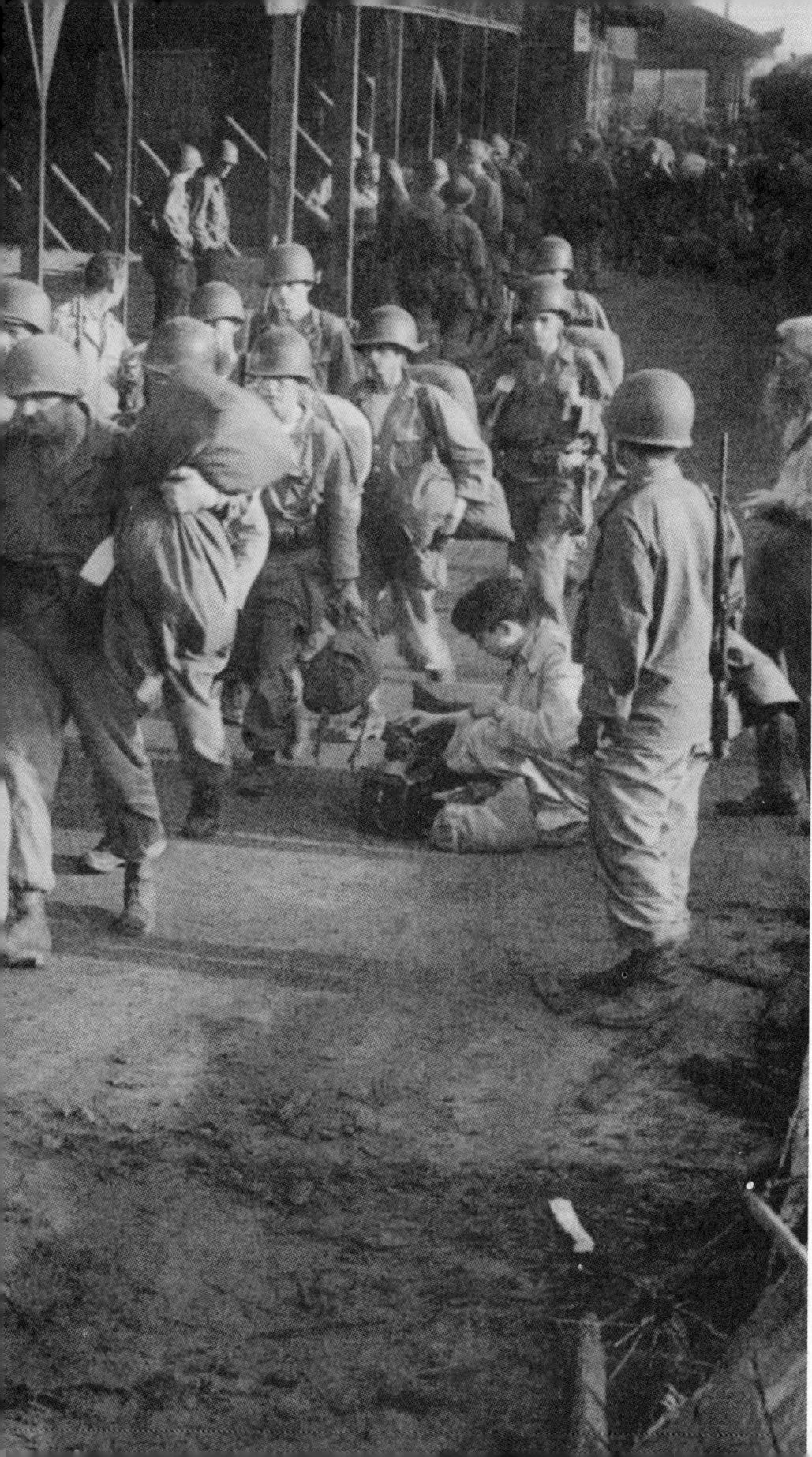

◁ 隶属于美军
第24步兵师
的史密斯特
遣队抵达韩国
大田。

★"联合国军"

★"联合国军"

1950年6月朝鲜战争爆发后，在美国的操纵下，联合国安理会通过决议，称朝鲜民主主义人民共和国为"侵略国"，并要求联合国会员国干预朝鲜问题。同年7月7日，安理会授权美国组建"联合国军"司令部，由美国负责任命"联合国军"总司令官，统帅各国军队以联合国的名义赴朝作战。"联合国军"包括美英法土等15个国家的武装力量。麦克阿瑟、李奇微和克拉克先后担任"联合国军"总司令官。

> 沃克（右二）抵达韩国后与手下将领一起制定作战计划。

　　7月13日，汉尔顿·沃克被任命为驻朝"联合国军"★的战场司令官。沃克性格倔强、高傲，他对部队一再败退感到万分恼火。经参谋长联席会议决定，美军又一次紧急增派地面部队：驻夏威夷的第5团级战斗部队，驻华盛顿的第2步兵师，驻南加利福尼亚的第1暂编陆战旅。此外，柯林斯和范登堡还建立了运补兵员的空中运输线，并于7月份将约5,000名官兵送往朝鲜半岛。到8月份，在釜山环形防御阵地上，大约部署了5万名美军和4万多名韩国部队，总人数已近10万人。

　　这样，"联合国军"勉强在釜山一带站住了脚跟。

　　在此期间，麦克阿瑟挖空心思地构想了一个新的作战方案。他计划在仁川实施两栖登陆，从后方打击朝鲜人民军，同时命第8集团军冲出釜山防御圈。这样将朝鲜人民军置于巨大的钳形攻势下，腹背受敌，全部被歼灭。麦克阿瑟设想在仁川两栖登陆作战中使用两个步兵师和一个空降团。为此，他需要新的部队。他要求参谋长联席会议调给他整个第1陆战师和第3步兵师。

　　麦克阿瑟对仁川登陆作战计划守口如瓶，不愿向华盛顿当局和参谋长联席会议透露半点消息。因此，接到他要求增派大规模部队的要求后，参谋长联席会议派柯林斯和范登堡前往东京，会见麦克阿瑟，了解有关情况。麦克阿瑟这才全盘说出他的计划。

　　这个计划很大胆也很冒险，仁川地势复杂，水道狭长而且很浅，设有防御工事的月尾岛

可轻而易举地堵塞和控制这一水道。一个月中，只有几天有适合登陆的大潮，仁川市有一道高几米的海堤保护着。

柯林斯回到华盛顿后，立即把麦克阿瑟的新计划向参谋长联席会议做了报告。听完汇报，布莱德雷心神不定，总觉得这是一个前所未有的冒险计划。当时，他对麦克阿瑟能否守住釜山防线都感到没有把握，麦克阿瑟却一头扎进仁川登陆这样一个看似不切实际的作战计划中，而对釜山这样迫在眉睫的严重威胁掉以轻心，这似乎未免太草率了点。况且，麦克阿瑟的作战计划必须在9月中旬左右实施，需要大量的兵力，布莱德雷到哪里给他弄这么多的人呢？于是，参谋长联席会议决定暂不对麦克阿瑟的计划进行决策，而是要召开专门会议进一步严密审查该计划。

8月份，参谋长联席会议又先后派出两个调查团，前往东京和半岛，审查麦克阿瑟的作战计划。由于麦克阿瑟计划周密，论据充足，合乎逻辑，信心百倍，杜鲁门总统终于认定："这是一个大胆的作战设想，坚信它能成功。"8月28日，参谋长联席会议致电麦克阿瑟，"批准进行两栖登陆"。

在此期间，参谋长联席会议对台湾的情况也忧心忡忡，担心解放军可能解放台湾，从而严重地削弱美国在远东的战略地位。虽然杜鲁门已下令第7舰队进入台湾海峡，以保证台湾"中立化"，但参谋长联席会议不相信第7舰队有足够力量"保卫台湾"，因为该舰队的许多舰只已被派去支援韩国。

7月27日，国家安全委员会专门召开有关会议，布莱德雷在会议上提出了一些非常激进的建议：立即向蒋介石提供作战物资和补给品；向台湾派出军事调查团；允许国民党空军对在大陆集结的解放军实施空袭和在大陆港口布雷。同时，布莱德雷建议再增派别的美军去"保卫台湾"。但杜鲁门和艾奇逊却顾虑重重，担心给蒋介石过多的军事援助，会助长他企图重返大陆的野心，或刺激解放军采取进攻香港乃至入朝作战等重大行动。于是杜鲁门倾向于采取一些比较保守的政策，只批准了布莱德雷的部分建议。他同意立即向蒋介石提供大规模军事援助，同时向台湾派一个军事调查团，允许国民党空军在大陆边缘实施不间断的越空侦察，以查明解放军的军事动向。

麦克阿瑟对杜鲁门的决定并不十分理解，他匆匆忙忙地亲抵台湾访问，受到的隆重接待。蒋介石利用麦克阿瑟的访问，大造舆论，给人们造成一种印象，美国在远东同蒋介石已经结成或即将结成密切的反共军事同盟，美国甚至可能把台湾武装起来，反攻大陆。这种印象与杜鲁门、艾奇逊的"不插手台湾"的政策，与参谋长联席会议的"不使台湾落入中共之手"的想法，显然是格格不入的。

为了确实让麦克阿瑟清楚地了解美国的对台政策，杜鲁门又召见了布莱德雷，让他通过参谋长联席会议对麦克阿瑟做一下工作。为此，8月14日，布莱德雷以参谋长联席会议的名义，向麦克阿瑟再发一条指示：未经参谋长联席会议同意，不得向台湾派遣任何美军。

在电报中，布莱德雷特别指出：麦克阿瑟不得答应蒋介石，一旦该岛遭受攻击就将派出喷气式战斗机。

布莱德雷以为经过这样再三做工作，事情就了结了。但不幸的是，事情并非如此简单。两个星期之后，在一次老兵集会上，麦克阿瑟发表了一封信。他写道："那些鼓吹太平洋绥靖主义和失败主义的人说，如果我们去'保卫台湾'，我们就会失去亚洲大陆。没有比这种一钱不值的说教更荒诞不经的事了。"

这显然是明目张胆地攻击杜鲁门政府的对台政策。杜鲁门得知此事，大发雷霆。8月26日，星期六上午9点，杜鲁门顾不上休息，召集了国务卿艾奇逊、国防部长约翰逊以及参谋长联席会议全体成员开会，研究此事。杜鲁门气得嘴唇发白，牙关紧咬。会议开始后，他头也没抬，就拿出麦克阿瑟原信的副本，念了一遍，然后问谁被事先告知或了解这封信。会议的气氛相当紧张，所有人都回答说不知道。事情出在军队上，布莱德雷自然有难以推托的责任，他十分震惊，觉得麦克阿瑟确实做得过分了。

这些事件在杜鲁门和麦克阿瑟之间产生了不可弥补的裂痕。于是，杜鲁门产生了要解除麦克阿瑟远东战区司令的职务的念头，但由于麦克阿瑟的犯上行为表现得不够，并未发展到罢官解职的地步，后来他的这个念头也就渐渐地消失了。但杜鲁门咽不下这口气，他最终解除了约翰逊的职务。

这样一来，国防部长职位空缺，杜鲁门立即想到了马歇尔。马歇尔非常乐意地接受了总统的提名，出任国防部长。尽管共和党对马歇尔发起攻击，但国会还是批准了总统的提名。9月21日，马歇尔正式宣布就职。

9月初，杜鲁门决定晋升布莱德雷为陆军五星上将。他把布莱德雷增加第五颗星的议案提交国会讨论，立即得到了参众两院的批准。10月22

日，布莱德雷在白宫宣誓接受陆军五星上将军衔。杜鲁门主持了宣誓仪式，亲自将新的五星徽章钉在布莱德雷的肩章上。这样，继马歇尔、阿诺德、麦克阿瑟和艾森豪威尔之后，布莱德雷成为参加过第二次世界大战最年轻的也是最后一名陆军五星上将。

麦克阿瑟经过两个多星期的充分准备，终于出其不意地发动了仁川登陆战役。9月15日，美军第1陆战师首先发起进攻，仓促拼凑起来的第7师三天后就开始登陆，部署在陆战师的右翼。两支部队顺利地向纵深推进。第二天，沃克第8集团军奉命向釜山防线外围发起进攻。朝鲜人民军由于没有意识到已陷入不利境地，仍在顽强抵抗沃克的进攻，足足坚持了一个星期，到9月22日，终于顶不住了，沃克全速向外出击，向北和向西快速推进。

9月26日，美军第1骑兵师和第7师在乌山附近会师。第1陆战师于9月26日和27日进攻汉城。与此同时，韩国第1军沿朝鲜半岛东海岸向北进攻，所向披靡，进展迅速。这样，麦克阿瑟的仁川战役成了美军战史上最走运的重大战役，麦克阿瑟本人一时间被称为"军事天才"。

∧ 国防部长约翰逊在对台问题上偏袒麦克阿瑟，结果被杜鲁门解职。

针对朝鲜战局的迅速变化，9月27日，参谋长联席会议起草了一道给麦克阿瑟的命令，强调指出：美军越过三八线，苏联或中国可能会做出强烈反映。因此，建议麦克阿瑟必须采取更加谨慎周密的措施，只有华盛顿才有权决定下一步行动。

由于在仁川战役中，朝鲜人民军并没有被彻底击垮，至少还剩下三分之一的力量，韩国部队仅采取"扫荡"或游击行动是不可能全歼这支部队的。所以，参谋长联席会议特别指出：

∧ 麦克阿瑟亲自策划并指挥了仁川登陆。

美军地面部队越过三八线作战，已是势在必行。参谋长联席会议对麦克阿瑟派部队越过三八线的行动，并没有提出任何限制，但命令指出，作为一项政策，在与苏联接壤的朝鲜东北各省或在中国东北边境附近，不得使用非韩国部队。命令还指出，在任何情况下，麦克阿瑟的部队不得越过苏朝或中朝边界，不得以中国东北或苏联领土为军事目标。参谋长联席会议认为，苏联和中国若插手朝鲜战争，就预示着全面战争。

10月9日，麦克阿瑟向朝鲜人播出劝降的最后通牒。麦克阿瑟说，除非放下武器，在建立一个统一、独立和民主的政府方面进行全面合作，否则美军将立即采取一切必要的军事行动。

次日，金日成在广播讲话中，严正地拒绝了麦克阿瑟的最后通牒，并直截了当地指出，朝鲜人民在斗争中并不是孤立的，他们正得到苏联和中国人民的坚决支持。与此同时，中国外交部发出了严重警告："美国的侵朝战争从一开始就对中国的安全构成了严重威胁……对于美国及其仆从国侵略朝鲜所造成的这一严重局势及其扩大战争的危险倾向，中国人民是不会袖手旁观的。中国人民坚持和平解决朝鲜问题，坚决反对美国及其仆从国扩大朝鲜战争……侵略者必须对其扩大侵略的狂妄行径所造成的一切后果承担全部责任。"

杜鲁门总统对中国军队可能入朝参战一事极为担心。10月14日，杜鲁门在威克岛会见麦克阿瑟，讨论这种可能性及远东的其他问题。布莱德雷随同前往，此外还有助理国务卿腊斯克和吉塞普，陆军部长佩斯和太平洋舰队司令雷德福德。会后，杜鲁门请麦克阿瑟共进午餐，但麦克阿瑟以前线战事紧张为由，谢绝了杜鲁门的邀请。大约在当天11点半，参加这次会晤的人员聚集在飞机旁，看着杜鲁门授予麦克阿瑟一枚勋章。10月18日，杜鲁门一行返回华盛顿。

麦克阿瑟回到东京后，就扬言要在感恩节前粉碎朝鲜军队和中国军队的进攻，在圣诞节将第8军撤回日本。10月24日，麦克阿瑟颁布一项新的作战命令，引起了参谋长联席会议的注意。他命令所有部队"全速和全力向北推进"。这道命令显然违背了9月27日参谋长联席会议给他的指示精神。

布莱德雷立即意识到事情的严重性，召集参谋长联席会议开会。经研究决定，当日就向麦克阿瑟发去一份电报，重申在与苏联和中国接壤地区，不得使用非韩国部队的政策，并询问了他颁布这项命令的理由。

次日，麦克阿瑟发回一封令人震惊的简单复电。他说，他的命令是

∧ 朝鲜民主主义人民共和国首相金日成，号召全民奋起抗击美国侵略军。

∨ 杜鲁门亲手给麦克阿瑟戴上了优异服务勋章。

出于"军事的需要"，韩国的部队太少，他们的指挥官又太感情用事，因而不能完成这项任务。美军必须派出部队给予加强。因此，他的命令与参谋长联席会议9月27日给他的指示精神并没有任何矛盾之处。

麦克阿瑟的复电使布莱德雷深感不安，在这个问题上，麦克阿瑟未同华盛顿当局磋商就擅自行动，违背了国家的既定政策。令人担心的他还可能在其他问题上，同样干出类似的事情。可是，像仁川计划一样，参谋长联席会议要想对他的命令采取限制措施已经为时太晚了。麦克阿瑟早已派出一支由美军、英军和韩国军队组成的强大的联合部队，呈扇形向北面和西面的鸭绿江推进。其中，东侧的韩国第7师正逐渐向中国东北和苏联边境推进，离鸭绿江最近地点不到30公里了。

10月26日，麦克阿瑟获悉，中国军队已于前一天大规模入朝作战，并在温井附近击溃了韩国第6师和第8师，在元山附近向与美军24师并肩前进的韩国第1师发起了进攻。11月1日，第8骑兵团被分割歼灭了。沃克明智地下令停止总进攻，命令大部分部队在清川江南岸转入防御。

11月至12月这两个月期间，美军在朝鲜战争中一下子陷入失败的境地。这是美军历史上最耻辱的一页，也是布莱德雷职业军人生涯中最严峻的时刻。麦克阿瑟像赌棍一样，输红了眼，对战场形势和自己的感情全然失去控制，华盛顿对他也完全失去了信心。

11月2日，麦克阿瑟和他的情报处长威洛比得出结论，中国虽然具有向朝鲜派出大量部队的能力，但越过鸭绿江的兵力最多不超过2万人。然而，实际的情况要比麦克阿瑟想的严重得多，志愿军入朝参战的部队已达18万人。

鉴于第8集团军所受的损失并不算大，麦克阿瑟又低估了中国军队，他对战争的前景表现得盲目乐观。与此同时，参谋长联席会议于11月3日指示对半岛的局势及其影响尽快做出评估。

次日，麦克阿瑟以轻松的口气回答说："用不着担心。中国的进入仅仅是一种低调的秘密活动或志愿行动，其目的不

< 麦克阿瑟刚愎自负，绕开参联会擅自做出了轰炸新义州－安东大桥的决定。

过是为了同韩国军队作战和在沉船上救出什么东西。"

11月6日，麦克阿瑟未通知参谋长联席会议，就命令其空军司令乔治·斯特拉特迈耶用B-29轰炸机轰炸鸭绿江上的新义州－安东大桥。斯特拉特迈耶反应十分敏锐，接到命今后，立即电告在华盛顿的范登堡。范登堡获悉大吃一惊，又立即将情况报告给空军部长芬勒特。芬勒特不敢自作主张，又立即将消息报告给国防部副部长鲍勃·洛维特。洛维特急忙赶到国务院同艾奇逊和腊斯克磋商，艾奇逊十分震惊。

11月7日，艾奇逊打电话给当时正在密苏里州的杜鲁门，总统以及国防部长马歇尔都认为这样做是不明智的。杜鲁门当即指示布莱德雷，立即给麦克阿瑟发电报，叫他取消这次空袭，并要求麦克阿瑟解释为什么如此迫不及待地采取这一危险步骤。

此时，驻扎在日本的B-29轰炸机已经装满油料，准备起飞。就在千钧一发之际，参谋长联席会议根据杜鲁门总统的指示，给麦克阿瑟发了一份直截了当的电报："在接到进一步的命令前，推迟对边境地区目标的轰炸。盼你对形势立即做出估计，并说明下令轰炸鸭绿江桥梁的理由。"

这是美军历史上参谋长联席会议第一次越过战区司令部决定的行动。事情发生时，布莱德雷仍在休假。但助手们不断来电话，向他报告正在发生的事情，还向他读了给麦克阿瑟的电报的全文。布莱德雷完全同意所采取的行动，但他心里知道，这样做肯定会招来麦克阿瑟的抗议。

果然，当晚8时，麦克阿瑟气急败坏地发回一封电报："大量的部队和物资正源源不断地通过鸭绿江上的桥梁涌入朝鲜。这一行动不仅危及并且预示着将彻底摧毁我指挥的部队……制止敌人这一增援行动的唯一方式就是摧毁这些桥梁，以及最大限度地发挥我们空军的摧毁能力，压制北部地区支援敌人向前推进的一切设施。这一行动每推迟一小时都会使美军及其他联合国部队付出更昂贵的代价。在今后数小时内，必须对新义州的主要桥梁进行轰炸，这一行动已准备就绪。我提出强烈抗议，但同时我将执行你们的命令，暂停这些空袭……你们所施加的限制将在物质上和心理上带来灾难性的影响，对于这一点，我想无论怎样强调都不过分。"

在电报中，麦克阿瑟危言耸听地威胁："因为我认为你们的指示很可能导致一场巨大的灾难，对此，我在总统本人直接了解这一形势前不能承担责任。"

接到电报后，布莱德雷大吃一惊。此前麦克阿瑟一再向他保证说，中国的干涉只是有限的、小规模的。现在看来情况并不是那么回事，简直是糟糕透顶了。布莱德雷匆忙结束休假，立即动身返回五角大楼。

情况紧急，当晚，布莱德雷主持参谋长联席会议特别会议，专门研究朝鲜问题。出席会议的人数众多，阵容庞大，军界有马歇尔、洛维特、三军参谋长、阿尔·格伦瑟和其他有关军中的负责人。国务院的人有艾奇逊、腊斯克、弗里曼、马休斯等人。这是朝鲜战争期间美国举行的最重要的会议之一。

与会人员面前都摆放着相关文件，其中一份是麦克阿瑟当天在东京发表的又一份声明。在声明中，麦克阿瑟大叫大嚷，语气强硬，充满好战性。他认为应该首先击败和消灭朝鲜的军队，接着再对付中国的军队。

鉴于情况紧急，会议决定将麦克阿瑟的电报作为急件来处理。由于麦克阿瑟说他必须轰炸大桥，布莱德雷只好打电话给杜鲁门总统，向他读了麦克阿瑟电报的全文，请他定夺。杜鲁门同意布莱德雷向麦克阿瑟下达的命令。与会者当即起草了给麦克阿瑟的电报，把总统以及参谋长联席会议的决定传达给他。

布莱德雷在电报中毫不客气地指出：与11月4日发来的报告相比，麦克阿瑟近两天的报告对形势的估计发生了很大变化，"参谋长联席会议因此一致决定，摧毁鸭绿江桥梁将会在实际上有助于你指挥的部队的安全，除非这一行动导致中国军队攻势的加强，甚至使苏联人的行为危及你的部队，扩大冲突的范围，使美国卷入达到极端危险境地的战争……尽管如此，鉴于形势紧迫，参谋长联席会议仍然批准你的计划，对边境附近地区实施轰炸，其中包括新义州的目标和鸭绿江大桥靠朝鲜的一端。但请你注意，以上范围不包括轰炸鸭绿江上的任何水坝或水电站。"

事后证明，麦克阿瑟并没有听从参谋长联席会议的意见，终于铸成了美军历史上空前未有的大灾难。

11月9日下午，国家安全委员会在白宫开会，通过了向中国政府进行直接谈判的方案，同时批准了参谋长联席会议的建议，让麦克阿瑟按现有命令继续采取军事行动。马歇尔★和艾奇逊也赞成参谋长联席会议的不成文的建议，批准美军飞机进行追击。这一决定，把美军的行动引入了歧途。

美军大规模空袭摧毁了朝鲜西北部的大片地区，许多城市被夷为平地。但事实情况是，空袭并未损伤藏在深山里的大批志愿军，鸭绿江上

∨ 美军飞机对朝鲜境内的设施进行毁灭性轰炸。

∧ 鸭绿江上一座被美军飞机炸毁的桥梁。

的12座桥梁只有4座被摧毁了。中国部队很快就架起了浮桥。此时已进入冬季，河面很快就封冻了，桥梁也就不必要了。美军第8集团军和第10军计划于11月5日发起进攻，但因后勤补给困难而推迟了。这一切对美军来说都是不祥之兆。

麦克阿瑟对这一切浑然不觉，仍然盲目乐观。11月7日，麦克阿瑟在东京同美国驻韩国大使约翰·穆西欧会晤。他肯定地说，"中国仅派了不足3万人越过了边境，绝对不超过3万人。""他们不可能再有其他部队了，如果是那样，一定会被我们的空军和情报机构发现。"麦克阿瑟接着说。

麦克阿瑟不知道，他犯了一个严重错误。此时，中国入朝部队已达30万人，朝鲜人民军约7万人。这是美军自阿登战役以来在战场侦察上所犯的最大失误。

11月21日，在布莱德雷的主持下，举行了最后一次会议，研究朝鲜战局。会议基本同意麦克阿瑟按照原计划干下去。

当天，麦克阿瑟的地面部队发起进攻，起初进展异常顺利。但是，11月25日，中国人民志愿军突然发起强大袭击，包围了第8集团军右翼的韩国第2军。该军没有见过这种阵势，立即四散溃逃。这样一来，把美军第2师暴露出来。在战线左翼，韩国第1师眼看要被击溃，使美军第24师的处境变得危险起来。远在东面的第10军战区，中国部队猛烈攻击。不出48小时，就分割和包围了这些地面部队。

11月27日至28日凌晨，布莱德雷收到了麦克阿瑟发来的加急电报。麦克阿瑟一反常态，请求由进攻转入防御。在电报中，麦克阿瑟几乎是歇斯底里地说：

"我们的攻击行动遇到了新的麻烦，中国在朝鲜投入了大批军队，其数量仍在不断增加……我们现在面对的是一场全新的战争。"

最后，麦克阿瑟近乎沮丧地说："显而易见，我军目前的实力不足以抗衡中国人发动的这场未加宣布的战争，形势因此出现了崭新的变化，这种变化已经超出了我的职务范围……"

这封电报到达布莱德雷手里的时候，已对朝鲜战局发生逆转有所了解的布莱德雷，对麦克阿瑟现在的口吻仍是感到了吃惊。因为几乎是在昨天，麦克阿瑟还说他"对很快结束战争充满信心"，一夜之间就变成了"一场全新的战争"，"超出了本司令部的驾驭能力"。电报明显地传达了一个信息：前线出现了紧急情况。

第二天早上6时，杜鲁门总统正准备按照惯例在宾夕法尼亚大道上进行每日的散步，布莱德雷的电话来了："麦克阿瑟刚发来一封吓死人的电报，中国人把两只脚都踏进了朝鲜！"布莱德雷说，"第8集团军在清川江北撞上了大量的中国军队，右翼已经瓦解，美军正在溃败！"

布莱德雷在电话里把麦克阿瑟的电报念了一遍。杜鲁门的第一个念头就是，如果麦克阿瑟都惊慌失措，那么朝鲜战局真的面临危机了。下午，杜鲁门召集国家安全委员会特别扩大会议。除总统和副总统以外，与会的还有马歇尔、洛维特、佩斯、芬勒特、马修斯，以及参谋长联席会议全体成员、艾奇逊、腊斯克等十余人。布莱德雷概要介绍了朝鲜半岛前线的形势，并首先谈了他的看法，他认为局势严重，而且还要继续发展。当前，他主要担忧的是"共产党可能要充分使用他们的空中力量"。然后说："麦克阿瑟正在等待新的指示。"

国防部长马歇尔警告说，美国无论是单独的，或是作为联合国的一个成员，都不应卷入与中国的全面战争，"否则就会陷入苏联人精心布置的陷阱之中"。他说美国必须和联合国一致行动来解决朝鲜问题。他要总统注意"国内倒有一些人主张采取全面行动反对中国。"

布莱德雷立即附和说："这也反映了参谋长联席会议的看法。如果我们让自己卷入对中国的一场大战，那么我们在欧洲的兵力就不能继续壮大。"

谢尔曼说："我主张应该越境进行还击。否则，一旦遭到空袭，我们就无法在朝鲜待下去。"

布莱德雷还是原来的意见，不主张扩大事态。他说"对中国东北的机场进行先发制人的袭击，会导致一系列情况。我们还没有做好准备。因此，我们只有等待，看看事态如何发展，然后再作决定。"

艾奇逊赞同布莱德雷的意见，他接着说："我们同苏联人进行全面战争的危险已大大增加。因此，现在的首要任务是必须避免这一战争。"

马歇尔也说："我们应避免陷在朝鲜，要设法体面地撤出来。"

这次会议没有就美军下一步如何行动做出决定。但是一致同意：不应该对中国东北进行空袭，以免引起苏联人对战争的干涉。美军暂时不再向半岛派出部队。

此后，布莱德雷一连给麦克阿瑟去了两封电报，告诉他：形势发展到现在地步，参谋长联席会议和政府都一致认为，美军应尽量避免进一步扩大朝鲜战争。

但已经输红了眼的麦克阿瑟不理这一套，他先后几次来电，继续催促参谋长联席会议采取进一步行动，加大支援在朝鲜的美军。甚至提出，如果有必要，可以接受蒋介石早先提出的向朝鲜派出3万部队的建议。更令人难以置信的是，12月1日，麦克阿瑟在接受《美国新闻与世界报道》记者的采访时，公开抨击总统：杜鲁门对追击和轰炸中国东北下达的限制令，是通向胜利道路上的最大障碍。同一天，在给合众社董事长休·贝利的信中，麦克阿瑟指责华盛顿政府"自私自利"和"鼠目寸光"。

杜鲁门对麦克阿瑟这些公开指责，气愤不已，他再次考虑要解除麦克阿瑟的指挥权。但他不愿让人们以为麦克阿瑟是因攻势失利而被解职的，所以当时没有这样做。

为了封住麦克阿瑟的嘴，杜鲁门拟定了一份特殊命令。他规定：当前国际形势严峻，所有官员立即采取措施，减少发表有关外交或军事政策的公开声明。事先未经国务院和白宫的批准，任何人不得发表有关外交政策的任何讲话，不得向新闻界发布消息或发表公开声明，以保证"公开发表新闻的准确性，并同美国政府的政策保持一致"。这份命令对所有政府官员都有效。

12月6日，参谋长联席会议把杜鲁门的命令通过军事通讯系统向麦克阿瑟作了传达。

麦克阿瑟刚接到命令就公开提出了挑战。他给参谋长联席会议发来一份冗长的公报，要求得到正式批准。在公报中，他夸夸其谈，认为美军地面进攻给敌人造成的损失是巨大的，因此他不承认他的部队已经被击溃的说法，并把失败的责任推到别人头上。

布莱德雷认为这一公报越轨了，干脆加以驳斥和拒绝："在战地发表的军事公报不应谈论外交和军事政策，不应涉及新闻报道和有关政治及国内问题的讲话，这是总统的命令，希望你下次不要犯这样的错误。"

麦克阿瑟认识到自己的做法确实危险，因此在以后的3个月中，没有再随意发表过意见。

到12月1日，朝鲜形势对美军依然不利，在西部，沃克的第8集团军撤到了清川江，随后又继续向南后退。美军第2师遭到沉重的歼灭性打击，不得不被送往后方进行整编。在东部，美军第7师向咸兴后撤的同时，陆战队也开始从清津水库地区向东海岸后撤。中国部队已经渗透到第8集团军和第10军的空隙，对元山形成威胁。

美军在战场上节节败退，使麦克阿瑟对形势的估计越来越悲观。12月3日，他给参谋长

> 美国国防部长马歇尔（左）与国务卿艾奇逊前往白宫参加有关朝鲜半岛问题的会议。

联席会议发来电报，说："第8集团军的形势变得愈来愈严重，因此，必须后撤至汉城一带。第10军也将向咸兴地区撤退。"

在电报中，麦克阿瑟老调重弹。指出，除非立即向他提供最大限度的地面增援部队，否则"联合国军"将被迫节节败退，"不断的消耗直至最终覆灭。"

12月3日，国务院和国防部在参谋长联席会议作战室举行处理危机的联席会议，布莱德雷起草了一份简短的电报，同意麦克阿瑟将部队撤至滩头阵地。布莱德雷拿着这份电报去见总统，杜鲁门一字未改就批准了。

∧ 美国参谋长联席会议开会研究朝鲜战争问题。

　　第 10 军带着 35 万吨装备，从空中和海上巧妙地撤出了咸兴，第 8 集团军在韩国第 1 军的策应下，也撤退到三八线★一带。中国部队没有对第 10 军的后撤进行干预，也没有继续追击第 8 集团军。所以，第 8 集团军暂时稳住了阵脚，停止进一步撤退。

　　12 月 23 日上午，沃克的吉普车被一辆卡车撞翻，沃克当场丧命。麦克阿瑟获悉沃克的死讯后，立即电告柯林斯，并要求李奇微上任。柯林斯在得到杜鲁门的批准后，马上通知李奇微本人。李奇微奉命立即启程前往东京，接替沃克担任第 8 集团军司令。

　　美军部队的节节败退，使华盛顿当局惶惶不安。12 月 6 日，参谋长联席会议向有关战区指挥官秘密发布了一份"战争警报"，指出：当前朝鲜的局势已大大地增加了全面战争的可能性。希望全体指挥官采取切实可行的措施，加强戒备。

　　12 月 11 日，国家安全委员会再次召开会议，研究朝鲜战争形势。12 月 20 日，参谋长联席会议在十分保密的情况下，拟定了给麦克阿瑟和李奇微的指示电文。电报明确指示麦克阿瑟，如果出现中共部队有能力把美军赶出半岛的态势，你将向日本撤退，以履行保卫日本的首要义务。

　　麦克阿瑟一接到电报，心里就凉了半截，脸上露出前所未有的伤感表情。他立即给参谋长联席会议发电，表示自己不同意这样做。随后几天，麦克阿瑟多次发电报给参谋长联席会议，反复交涉，表明自己的立场。

12月24日，中国部队发动大举进攻，痛击韩国的几个军，把美第8集团军赶到汉江以南。麦克阿瑟发来紧急电报，向参谋长联席会议请求扩大战争，允许他轰炸和封锁中国，并动用国民党军队。参谋长联席会议随即复电，拒绝了麦克阿瑟的建议。

但麦克阿瑟固执己见，继续要求扩大战争，几乎到了完全不服从指挥的地步。1951年1月12日，参谋长联席会议起草了一份给麦克阿瑟的第三个指示。同时，杜鲁门总统亲自给他写一封信，全面阐明美国的政治立场。可是麦克阿瑟仍然顽固不化，竟然在回电中说"按我说的办，否则我就不干了"。

他把话说过了头，结果把自己推到了绝境。

为了切实了解朝鲜的局势，马歇尔派柯林斯和范登堡于1月15日紧急前往东京和朝鲜调查。2天后，柯林斯和范登堡回到华盛顿，将朝鲜有关情况向布莱德雷当面做了汇报，彻底否定了麦克阿瑟对朝鲜战局的悲观估价，说明美军在李奇微的率领下，朝鲜战场形势正在发生变化。

布莱德雷等人听后如释重负。从此，参谋长联席会议就撇开麦克阿瑟，从李奇微那里获得有关情况。在李奇微的组织指挥下，第8集团军先后发动了代号为"霹雳行动"、"屠宰器行动"和"粗锯齿行动"等地面攻势，夺回了仁川、元山、汉城和春川。3月中旬，中国和朝鲜的部队退回到三八线一带，南北对峙局面又出现了。

此时，英美军是否应该再次越过三八线？华盛顿、东京和韩国围绕这个问题进行了争论。权衡利弊之后，美国当局决定把精力集中放在谈判桌上，通过政治方式解决在半岛的冲突。杜鲁门为此亲自发表声明，呼吁通过谈判解决半岛问题。3月20日，经马歇尔和杜鲁门批准，参谋长联席会议将声明的最后一稿发给麦克阿瑟，希望他按照这个精神实施前线指挥。

麦克阿瑟对政府通过谈判解决半岛问题的决定极为不满。3月24日，他采取了一个不可饶恕和无法挽回的错误行

★ 三八线

指横穿朝鲜半岛的北纬38度线。1945年8月15日，日本宣布无条件投降以后，美国和苏联两国首脑杜鲁门和斯大林商定了一条临时分界线，用以划分两国对日作战及受降范围。两国规定，以朝鲜境内北纬38度线作为两国对日本军队发起军事行动及分区接受日本军队投降的临时分界线。其北部为苏军作战及受降区，南部为美军作战及受降区。后此线通称为"三八线"。

∧ 马歇尔与麦克阿瑟在东京会晤后步出"联合国军"司令部大楼。

动。得知杜鲁门即将对中国发表声明后，麦克阿瑟竟然冒充"公报"，公开发表了对中国的声明，从而违反了杜鲁门总统去年12月6日发出的关于禁止他未经批准公开发表声明的命令。麦克阿瑟以目空一切和嘲讽的口吻，毫不隐讳地批评政府关于半岛问题的政策。

此后不久，麦克阿瑟又埋下了另一枚定时炸弹。3月8日，众议院少数党领袖约瑟夫·马丁写信给麦克阿瑟，希望他能"秘密或公开地"谈谈他对远东政策的看法。马丁同许多共和党人一样，曾表示担心，美国加强北约是以削弱在远东的地位为代价的。他随信给麦克阿瑟寄来他最近发表的一份关于这种认识的讲话稿。在讲话中马丁建议：可以使用蒋介石的部队，开辟亚洲"第二战场"。马丁的观点正迎合了麦克阿瑟，3月20日，麦克阿瑟写信给马丁，表达了他对战局的看法。

显然，麦克阿瑟给马丁的信违反了12月6日的指示，再次公然向杜鲁门挑战。获悉马丁的信后不久，布莱德雷召集参谋长联席会议，举行了一次特别会议。当时，布莱德雷尚不知道杜鲁门总统的态度，但他隐约已经预感到事件的复杂。会议开始后，布莱德雷即席发表讲话，他指出，总统对包括马丁的信在内的有关麦克阿瑟的一系列事件深感忧虑，参谋长联席会议必须对事件有所准备和考虑。因为杜鲁门随时可能召集他们去咨询此事。会议还提出，不行的话，就由马歇尔亲自出马，到东京当面向麦克阿瑟讲清事情的严重性。或者至少由马歇尔给麦克阿瑟写一封内容相近的信。

麦克阿瑟一手炮制的炸弹炸开，震动了整个华盛顿当局。杜鲁门总统对麦克阿瑟两次违反他的指示怒不可遏。4月6日，杜鲁门把马歇尔、艾奇逊、哈里曼以及布莱德雷召到白宫，讨论麦克阿瑟及战局问题。杜鲁门开场就问："我们现在应该怎么办？"

与会人员面面相觑，不知道怎样回答。

杜鲁门随后说："哈里曼早在两年前就提出，应该解除麦克阿瑟的职务，现在是应该考虑这个问题的时候了。"

布莱德雷以他一贯的谨慎表示了自己的看法，他认为麦克阿瑟的举动确实是一个严重的抗上事件，应该给予必要的处罚，以维护军事纪律。但布莱德雷建议暂缓行事，容许大家再研究一下，然后再做最后的决定。

对这个提法，杜鲁门没有表示反对，他指示参谋长联席会议考虑这件事，互相讨论一下，然后他再听取意见。

经过几天的充分酝酿，参谋长联席会议一致同意解除麦克阿瑟的远东战区总司令之职，由李奇微继任，范佛里特接替李奇微担任第8集团军司令。4月11日凌晨，杜鲁门举行了一次特别记者招待会，正式宣布了这个决定。

消息传到东京时，麦克阿瑟正与参议员沃伦·马格纳森等人共进午餐，一听到这个消息，他脸上顿时失去了任何表情，呆若木鸡。然后，他站起来，用人们勉强能听到的声音对他的夫人说："琼，我们终于要回家了。"

> 李奇微接替麦克阿瑟担任"联合国军"总司令。

　　范佛里特接替李奇微任第8集团军司令后不久，就遇到了激烈的地面战斗。4月22日，30多万中国部队向第8集团军发动了大规模进攻，在中部击溃了韩国1个师；在西部，迫使范佛里特后撤56公里，退至汉城以北仅8公里处。5月16日，中国人民志愿军又一次大举进攻，经过6天激战，推进了近20公里。美军第8集团军损失惨重，被迫转入防御。参谋长联席会议意识到单靠军事行动无济于事，遂重新拟订了一个行动计划。杜鲁门总统于5月16日批准这一计划，即一方面继续进行一定规模的军事行动，以建立一条更有利的防线；另一方面准备通过政治谈判，达成一项解决朝鲜问题的协议。美军司令部于1951年7月10日同意进行停战谈判。但他们不时撇开谈判，发动进攻，虽然每次都没有得逞。

　　在此期间，艾森豪威尔再次赴欧洲担任欧洲盟军总司令，司令部设在凡尔赛附近，蒙哥马利是副总司令。因为身兼北大西洋公约组织军事委员会主席职务，布莱德雷成了艾森豪威尔名义上的上司。为表示支持艾森豪威尔的工作，在盟军司令部正式开始办公那天，6月2日，布莱德雷专门飞往欧洲。

　　8月16日，布莱德雷宣誓担任第二届参谋长联席会议主席。不到一个月，马歇尔离职退休。

　　1952年3月底，艾森豪威尔写信给杜鲁门，要求解除他欧洲盟军总司令的职务，以便他全力参加总统竞选。杜鲁门已经决定不再连任，因此非常支持艾森豪威尔的决定。4月11日，杜鲁门批准了艾森豪威尔的请求。他脱下戎装，涉足竞选总统的政治舞台，过了一道道难关，战败了一个个对手。10月22日，临近选举那天，他在底特律竞选时，发表了震撼世界的讲话："新政府将从何处起步呢？首先由总统实施一项简捷而坚定的解决方案。这个方案就是，捐弃前嫌，摆脱政治纠纷，集中精力结束朝鲜战争，体面地了结这件事情。这就要求我亲自访问，我肯定会这样做。"

就这样，艾森豪威尔利用"结束朝鲜战争"这个阶梯，取得了决定性的政治胜利，登上了总统宝座。

艾森豪威尔刚刚当选总统，就秘密访问朝鲜半岛，布莱德雷应邀陪同前往。在前往的途中，布莱德雷向艾森豪威尔和威尔逊汇报了朝鲜的军事形势。当时，谈判已经陷入僵局。"联合国军"司令克拉克向布莱德雷提出了一个新的作战计划——"胜利"作战计划，准备对中国军队进行严厉打击，迫使其屈服。克拉克计划让第8集团军推进到朝鲜半岛的蜂腰部，同时对中国实施海空作战。为了完成这一地面作战，还需要再增加8个师，为此克拉克打算使用蒋介石的一些部队。为了增强打击效果，克拉克还要求参谋长联席会议认真考虑使用原子武器的问题。因为克拉克制定的新作战计划涉及两个敏感问题，一个是使用蒋介石军队，另外一个就是对中国实施海空作战行动。对于这两个敏感问题，杜鲁门早就明确表示反对。因此，参谋长联席会议也将这个计划束之高阁，留待艾森豪威尔考虑。因此，趁去朝鲜的途中，布莱德雷把这个情况汇报给艾森豪威尔。艾森豪威尔听后，没有立即发表意见，而是问道："布莱德雷，你对这个计划是什么意见呢？"

布莱德雷对克拉克的新计划并不感兴趣，战争已经打了将近3年时间，美国在人力和物力上消耗很大，他希望战争早点结束。因此，他说："现在，战争已经进行到关键时刻，我们不能冒险在朝鲜半岛使用蒋介石的部队，否则，战争就会进一步扩大。"

艾森豪威尔听后，未置可否，只是含混地说他也反对在朝鲜使用蒋介石的军队。

此外，布莱德雷还详细汇报了美国扩大核武器的情况，这对于刚刚进入政界的艾森豪威尔是非常重要的。布莱德雷说，美国不仅已贮存了大量原子弹，而且军方正在批量地生产用于打击有限军事目标的战术原子弹和原子加农炮。如果朝鲜战争到了不能解决的地步，美国已经有了可以动用的原子弹供选择使用。布莱德雷还说，在不到一个星期前，美国太平洋一个岛屿成功地试验了第一颗氢弹，其当量超过了事先估计的1,000万吨或1,040万吨。同时，美国军方已经组织有关人员开始研制一种可以空运的小型氢弹。这种武器的研制成功将使美国在同苏联的对抗

∧ 朝鲜战争期间，布莱德雷与参谋长联席会议成员在一起。

∨ 美国当选总统艾森豪威尔访问时视察韩国军队。

中拥有巨大的战略优势。

1953年1月21日，艾森豪威尔宣誓就职，成为自胡佛以来进入白宫的第一位共和党人。

根据艾森豪威尔总统的指示，此后几个月时间，布莱德雷一方面领导参谋长联席会议开始制定新的国防计划和政策，进一步完善"大规模报复战略"；另一方面，根据艾森豪威尔关于设法解决朝鲜战争的指示和建议，就如何结束朝鲜战争提出各种研究报告。3月，参谋长联席会议拿出了一份最终报告，建议：朝鲜战争不能无限期拖延下去，美国应当在适当时机在朝鲜使用原子武器，打击影响军事行动的目标。艾森豪威尔对此建议基本同意。随后，美国政府通过各种渠道把艾森豪威尔的主张转告给了中国。美国代表在板门店停战谈判中也悄悄透露了美国政府的这一意图，想以此进行核讹诈。同时，美军在战场上继续发动新攻势，参谋长联席会议继续制定强硬的军事计划。但中国人民志愿军和朝鲜人民军采取积极主动的防御战，挫败了美军的恫吓政策和军事攻势。在世界舆论的强烈要求和国内厌战情绪的巨大压力下，美国不得不于4月26日重新回到板门店谈判桌上来。1953年7月27日，终于签订了停战协定。布莱德雷在任参谋长联席会议主席的最后几天里，看到了朝鲜战争的结束。

得知朝鲜战争结束的消息，布莱德雷颇为感慨，他说了一句后来被奉为经典的话："朝鲜战争是我们在错误的时间、错误的地点，同错误的敌人进行的一场错误的战争。"

>> 毫无痛苦的远行

布莱德雷担任参谋长联席会议主席的第二届任期，到1953年8月就要届满。6月，作为美国代表团的一名成员，布莱德雷前往英国，参加英国女王伊丽莎白二世的加冕典礼，这是布莱德雷担任公职的最后一次活动。8月5日，艾森豪威尔在白宫向布莱德雷颁发了铜十字英勇勋章，这是

< 时任美国总统的艾森豪威尔与
副总统尼克松。

★尼克松（1913 — 1994）

爱尔兰人后裔。1937年至1943年在加利福尼亚州
惠特尔当律师。1946年开始步入政界。1950年当
选为美国联邦参议员。1952年当选为美国副总
统。1956年他再度当选为美国副总统。1959年在
竞选总统中以微弱票差被约翰·肯尼迪击败。
1968年尼克松重返政坛，在当年的美国大选中，
他击败民主党人汉弗莱和独立竞选人华莱士，当
选为美国第46届（第37任）总统。1972年1月
连任第47届总统。1974年8月因"水门事件"被
迫辞去总统职务。

他的第四枚勋章。布莱德雷的妻子玛丽参加了这一仪式。
8月13日上午，布莱德雷应邀出席国家安全委员会的第159次会议，艾森豪威尔总统因在丹佛休假未能出席这次会议，会议由副总统理查德·尼克松★主持。国家安全委员会每个成员都发表了讲话，高度评价和赞扬了布莱德雷为国家作出的杰出贡献，布莱德雷感动得热泪盈眶。当布莱德雷离开会场时，国家安全委员会的全体成员都起立，表示敬意。

当天晚上，陆军部长罗伯特·T·史蒂文斯在麦克奈尔堡为布莱德雷和柯林斯，举行了一次退休阅兵式和花园聚会。同一天，艾森豪威尔也从丹佛给布莱德雷发来一封信：

亲爱的布莱德雷：

在你退出现役之际，也许你已被为你举行的宴会和仪式搞得精疲力竭了，你一定为一生中只能经历一次这样的事情而感到高兴吧。然而，我希望你永远不要忘记，大家不过是抓住了这样一个机会，向你表达他们的感激之情，感谢您贡献了自己漫长、有益而卓越的经历，为我们的祖国服务。

我写这封信，目的不过是为了再次让你感到，我一直心悦诚服地认为，任何建议或计划只要得到了你的同意，就等于证明这些建议或计划是有价值的；相反，如果你对某件事不同意，那么无须多言，最好放弃之。

你十分清楚，在你走向新的生活时，我的敬佩之情和有增无减的爱慕之情将一直伴随着你。我真诚地希望你将发现，你的新生活是有趣的有价值的。

你永远忠诚的
艾森豪威尔（签名）

布莱德雷对此信非常珍惜。这不仅是艾森豪威尔一个人对他的肯定，而是代表了许多人的看法。在解甲归田之际，能收到这样的信件是非常难能可贵的事情。布莱德雷动情地说："在退休之际，我忽然想到了42年前，几乎在同一天，我到西点军校大门口报到的情景；现在我还只有60岁，一种与以往截然不同的崭新生活展现在我的面前。"

布莱德雷和全家打点行装，离开住了5年的一号住宅，把它交给继任者李奇微。此刻，布莱德雷感到若有所失。他在军营中度过整整42个春秋，退休之时正好年过花甲。在欧洲战场上，他率领百万大军，打败了不可一世的德国法西斯，建树了伟业丰功。不幸的是，在他最后的军旅生涯中，参与制定了入侵朝鲜的政策，尽管不断出谋划策，调兵遣将，最后还是以失败告终。他虽然是按退休制度正常离职的，却正好是在美国朝鲜战争失败之时，难免给人们留下说三道四的话柄，这给他过去的赫赫战功蒙上了阴影。

按照美国的法律，五星上将即使在和平时期也不退役，所以布莱德雷的名字一直列在"现役"军人名册上并领取薪金。在20世纪70年代中期前，布莱德雷的退休金是每年2万美

> 布莱德雷的妻子玛丽在布莱德雷退役庆典上。

元，以后增加到3万多美元。另外，还有各种各样的如办公用房、旅行、配备军事助手等方面的津贴。

从1953年退休到1981年去世，布莱德雷度过了28个春秋的退休生活。

退休时，布莱德雷和玛丽夫妇俩对安居地的选择曾犹豫不决。他们既想安居在佛罗里达，又想去南加州，最后选择了后者。1953年12月，他们就在贝弗利山的南洛地路租了一幢房子。电影明星洛雷塔·扬也曾经在这幢房子住过。就在他们迁居过程中，传来了使布莱德雷夫妇悲痛万分的消息：1954年1月19日，布莱德雷的女婿、年仅28岁的比尤克马不幸在飞行事故中身亡。当时他驾驶的F-86喷气式战斗机栽进了弗吉尼亚州的詹姆斯河。比尤克马被安葬在西点军校，留下女儿伊丽莎白一人带着4个孩子，布莱德雷夫妇便请伊丽莎白和孩子们暂时与他们住在一起。由于一下子增加了5口人，原来的房子就显得太紧张了。为此布莱德雷在贝弗利山的布莱沃德买下了一幢较大的房子，而将原来南洛地路的那幢退了。

这样，布莱德雷第一次真正拥有了自己的房产，在此组成了一个大家庭，成员有布莱德

雷夫妇、女儿及外孙们，还有从1948年起就一直跟随布莱德雷的斯特瓦德等两位勤务兵。

布莱德雷在洛杉矶居住的3年多时间里，主要忙于应聘的布洛瓦公司的管理工作，但也利用一些时间与朋友们打高尔夫球、钓鱼及狩猎等。这些人有的来自工商界，也有些是过去军队中的好友。布莱德雷还很喜欢赛马，这是二战后在华盛顿养成的爱好。他把参加的每一场比赛都看做是另一种战场，尽管取胜机会很少，但从不放弃努力。

1957年春天，布莱德雷夫妇又回到了华盛顿。在此之前，伊丽莎白与孩子们已先搬到了华盛顿，她与一位名叫本杰明·H·多塞的律师结了婚，并且有了第五个小孩。在给马歇尔的信中，布莱德雷这样写道，"促使我们这次回到华盛顿的最主要动机是为了亲近女儿和外孙们。"

他们在华盛顿西北部的斯普林峡谷购买了一套舒适的六居室住房。不久，伊丽莎白夫妇又有了第二个小孩，这已是布莱德雷的第六位孙辈。

接下来的8年中，布莱德雷的生活比较稳定，除了仍然致力于布洛瓦公司的事务外，也沉浸在一系列的"退休者"的社会活动中。他们经常到迈阿密去过冬天，在那里赛马，到全国各地去旅行、发表演讲及收集各种各样的荣誉证书、证章等。但由于布莱德雷在西点军校打橄榄球时受过伤的膝盖旧伤复发，不得不中止了他所喜爱的高尔夫球、狩猎等项运动。

到了1965年秋天，玛丽的体质越来越差，她患有溃疡病，后背经常酸疼。到11月底的时候，已73岁的玛丽住进了沃尔特·里德医院。可就在12月1日，住院才4天的玛丽便死于病毒性白血病。人们为她举行了一个非官方的告别

< 布莱德雷一家的合影。他怀中所抱的是外孙霍克。其女婿（后左）在一次飞行事故中丧生。

< 72岁的布莱德雷与43岁的基蒂结为伉俪。

仪式，而后安葬在阿灵顿无名英雄墓。这时正是她与布莱德雷金婚纪念一年后。

失去了玛丽，人们发现72岁的布莱德雷精神一下子垮了，住在斯普林峡谷的大房子里孤独、伤感。朋友们也回忆说，他们拜访布莱德雷时，"还从没见过一个男人是如此孤独"。

正当人们为此忧心忡忡，担心这位五星上将会从此一蹶不振时，柳暗花明又一村。布莱德雷的晚年又迸发出激情的火花，开始了与以前不同的崭新生活。而促成这一转变的"火种"，便是动人的好莱坞女剧作家基蒂。

基蒂当时43岁，曾两度离婚。她出生在纽约，曾在堪萨斯州萨莱纳的一所大学攻读写作课程，后来便选择在好莱坞当作家。基蒂与布莱德雷的相识可以追溯到二战时期。20世纪40年代末，基蒂在日本的冲绳岛当记者，是美国《星条旗》杂志的专栏作家。1950年2月布莱德雷路过冲绳岛时，基蒂曾专门采访过他。20世纪50年代基蒂又回到了好莱坞，创作了不少剧本，同时也在洛杉矶的几所大学里上课。后来基蒂获得了采写布莱德雷将军生活轶事的专访权，他们曾多次安排时间在纽约的阿斯脱饭店进行录音采访。

玛丽去世后，布洛瓦公司的事务正好使布莱德雷也回到了南加州。在整个夏天里，基蒂抓紧机会对布莱德雷进行了进一步的采访。就在这些接触过程中，基蒂和布莱德雷双双坠入爱河。1966年9月12日，他们在圣迭戈正式结为伉俪。当天下午在德马赛车场举行了结婚典礼，晚上还举办了一个结婚招待会，第二天早晨又前往首都华盛顿。

基蒂再次使布莱德雷的生活焕然一新，充满了活力。她安排重新装修了布莱德雷在斯普林峡谷的住宅，修建了一个全玻璃封闭的日光浴室，内有温水游泳池，以便于布莱德雷在这里锻炼膝部受伤的腿。在这幢房子里，基蒂为布莱德雷和西点军校的同学、工作时的同事举办家庭舞会，不时宾客盈门。由于布莱德雷收集的奖章和装饰物特别多，塞满了晚礼服的口袋及旧鞋盒。基蒂又灵机一动，专门联系在宾夕法尼亚州的一所陆军军事学院，布置了布莱德雷博物馆，把将军的制服、奖章、所收集的装饰物及各种各样的纪念品在那里陈列。

1967年夏天，在基蒂的建议下，布莱德雷偕夫人奔赴越南战场进行采访，应约为《观察》杂志进行详细的战场态势报道提供素材。在越南前线他们奔波了两个星期，累得筋疲力尽。离开时布莱德雷得出结论，认为这是"在正确的地点、正确的时间与正确的敌人——共产主义分子进行的一场战争"，并与基蒂联名将它发表在《观察》杂志上。

1968年，他们将斯普林峡谷的房子公开拍卖，而在贝弗利山的一座小山顶上购置了一幢专门为他们设计的住宅。以后几年的岁月里，布莱德雷的生活乐趣融融。基蒂仍然保持与好莱坞的密切联系，五星上将的声誉使他们家颇受好莱坞电影圈的注目。许多电影明星都与他们友好相处，举行了数不清的联欢活动，影星们都为身边有这样一位了不起的战争英雄而兴高采烈。

与基蒂这次美妙的婚姻还使得布莱德雷晚年财源滚滚。基蒂经济意识很强，结婚后，布莱德雷也自然地被引入了她的经济活动圈。当制片商弗兰克·麦卡锡为摄制影片《巴顿将军》来征求布莱德雷的建议时，基蒂很快说服麦卡锡租用布莱德雷的二战备忘录《一个士兵的故事》作为背景材料，并由布莱德雷和她担任该片的高级顾问。合同规定，除了支付一次性现款外，影片制成发行后再按赢利分成。果然，由大明星乔治·斯科特主演的《巴顿将军》上映后，获得空前成功。光这一项安排基蒂就使得她与布莱德雷得到了数额可观的进项。基蒂又用这些收入进行妥善的投资，加上他们房产的不断增值及另外几笔成功的生意，布莱德雷也可以算是财大气粗了。对于财产，他们立下遗嘱，决定全部留给布莱德雷基金会、布莱德雷博物馆和在西点军校设立的布莱德雷图书馆。他们还在数学和军事历史这两个学科设立了布莱德雷奖学金。

1973年和1975年，布莱德雷先后两次险被病魔夺去生命，又都是基蒂将他从死神手中夺了回来。

一次是1973年，当时布莱德雷已80高龄。7月份，他辞去了布洛瓦公司董事长的职务，只保留有一个名誉职位并作为公司的顾问。一个月后，8月13日早晨，布莱德雷被剧烈的胸疼惊醒，基蒂发现他脸色苍白、大汗淋漓。布莱德雷意识到自己肯定是心脏病发作，他感到自己快不行了，便向基蒂告别。基蒂一面叫救护车，一面对他进行紧急抢救，并压迫胸部做口对口的人工呼吸，直到救护车赶到。在医院，医生发现布莱德雷肺部有多处危及生命的血栓。在成功地为他施行了一种发明不久的新手术后，布莱德雷逃脱了死神。

还有一次是1975年1月，82岁的布莱德雷在下飞机时摔了一跤，头上还划破了一个口子。在医院里医生为他缝合了伤口，事情也就过去了。也许是这次头部受到碰撞，两个月后他患了脑血栓。大家匆忙把他送往加州大学洛杉矶分校的医疗中心，他又一次接近了死亡的边缘。布莱德雷的助手回忆当时的情景："我们几乎都以为他要离去，他本人也已绝望并拒绝他人帮助。可基蒂又一次使他挺了过来，她'命令'他绝不能死，促使他从绝望中走了出来。"但这次抢救过来后，布莱德雷不得不坐上了轮椅。

此时基蒂担心布莱德雷会因久坐和生活单调而再放弃生存的念头，便把主要精力放在陪伴和照顾布莱德雷上了。她设法让布莱德雷多参加活动，每天让布莱德雷做理疗，陪他出去旅游，邀请布莱德雷的朋友们来会餐、打扑克等等。这样，基蒂一面尽最大的努力使布莱德雷的生活充实、快活；一面管理家庭财务账目、为布莱德雷基金会和图书馆准备资料，逐件答复成千上万的信件。在治疗、休养的同时，基蒂又鼓励他继续完成已经中断了一段时间的自传。

1979年夏末，由布莱德雷口述的自传《一位将军的一生》进入打校阶段。这部书的出版发行，使人们有机会详细地了解他的一生。此时，布莱德雷已86岁了，但生活很有规律，每天做几次理疗，每周要有几次户外活动，还定期地到以色列、英国、法国等地进行访问观光，当然都是由助手和医护人员陪同。人们看到晚年的布莱德雷仍是那样和蔼可亲，忙碌不停，尽情享受人间的乐趣。

1981年4月8日，他们一行旅行来到纽约。布莱德雷接受了由社会科学院颁发的一枚金质奖章，可谁知这竟成了他有生之年的最后一项活动。就在接受奖章仪式结束后10分钟，布莱德雷坐着轮椅准备上电梯，突然之间脑血栓发作，他安详地去世了，看上去毫无痛苦。

从生到死是如此之快，以至在他身边的基蒂、几位助手及近百名客人都没来得及做出反应，便眼睁睁地看着这位五星上将与世长辞了。

六天后，美国"空军一号"专机将布莱德雷的遗体运往首都华盛顿，将他安葬在阿灵顿的无名英雄墓地。

∧ 晚年的布莱德雷。

德国发布关于实施总体战争的公告

1944年7月25日，德国最高领导人希特勒发布了一项关于实施总体战争重要文件。又被称为"总体战"第2号公告。公告宣布，在德国立即实施"总体战争"。公告还就与"总体战争"有关一系列问题进行了规定。此公告的发布，说明在盟军的强烈打击之下，纳粹德国仍在继续顽抗。然而，德国法西斯已经江河日下，无论怎样都改变不了它最终覆亡的命运。

麦克阿瑟返回菲律宾

< 重返菲律宾的麦克阿瑟。

1944年10月25日，麦克阿瑟将军实现了自己的诺言，他率领着一支进攻太平洋的强大舰队，成功地回到了菲律宾。在莱特湾海域，麦克阿瑟的舰队在让"日本海军在战争中遭受了一次巨大的惨败"后，成功登陆。1942年3月，遵照罗斯福总统的命令，麦克阿瑟携妻子和孩子经历危险的航程到达澳大利亚。他离开的时候曾向菲律宾总统和人民许诺一定会回来。他信守了承诺。

*retrieval*09

四大国催生联合国

1944年10月，美国、英国、苏联和中国正在认真考虑成立一个国际性安全组织机构。在华盛顿特区敦巴顿橡树园召开的会议上，与会代表将计划中的这个国际性组织命名为"联合国"，其宗旨为"调动一切海上、陆地和空中力量，维护和恢复世界和平与安全"。罗斯福总统高度赞扬了会议精神。他说："所有爱好和平的国家都可以确信，在今后，任何可能出现的侵略者都会在其发动战争之前被消灭。"四国对建立联合国这一提议的大部分细节取得了一致意见。

>> 检索……相关事件

攻克德国国会大厦

国会大厦，柏林市区的一座著名建筑。1884年由德国皇帝威廉二世和宰相俾斯麦奠基，从此它便成为德国政治统治的象征。1933年2月27日，大厦发生了著名的"国会纵火案"。1933—1945年，大厦是纳粹最高领导层的工作地点。1945年4月，大厦几乎被盟军轰炸机炸成废墟。苏军攻克柏林后，于4月30日将象征胜利的红旗插上了国会大厦顶端。1990年10月，德国重新统一，经过修整后的国会大厦再度成为德国议会所在地。

苏军突破"柏林之钥"

"柏林之钥"即泽洛高地，位于德国柏林以东50~60公里处。因其扼守柏林大门故又称"柏林之钥"。第二次世界大战期间，苏联军队和德国军队曾在这一高地进行过激烈战斗。1945年4月16日至17日，苏军对该高地的德国守军发起了猛烈攻击。德军顽固防御，却终未能抵挡住苏军的猛烈攻势。苏军突破泽洛高地的防守之后，迅速转入对德国首都柏林的进攻。第二次世界大战结束后，泽洛高地附近修建了一座苏军战士纪念碑。

∨ 苏军士兵在攻占柏林战役中冲锋。

﹥ 苏军在攻打德国国会大厦。

10

希特勒自杀

在苏联军队的炮声渐近之际，希特勒自知末日将临。1945 年 4 月 29 日，希特勒与跟随了他多年的情妇爱娃在柏林总理府地下避弹室举行了婚礼。口述并签署了私人和政治遗嘱：将戈林和希姆莱开除出纳粹党，任命邓尼茨为德国总统兼国防军最高司令。29 日下午得知墨索里尼被悬尸街头后，决计立即自杀。30 日下午 3 时左右，希特勒与爱娃自杀身亡，尸体由部下焚烧。

希特勒与墨索里尼的最后通电

1945年4月24日，希特勒从德国柏林帝国总理府地下指挥部给墨索里尼发出了一份密电，这是希特勒与墨索里尼之间的最后一次电报联系。电文声称："生与死的斗争达到了白热化的程度……但视死如归的德国人民和其他一切无所畏惧的人民，都将奋起抗争。他们在斗争中的非凡气概将加速当前这场战争的进程……"电文中不乏鼓励意大利法西斯继续顽抗之词，但对危在旦夕的墨索里尼却很难起到作用。

11

> 罗斯福的灵车经过白宫前的大街。

墨索里尼的可耻下场

1945年4月，意大利法西斯头目墨索里尼在一切幻想破灭之后，携带部分亲属，仓皇出逃。途中被游击队员截获。为防止轴心国军队劫持墨索里尼，意大利游击队总部下令立即枪决墨索里尼等15名法西斯分子。4月28日，游击队对墨索里尼及其同伙执行枪决。当晚，墨索里尼的尸体被运到米兰，抛弃在广场。4月29日，墨索里尼的尸体被人们吊在路灯杆上，悬尸街头。

罗斯福抱憾辞世 杜鲁门就任总统

1945年4月12日，美国总统罗斯福与世长辞。当时只有他的妻子、女儿和罗斯福的几个重要助手站在一旁。就在他去世时，他统帅的军队和战舰已经攻到柏林的城门和日本的海岸。可惜的是，他没能等到胜利的到来。在参议院所致的献词中，他被称为"我们时代最伟大的人，他是作为这场战争的英雄死去的"。当晚，副总统杜鲁门在白宫内阁会议宣誓就任总统。

日本投降

自1945年5月8日德国战败投降之后，日本成为唯一仍然顽抗的法西斯轴心国家。由于中国军队和盟国攻势的不断加强，特别是由于苏联军队开始对日作战和美国向日本投掷原子弹，加速了日本的覆灭进程。8月9日，日本决定接受中国、美国和英国督促日本投降的联合公告。15日，日本天皇发表广播讲话，正式公开宣布无条件投降。同年9月2日，日本代表与盟军代表在美舰"密苏里"号上共同签署了日本无条件投降书。至此，二战结束。

> 在"密苏里"号上举行的日本投降仪式。

12 retrieval

波茨坦公告

第二次世界大战欧战结束后初期，苏联、美国和英国三国最高领导人在德国柏林近郊波茨坦举行了一次重要国际会议（1945年7月17日至8月2日）。会议期间，发布了《波茨坦公告》。公告督促日本政府立即宣布所有日本武装部队无条件投降，同时对此举之诚意给予充分保证。如果日本拒绝投降，那么其结果必然是彻底毁灭。《波茨坦公告》反映出反法西斯同盟国对日作战和消灭日本军国主义的坚强决心，具有一定的威慑作用。